个人学习环境构建

高中语文学习障碍点突破的新途径

唐秋明 著

上海社会科学院出版社
SHANGHAI ACADEMY OF SOCIAL SCIENCES PRESS

图书在版编目(CIP)数据

个人学习环境构建 ： 高中语文学习障碍点突破的新途径 / 唐秋明著 .— 上海 ： 上海社会科学院出版社，2019

ISBN 978－7－5520－2608－5

Ⅰ. ①个… Ⅱ. ①唐… Ⅲ. ①中学语文课—教学研究—高中 Ⅳ. ①G633.302

中国版本图书馆 CIP 数据核字（2019）第 001006 号

个人学习环境构建：高中语文学习障碍点突破的新途径

著　　者：唐秋明
责任编辑：王　芳
封面设计：高静芳
出版发行：上海社会科学院出版社
上海顺昌路 622 号　邮编 200025
电话总机 021－63315947　销售热线 021－53063735
http：//www.sassp.cn　E-mail：sassp@sassp.cn
照　　排：南京前锦排版服务有限公司
印　　刷：上海龙腾印务有限公司
开　　本：710 毫米×1010 毫米　1/16
印　　张：26
字　　数：332 千字
版　　次：2020 年 6 月第 1 版　　2020 年 6 月第 1 次印刷

ISBN 978－7－5520－2608－5/G·820　　定价：79.80 元

目录

第一部分

导论

第一章　研究价值与意义

中共十八届三中全会提出进一步深化教育综合改革、深入推进考试招生制度改革以来，“语文学科地位提升”的话题，一度成为社会舆论的焦点。然而，其中有相当一部分声音，把高考评价的变革转移为应试策略的调整，违背了综合评价改革的初衷。**在此背景下，急需一些从时代发展和学生需求出发，围绕语文课程改革基本理念，回应教学新形势新要求的真实研究。**

高中阶段是学生在心理、生理、社会性上向成人接近的时期，智力趋向成熟，抽象逻辑思维已从经验型向理论型转化，理智的自我意识逐渐形成；其智力与非智力因素的发展状况，以及原有的学习基础与学习习惯在很大程度上影响着高中阶段的语文学习。基于语文复杂的学科特性，**高中生在语文学习上最大的困惑就是难以诊断和突破自己的“学习障碍点”，难以在语文学习能力和效果上有明显提升。**因此，帮助高中生结合自身特点，**找到影响自己语文学业发展的制约因素和学习障碍点，实现突破，以回应教育综合改革的深刻意图，达到时代对未来人才语文素养的要求，具有很大的现实意义和研究价值。**

“学习障碍”概念最早由美国特殊教育专家柯克于1963年提出。“学习障碍”不同于“智力障碍”，**特指完成特定学习任务方面的学习能力缺损，其突破方式是学习环境的改变，以及对影响学习能力的基本心理过程与机体过程的干预。**从目前的研究成果来看，国内的研究大多聚焦于学习兴趣、动机、意志、习惯等因素的探讨，而涉及学科思维、学习策略、认知风格、智力因素、环境因素等方面的研究则以引用国外的成果居多，**这与高中学段中文学习的实际距离较远**。

近年来，随着“翻转课堂”等教学新模式的蓬勃兴起，“重新调整课堂内外的时间”“正式学习与泛在学习相结合”等教学新观念冲击着人们的传统思维。站在语文学科角度，“语文的外延与生活的外延相等”的天然属性，决定着学生语文素养的提升绝不是在课堂40分钟内就能完成的，学生语文能力的发展也绝对不能靠课堂灌输和题海战术。**本课题试图借助有针对性的学习理论和信息技术，聚焦高中生语文应用、审美与探究能力的培养，诊断并突破个人学习障碍点，为其终身学习和有个性的发展提供支持**。

1979年，于光远先生提出“三体论”，认为教师与学生互为主客体，环境则是两者共同的客体，由此引发了“主体说”的大讨论。顾明远教授的“学生双体”说，王策三教授的“主导主体”论，为进一步厘清三者关系奠定了基础。时代的发展对语文课程提出了新的要求，现代信息技术的方兴未艾也正改变着一代人的思维模式与行为方式，**“环境”对人的教育意义，已经突破了“实体学习场所”与“隐性教育手段”的传统意义，其服务教育教学的客体地位也悄然发生了转变。教师、学生、环境“三体”的关系已经从“教师引导学生在学习环境中学习”演变为“教师与学生共同构建学习环境开展学习”**。

随着计算机网络技术的发展，**“学习环境”**研究经历了由班级、学校、家庭、社会等实体环境到网络虚拟环境的转变。在社会性软件的流行及非正式学习、数字化学习、实践社群等理念的催化下，“学习环境”的研究重心又开始由“虚拟学习环境（VLE）”向**“个人学习环境（PLE）”**转移（关中客，2005）。据加拿大教育技术专家Stephen Downes的描述：

“PLE 是一种工具、服务、人和资源的松散集合体，是利用网络力量的一种新方式”，在 PLE 中，学习者不仅在主动寻找自己的学习资源，同时也在创造资源、分享资源。**目前 PLE 研究的薄弱点是整体框架的缺失，其研究成果主要还是停留在理念、概念和技术支持的层面上，**现实的、典型的、成熟的、具有实际运用价值的 PLE 成果还不多见。**本课题试图站在高中语文课程实施的角度，积极建构基于学生语文学习障碍点突破的“个人学习环境”，使之成为一种能帮助学习者个体设计、实施、控制和管理自己学习的系统，为新时期的高中语文有效学习寻求新突破。**

第二章 核心概念界定

1. 语文学习障碍点

本课题中的“语文学习障碍点”是指影响学生语文学业水平发展的主要因素和关键问题；它受学生个体智力与非智力因素发展影响，**以缺乏“主动思维”为症结，**分布于学生语文素养的各个方面。

2. 个人学习环境

本课题中的“个人学习环境”是指根据学生自身特点与需求，在具备导航与给养功能的学习支持下，通过目标设定进行自我导向，选择学习资源与工具，设计、实施、控制和管理自己的学习，并与其他学习者交流合作的系统。

第二部分

理论解析

第三章　学习环境与学习支持研究综述

一、“学习环境”的相关定义

学习环境是学习活动展开的过程中赖以持续的情况和条件，是学习者进行建构性学习的各种学习资源的组合，是学习者在其中进行自由探索和自主学习的场所，是学习资源和人际关系的一种动态的组合（关中客，2008）。

学习环境的研究经历了由学习内容管理系统到课程管理系统，再到虚拟学习环境（VLE）的转变。许多学者都从自己的角度对“学习环境”进行了界定，下面仅选取三位学者的观点。北京师范大学武法提教授（2000）认为，学习环境是学习活动展开的过程中赖以持续的情况和条件。按照其观点，学习环境的要素不仅包括支持学习过程的物质条件（场所、学习资源），还包括教学模式、教学策略、学习氛围、人际关系等非物质条件。同为北师大教授的陈琦（2003）则指出，学习环境是指学习过程中可能与之发生相互作用的周遭因素及其组合，它包括可能要利用的内容资源、技术工具，也包括可能会发生交往关系的人，如教师、同学等，还包括作为学习活动的一般背景的物理情境和社会心理情境。而江西师范大学钟志贤教授（2004）指出，学习环境是促进学习者发展的各种支持性条件的统合，包括资源、工具、人、活动、人际关系等要件。

至今，国内外学者对学习环境的定义未能达成共识，主要可归为以下几种：

（1）美国学者威尔逊（Wilson，1995）将学习环境界定为学习者在追求学习目标和问题解决的活动中，可以使用多样的工具和信息资源并相互合作和支持的场所。他归纳了三种学习环境：计算机微观世界、教室基础的学习环境、开放虚拟的学习环境。

（2）建构主义的学习环境是一种支持学习者进行建构性学习的各种学习资源的组合。其中学习资源不仅包括信息资源、认知工具等物理资源，还包括任务情境等资源，且任务情境是建构主义学习环境的核心。

（3）学习环境是学习资源和人际关系的一种动态的组合（何克抗，2002）。既包括学习材料、认知工具、学习空间等，又包括学生之间和师生之间的人际交往、得到的协作与支持。

（4）学习环境是学习活动展开的过程中赖以持续的情况和条件。学习环境的要素不仅仅是支撑学习过程的物质条件（学习资源），还包括教学模式、教学策略、学习氛围、人际关系等非物质条件。学习环境强调通过各种学习资源和教学策略支持学习者的学习活动。

综上所述，理想的学习环境包括情境、协作、交流和意义建构四个部分，其中建构的意义是指事物的性质、规律以及事物之间的内在联系。以学习者为中心、以知识为中心、以评价为中心、以共同体为中心的学习环境设计的四个视角在学习环境中有非常重要的意义，它强调了学习者先前经验、目标知识、反馈与指导、协作交流等要素的重要性（张子锋，2011）。

二、对“学习支持”的一般认识

“学习支持”起源于远程教育实践领域，但它的影响力已经扩散到整个教育领域。1978 年，英国开放大学学习中心首任主任 David Sewart 发表了《远程学习系统对学习者的持续关注》一文，首次提出“学习支持”的概念。学习支持从某种程度上讲就是一种对学习者的学习关注，了解他们的需求和状况，发现他们的问题和困难，从而提供及时且适合的帮助支持。

学习支持的核心功能有两点：一是解决困难以促进任务的完成和有效的学习；二是深层次指导以促进个体的高阶发展。总的来说，有效的学习支持应具有如下一些特点：能减少学习者完成任务时所发生的失误；使学习者能够完成独自所无法完成的任务；能增强和改善学习者的理解力和控制力；更有利于学习者的自主学习。随着技术手段的不断增强，学习支持开始呈现如下几个发展特征：

(1) **针对性**。“以一适全”的服务模式已不能有效地满足学习者的个性化需求，需要对学习者的个性作精确定位，量身定做，而且一旦学习者当前的需求发生变化，它总是能够及时地捕捉到这一信息并作出相应的反馈。

(2) **主动化**。通过对学习者个性、需求和状态的动态分析，敏感地调整支持的角度和内容，不需要学习者的请求就能主动将服务内容传送到学习者手中。

(3) **智能化**。能自动理解学习者的兴趣和偏好，推测学习者的意图并代替学习者完成部分决策工作，为学习者分担认知负担。

(4) **精品化**。学习者面对的是一个信息冗余的开放环境，学习者对服务支持的需求，尤其是信息资源，不在于绝对数量，而在于其内在含量以及与学习者需求的契合度（郁晓华，2013）。

第四章　个人学习环境（PLE）研究综述

一、个人学习环境（PLE）的概念讨论

个人学习环境即 PLE，是 Personal Learning Environment 的缩写，是在网络时代终身学习和非正式学习理念指导下，以电子档案袋与 Web2.0 应用为主要构件而产生的一种个性化的学习方式。与传统的学习中学习者是被动学习的状态不同，在个人学习环境中学习者是在主动地寻找自己的资源，同时也在创造资源、分享资源。因此，在个人学习环境中，学习能够在一个受学习者控制的平台上发生（关中客，2008）。

参照已有文献，个人学习环境研究萌发于芬兰的赫尔辛基（Helsinki）媒体实验室学习环境研究小组提出的“未来学习环境”模型（Future Learning Environment，FLE）。2004 年，“个人学习环境”作为一个新概念在英国教育技术和互用性标准 JISC 中心会议上被正式提出。

目前个人学习环境还没有形成明确的统一概念，其中最具影响力的是加拿大教育技术专家 Stephen Downes 所描述的：“PLE 是一种工具、服务、人和资源的松散集合体，是利用网络力量的一种新方式。”

此外，我国学者引用较多的 PLE 的定义有如下几种：

（1） Ron Lubensky：个人学习环境是一套数字化工具，它允许个体进入、聚合、形成并管理他们不断增长的学习经验。

（2） Graham Attwell：PLE 像是各种应用和服务的“混合体”。

（3） Sean Fitzgerald：PLE 是自由收集、发布、基于网络工具，通常以 BLOG 为中心，使用 RSS 阅读器和简单的 HTML 组成自我引导学

习方式的集合。

(4) Mark van Harmelen：PLE 是一个能够帮助学习者方便地获取学习资源，使处于不同虚拟学习环境的学生和教师之间能够无缝衔接地进行交流沟通的个人电子学习系统。

(5) Wiki 百科：个人学习环境是能控制和管理学习者学习的系统的集合，在这个环境中我们自己掌握和管理自己的学习，包括制定学习目标，选择学习内容和过程，与其他学习者交流，最后实现自己的目标。

由此观之，个人学习环境的根本特性就是一种个性化学习的支持服务系统（或工具的集合），具有三个鲜明的特征：(1) 高度个性化；(2) 服务导向性；(3) 自由开放性。

二、个人学习环境（PLE）与虚拟学习环境（VLE）

互联网的普及与发展造就了一种全新的学习方式，即在线学习，有时也称为网络虚拟学习。在线学习环境（Online Learning Environment，OLE）按组织对象的不同，分为机构和个人两种类型。由教育机构所提供的常被称为虚拟学习环境（Virtual Learning Environment，VLE），有时也被隐喻为“虚拟校园”“数字课堂”等。VLE 通常是一个中央集权、建构设计的服务平台，主要包含四大类的应用与服务：

(1) 学习管理系统（Learning Management Systems，LMS）实现对在线学习活动和人员的管理，是 VLE 中最被看重的模块，常常被视作 VLE 的等同概念。

(2) 内容管理系统（Content Management System，CMS）实现对在线学习内容的管理。

(3) 在加入对学习者个体需求的思考之后，VLE 中补充了个人学习空间 (Personal Learning Space，PLS) 的功能模块，以提供学习者管理自己的学习活动和内容、参与虚拟课堂学习的交互入口。

(4) 电子档案袋 (ePortfolio) 是存放和评价学习者所有学习成果和记录的一种设置。

VLE 最初是对传统课堂学习的拓展与支持，同时为教师的管理提供便利。发展至今， VLE 已完全成为主流网络教育环境。 VLE 是一套针对具有组织结构性的问题的解决方案，虽然能很好地服务于教育机构的需求，但对于学习者需求的契合却很糟糕 (Milligan 等，2006) 。因此，由学习者自己建构的在线学习环境 PLE 应运而生。 PLE 让学习者确定自己的学习目标，管理自己的学习 (包括内容和过程)，构建自己适合的学习环境，同时在学习过程不断与他人交流。相对于 VLE 的有序严谨， PLE 的构成比较“混乱无章” (Ismael，2010)，通常包括如下一些内容：

(1) 广泛分布在 Internet 上的 Web2.0 工具和服务，学习者可自由选择组合。

(2) 学习者个体学习活动网络 (Personal Learning Network，PLN) 。

(3) 学习者参与的社会学习活动网络 (Social Learning Network，SLN) 。

PLE 总是被看作 VLE 的对立面，同时具有解决 VLE 的一些缺陷的能力，这些都使得 PLE 看上去具有无限的教育潜能：

- PLE 是一个由学习者控制的系统，学习者自己设定学习目标，并拥有技术和资源的绝对所有权，教师的角色被模糊掉了。

- PLE 可以支持数字化且多样性的资源，其来源不仅是教育机构内，更主要的是教育机构之外的；且这些资源可以被理想化地聚集在一处空间，由学习者按自身需求和兴趣进行自由灵活地组织和重构。

- PLE 是一个开放的系统，可跨平台整合多样的服务，同时也是学习者与外界共享和发布的管道（conduits）。
- PLE 可以支持终身学习，贯穿正式学习与非正式学习领域，实现两者之间自由地跳转。
- PLE 系统还可以根据学习者的需求和技术的创新不断地发展和进化，等等。

学习者的自主权是 PLE 的首要元素，学习者将定义自己的学习目标，收集所需的资源，并在个人的网络环境中根据自己的意愿自由组织它们；而且这种环境还将是永久性的、可适应的、可进化的。由上述观点我们不难看出， PLE 表达了一种基于自我导向、自我管理的个性化的学习环境建构思路，这样最大的好处在于提供给学习者教育围墙以外的资源与环境控制权（Vaijataga 等，2010），促使他们必须自己选择工具和资源，加以创建、组织和封装以获取有效的学习成果。 PLE 这种内在固有的自我导向就是要将学习组织的职责配置给学习者个体（Rubin， 2010），让他们为自己的学习负起责任（郁晓华，2013）。

三、 个人学习环境（PLE）研究的发展趋势

虽说科学、系统地开展个人学习环境研究的时间并不长，但到目前为止，无论是描述其内涵结构，挖掘其技术支持还是优化其服务应用，都已经取得了长足的进展，并显示出巨大的发展潜能，表现出良好的发展态势。可以预测其正沿着“范围整体化”“场域多元化”“开发多维化”和“影响多样性”四条道路在推进（尹睿，2012）。

1. 范围整体化

作为一种新的学习系统，研究者已经从以实体为中心的研究思路过渡到以系统为中心的研究思路，即不仅仅对个人学习环境这一实体本身进行研究，而是将其视为一个整体开放的系统加以分析。就研究范围拓展而言，一方面可以开展与其他学习环境的整合研究，目前关于个人学习环境融入学习管理系统（Learning Management System，LMS）抑或是网络化课程学习系统的研究已初见端倪；另一方面可以深入到学习方式层面展开研究，以此挖掘其对学习者学习的影响，揭示其学习本质与功能，满足学习者的需求与发展。

2. 场域多元化

法国社会学家布迪厄（Bourdieu，P.）认为，在高度分化的社会里，社会世界是由具有相对自主性的社会小世界构成的，这些小世界是具有自身逻辑和必然性的客观关系的空间，而这些小世界自身特有的逻辑和必然性也不可化约成支配其他场域运作的那些逻辑和必然性。所谓的“小世界”，其实就是“场域”，“一个场域可以被定义为在各种位置之间存在的客观关系的一个网络，或一个构型”。已有研究表明，个人学习环境研究正逐步从学习者学习场域延伸到教师教育场域，从学校教育场域拓展到企业学习领域，显现出多元化的发展趋势。

3. 开发多维化

目前，移动媒体可视化地图以及增强现实等技术的出现，为个人学习环境的创建注入了鲜活的技术力量。个人学习环境研究的回应表现为探讨个人学习环境的开发模式。未来的研究将从常规定制式走向灵活移动式，形成多维的开发路向，真正激发个体的学习潜能，实现无处不在的学习。有研究开始关注如何将电子档案袋、移动媒体与各种 Web2.0 工具、服务重新融合来构建更加个性化与智能化的个人学习环境。如，阿克巴里

（Akbari，M.）等人已经尝试将地图和增强现实技术整合形成移动个人学习环境。

4. 影响多样化

个人学习环境作为一种新生事物，其对教育与学习的影响与作用势必受到极大关注。目前，许多研究者基于已有的认识经验，试图采用假设验证的方式对个人学习环境促进个体发展的积极作用进行研究。如有研究者认为，个人学习环境是“无组织的”，对学习缺乏必要而充分的资源支持，学习者需要耗费大量时间和精力去甄别筛选信息资源，可以说是以牺牲学习者时间和精力作为代价的。还有研究者认为，个人学习环境在很大程度上取决于学习者已有的能力（素养）。这意味着，个人学习环境的影响与作用并非唯一确定的，而是多样化和不确定的。

第五章　高中语文学习障碍研究综述

美国的学习困难教育家塞西尔·默瑟教授在《学习问题学生的教学》一书中指出："学习问题学生在认知、情感和行为方面的特点：在认知方面的特点——认知和元认知缺陷、低学业成就、较差的记忆力、注意缺陷和多动问题、知觉失真；在情感方面的特点——较差的社交技能、较差的自我概念、较差的动机、消极的情绪状态；在行为方面的特点——适应性行为缺陷、破坏性行为、退缩反应。"他认为："学困生对所学教材的领会、理解和记忆都非常困难和迟缓。但是阅读能够教他思考，思考会刺激智力觉醒，让学生思考得愈多，在周围世界中见到不懂的东西愈多，他能够接受知识的能力就愈强。"20 世纪 80 年代，日本教育学者北诗伦彦提出了三层级说。他认为："造成学生学业不良的原因可以分为三个层次，第一层次因素包括教师不当的教学内容与方法，也包括学生自身的基础知识欠缺、学习活动挫败以及正确的学习方法、态度、习惯的欠缺等；第二层次因素是心理因素，主要包括智力、兴趣、性格、动机等；第三层次因素包括学校、班级、家庭环境等。在以上三个层次的因素中，第一层次因素是造成学生学习困难的最直接的因素，第二、第三层次因素是间接相关因素。"

高中语文的学习与小学、初中阶段相比，无论是在学习方法以及学习内容，还是学习生活的环境上来说都大不相同。同时，高中生处在从少年迈向青年，从幼稚走向成熟的过渡时期，其自身的生理、心理变化都很大，容易形成盲目跟风、固执认死理、学习不扎实。在语文学习上表现为：其一，语文积累贫乏，语文视野狭窄，语文知识零碎。其二，思想肤浅，思维单一，缺少灵活性和深刻性。其三，阅读理解能力、文字组织表达能力和写作能力不强。其四，语文学习态度不正确，习惯考前临时抱佛脚；语文学习兴趣不高，不能主动学习（谢斯琼，2013）。有学者将高中语文学困生分为以下五大类，即基础知识薄弱型、学习方法不当型、学习习惯不良型、学习动机不明型及学习兴趣丧失型（成灵玉，2013）。

通过语文学习障碍的行为表现，有专家学者基于学习理论从更深层次作出了分析。

一、智能因素对语文学习的影响

学生的智能品质和水平，如学生的智力水平、认知发展水平、认知结构状况、元认知水平等都能为学生的学习方式的形成和发展奠定基础，对学生的学习方式产生重要影响。多元智能理论表明，人类的智能是多元的，每种智能不是均衡发展的，智能的不同组合表现出个体智能差异。各种智能的发展能彼此引发，相互影响，共同作用。每个人或多或少拥有不同的8种智能，这8种智能代表了每个人不同的潜能。某种智能的优势与否会影响一个人的学习方式，如有研究表明，智力水平低的学生多选择趋于保守、思维水平较低的接受学习、他主学习，智力水平高的学生多选择思维水平高，更具创造性的探究学习、自主学习。逻辑思维能力强的学生，他们能通过假设进行思维，按照提出问题、明确问题、提出假设、检验结论的途径，经过一系列抽象逻辑过程来实现解决问题的目的。他们所喜欢的学习任务已不再是单纯的背诵、记忆、模仿，而是能够进行较高认知加工的任务，如归类、规则的推导、程序的建立等。因而在语文教学中，教师有责任帮助学生认识自己的智能风格，选择合适的学习方式，以帮助学生提升自己的语文素养。

二、 认知风格因素对语文学习的影响

认知风格又称认知取向或认知方式，是指学生个体在认知即信息加工过程中表现在认知方式方面的持久一贯的独特倾向。学生的认知风格是有差异的，通常表现为： 场依存与场独立、整体性策略与系列性策略、求异思维与求同思维、冲动型思维与反省型思维等，不同认知风格的学生对所用感觉通道的偏好、对学科选择的偏好等都是有差异的。教师的责任之一就是找准适合学生的认知风格，为其设计适合其发展的教学与学习方式，更好地促进学生个性化地发展。因此，在转变学生的学习方式时，教师必须充分认识学生的个体差异性，使每一位学生都有可能得到最大限度的发展。

三、 情绪情感因素对语文学习的影响

情绪和情感是客观事物是否符合人的需要而产生的态度体验。情绪和情感都有两面性，具体表现为： 肯定和否定、积极和消极、紧张和轻松、激动和平静、强和弱、内控和外控等。这种影响主要机制在于情绪情感能直接影响人的认知活动，情绪情感是认知活动的动力系统和组织者，它能引发、终止或中断信息加工，特别是它可以影响决策和问题解决。研究表明，当人们处于低到中等强度的积极情感状态时，往往倾向于采用最简单的策略，而不大考虑选择的余地。而认知取向又是学习方式的重要组成部

分，因此，情绪情感对学习方式具有重要影响。而良好的情绪情感，要求开放、灵活的学习环境提供有力的支持和保障。在实际的教学过程中，必须改变传统文化中的不利因素，为学生创新意识和实践能力的培养提供社会文化的保障。

第六章　高中生思维发展特点及其影响因素

一、　高中生思维发展的特点

瑞士认知发展心理学家皮亚杰认为，儿童从出生到成人的认知发展不是一个数量不断增加的简单累积过程，而是伴随着同化性的认知结构的不断重构，使认知发展形成几个按照不变的顺序相继出现的时期或阶段。他认为逻辑思维是智慧的最高表现，因而从逻辑学中引进“运算”的概念作为划分智慧发展阶段的依据。这里的运算并不是形式逻辑中的逻辑演算，而是指心理运算，是能在心理上进行的、内化了的动作。经过一系列的研究与演变，他把从婴儿期到青春期的认知发展划分为感知运动、前运算、具体运算和形式运算四个阶段。而高中阶段则属于形式运算阶段（formal operational stage）。这一阶段儿童的思维已超越了对具体的可感知事物的依赖，使形式从内容中解脱出来，进入形式运算阶段（又称命题运算阶段）。这种能力一直持续到成年时期。本阶段中个体推理能力得到提高，能从多种维度对抽象的性质进行思维。他们的思维是以命题形式进行的，并能发现命题之间的关系；能够进行假设性思维，采用逻辑推理、归纳或演绎的方式来解决问题；能理解符号的意义、隐喻和直喻，能做一定的概括，其思维发展已接近成人的水平。

从语文学科的角度，周小蓬和陈建伟在《语文学习心理论》（语文出版社，2013）中指出，高中学生的思维发展进入成熟期。个体的思维差异，包括思维品质和思维类型上的差异已基本定型，思维可塑性已大大减少，与成人期的思维水平基本保持一致，在某些方面的思维明显占优势，已经形成完全能以抽象符号进行推导的理论型抽象逻辑思维，辩证思维基本形成，创造性思维达到较高水平。具体表现为以下几点：

1. 抽象逻辑思维已经有充分的假设性、预见性和内省性

从高中阶段开始，学生在思维中运用假设的能力不断增强。高中生撇开具体事物，运用抽象的概念和假设进行思维，并能按照提出问题、明确问题、提出假设、检验假设的途径，经过一系列抽象逻辑思维的过程，达到解决问题的目的。思维假设性的发展，又使高中生的思维更加具有预见性。也就是说，他们不是只看眼前，而是着眼于未来，在解决问题之前，能事先形成计划、方案和策略等。高中学生思维活动的自我意识和监控能力更加明显，从而使其思维活动具有内省性，表现为能够意识到自己的智力活动过程，并在一定程度上加以自我控制，使解决问题的思路更清晰，判断更准确。

2. 形式逻辑处于优势，辩证逻辑思维迅速发展

高中生形式逻辑思维已趋于完善，在辩证逻辑活动中占据主导地位。与此同时，辩证思维也迅速发展。主要表现为，在高中生思维过程中抽象与具体获得了一定程度的统一。由于高中生经常要了解事物的规律和重要的科学理论，使其理论型的抽象逻辑思维迅速发展起来。在这种思维过程中，既包括从特殊到一般的归纳过程，也包括从一般到特殊的演绎过程，也就是从具体上升到理论，又用理论指导获得具体知识的过程，这就是辩证思维发展的重要表现。而高中生在实践中，能逐步认识到一般和特殊、归纳和演绎、理论和实践的对立统一关系，能逐步学会用全面的、发展的、联系的观点认识、分析和解决问题。

3. 创造性思维能力的结构日趋完善，创造性思维品质明显发展

高中生创造性思维能力的结构完整性表现在：求同与求异思维协同发展。创造性思维以求异思维为主导成分。在创造性解决问题的过程中，两

者总是密切联系，相互配合，两者关系越协调，创造力越强。高中生创造性思维协同发展，由于抽象逻辑思维过程大大缩减，从而提高了思维的敏捷性。高中生思维的流畅性和灵活性有很大的发展，他们能从不同方面，运用多种方法思考问题。迁移能力增强，能举一反三，触类旁通。创造性是创造性思维最本质的特点。高中生能独立分析问题，独立解决问题，能从多种角度提出新颖的、不同寻常的解决方案或答案。但由于知识和经验的欠缺，高中生思维常常带有片面性，表现为好走极端，好肯定一切或否定一切。他们的鉴别能力还不够强，时常缺乏主见，易受错误思想的影响，在遇到困难时容易动摇。

二、影响发展的因素

关于影响心理发展的因素，皮亚杰提出四个基本因素。

1. 成熟

成熟（maturation）是指机体的成长，特别是神经系统和内分泌系统的成熟。他认为智力的成长过程中，成熟不是决定条件，神经系统的成熟只能决定某一给定阶段的可能性与不可能性。环境因素对于实现这些可能性始终是不可少的。

2. 练习和经验

练习和经验（practice and experience）指个体对物体施加动作过程中的练习，练习获得的经验（不同于社会性经验）的作用，区分为物理经验和逻辑数理经验两种。前者指个体作用于物体，获得有关物体特性（如体积、重量等）的信息。例如儿童关于物体的重量、物体的颜色、物体表面的光滑程度、声音的高低、木块浮在水面、水结成冰等经验是通过儿童的触觉、视觉、听觉等从物体中抽取出来的。这种经验最本质的特点是来源于物体本身。后者指理解动作与动作之间相互协调的结果（皮亚杰 & B. 英海尔德，1980）。

3. 社会性经验

社会性经验（social transmission）指社会环境中人与人之间的相互作用和社会文化的传递。社会环境因素对个人发展的影响是显而易见的，因为发展的进程可以随着儿童所受的文化教育和社会环境的差别而加速或推迟。但是，发展的次序具有连续性这一事实又充分说明，社会环境因素不是发展的充分因素。社会环境因素与前文所说的物理经验一样，它们要能对主体的发展发挥作用，必须建立在它们能被主体所同化的基础上。社会环境因素主要涉及教育、学习和语言等方面。当我们强调经验因素在促进儿童思维发展中的作用时，实际已蕴涵着对教育因素的重视了。因为系统的教育可以使儿童更好地感受外物，获得经验（物理的和逻辑数理的）。也正是因为这一点，教育因素才能促进儿童智慧的发展。不过，虽然后天的良好教育能在一定程度上加速思维发展阶段的过渡，但并不能超越或改变发展的顺序，任何儿童即便是天才也是绝无例外的。皮亚杰十分强调教育必须切合于儿童的认知结构。他说："即使在主体似乎非常被动的社会传递中，例如学校教育的情况下，如果缺少儿童主动的同化作用，这种社会作用仍将无效。而儿童主动的同化作用则是以适当的运算结构为前提的。"又说："只有当所教的东西可以引起儿童积极从事再造和再创的活动，才会有效地被儿童所同化。"（皮亚杰 & B. 英海尔德，1980）

4. 平衡化

平衡化（equilibration）指个体在与环境相互作用过程中的自我调节。具有自我调节作用的平衡过程对于心理发展的上述三种基本因素起到调节作用，并且这种调节表现出定向性的特点（即朝着一定的方向发展）。平衡化的过程不能归结为单独由遗传或成熟而来，也非预先制定的先验的东西。皮亚杰既反对经验论，也反对先验论，他提出了建构论（constructivism）。他认为新结构或新知识的形成实际上是一种建构的过程。个体的认知图式不能同化新的知识经验时，心理产生不平衡状态。每经过一次由失衡到新的平衡，其认知结构就会产生一次新的改变。个体认知结构的改变使之能够吸收容纳更多新的知识经验，促使智力水平得到发展和提高。

第七章　自主学习与高中生自主学习研究综述

一、自主学习的系统研究

据庞维国《自主学习：学与教的原理和策略》（华东师范大学出版社，2003）所述，20世纪60年代后期，心理学领域发生的三件大事有力地推动了自主学习的研究。其一是维果斯基的言语自我指导理论的价值在西方得到确认，其二是信息加工心理学的迅速发展，其三是人本主义心理学的兴起。维果斯基的言语自我指导理论使人们看到了自我，尤其是自我言语在学习过程中的调节和控制作用，认知心理学对学习过程的深入研究使人们可以从自主学习的内在心理过程着手研究自主学习，人本主义心理学扶正了学生在课堂学习中的主体地位。从此，自主学习研究进入系统研究阶段，并且成为学习和教学心理学研究的一个热点。这一阶段的特点是：出现了若干自主学习研究的学派，不同的理论学派既注重对自主学习的理论研究，又注重理论在教学实践中的应用；既注重自己的理论立场，又注重吸收其他学派的合理研究成果；既强调学生在学习中的主体地位，又强调教师在学生学习中的主导作用。

中国的自主学习实验范式的真正建立是在五四运动前后。这一时期，欧美教育家纷至沓来，直接输入了盛行于西方的各种教学法，其中包括侧重培养学生自主学习能力的设计教学法、道尔顿制、文纳特卡制等。20世纪20年代初，“设计教学法”传入中国。1921年，全国教育会联合会第七届年会议决《推行小学设计教学法案》。1927年克伯屈到中国宣传设计教学法，倡导养成学生的自动能力。一时设计教学法颇受青睐，南京高师附小成为实验设计教学法的中心。1922 年 6 月，道尔顿制被鲍德征介绍到中国。同年，舒新城开始在上海吴淞中学主持道尔顿制实验。1923 年，全国教育会联合会第九届年会议决《新制中学及师范学校宜研究试行道尔顿制案》，在此推动下，试行道尔顿制的学校骤增。1928 年 7 月，《教育杂志》发表了李宏民的《文纳特卡制大要》，首先把文纳特卡制介绍到中国。其后，一些学校又开始试行文纳特卡制。从 20 年代中期到 30 年代初，上述三种教学法的试行一度扩展到全国的十几个省，对于改善传统教学束缚学生个性、置学生于被动学习地位等弊端都起到了积极的作用。但是由于前面提到的这些教学法本身存在的缺陷，实验并没有取得理想的效果；加上后来战乱频仍，国人在反思外来教学方法时又或多或少地存在排外心理，因此到 30 年代中期以后，相应的教学实验便逐步冷却下来。

20 世纪 70 年代末，我国自主学习的理论和实验研究大量涌现出来。仅在 1979 年前后，我国就出现了 11 项以指导学生自主学习为目标的教学实验，分别是：上海育才中学段力佩等人总结的“读读、议议、练练、讲讲”八字教学法；青浦中学顾泠沅等人进行的“诱导、尝试、归纳、变式、回授、调节”教学法；湖北黎世法设计出的“六课型单元教学法”；华中师院姜乐仁进行的“小学数学启发式教学”实验研究；江苏邱学华在常州进行的“尝试教学法”；南通启秀中学李庾南进行的“自学、议论、引导”教学法；中国科学院心理所卢仲衡主持的“自学辅导教学”实验研究；辽宁盘锦二中魏书生实施的“六步教学法”实验；黑龙江胥长辰在“自学式”教学基础上提出的“学导式”教学；内蒙古李敬尧在赤峰县倡导并实验的“导学式”教学法；上海嘉定中学钱梦龙进行的“导学教学法”研究等等。所有这些教学实验都把“学生自学”作为教学的主要环节，明确把培养学生的自主学习能力和发展学生的智力作为主要追求目标。这些教学实验不仅涉及中小学各年级，而且几乎涉及中小学开设的各个学科；不仅研究方法更为科学、严谨，而且持续的时间都比较长，这标志着中国指导自主学习式的教学实验范式重新得以确立起来。1987 年前后，一些自主学习教学实验研究者开始整理发表自己的理论著作，主要有《青少年智力开发》（刘学浩，1986），《自学辅导心理学》（卢仲衡，1987），《中学生最优学习法》（黎世法，1987），《异步教学论》（黎世法，1989），《尝试教学法》（邱学华，1988），《导学式教学体系》（李敬尧、韩树培，1989）等。这些著作把相关的实验研究结论以理论成果的形式表现出来，基本体现了我国 20 世纪 80 年代自主学习教学的研究成果，并为后来的自主学习研究奠定了基础，指明了方向。至此，我国的自主学习研究呈现了理论研究和实验研究并举的局面，也标志着我国的自主学习研究进入了系统研究阶段。

20 世纪 90 年代以后，除了上述研究继续在纵深方向拓展以外，北京师范大学裴娣娜等人主持了学习主体性研究，福建省的王永等开展了指导——自主学习研究。此外，我国的心理学者在引介国外自主学习研究成果的基础上，也开展了一些自主学习的心理学研究，对自主学习的影响因素、心理机制、测量方法等都作了初步探讨，弥补了教育学领域对自主学习研究的不足，其中比较有代表性的著作有董奇等人的《自我监控与智力》等。可以说，我国的自主学习研究已出现了理论和实践、教育学和心理学双管齐下的局面，进入了空前的繁荣时期。

有关国内 20 多年的自主学习研究，我们将在后面有选择地予以详细介绍。这里必须指出的是，尽管我国的自主学习研究已进入前所未有的繁荣时期，并且已经取得了丰硕的研究成果，但是关于自主学习的许多基本问题，比如自主学习的心理机制问题、自主学习能力的发展问题、自主学习教学指导的心理学基础问题、学生自主学习能力的测量问题等，还没有得到很好解决；已有的研究成果也还不能为基础教育提供切实的理论指导和支持，许多中小学教师依然不清楚如何在教学中有效地培养学生的自主学习能力（庞维国，2003）。

二、实现自主学习的主要因素

1. 学习的内在动机性因素

自主学习的动机一般是内在的、自我激发的，而对这种动机具有催化作用的因素很多，其中包括自我效能感、结果预期、学习的价值意识、学习兴趣、归因倾向、合适的目标定向等。自我效能感反映了对自己从事某项或某些学习任务的能力的判断。高自我效能感的学生为自己确定的学习目标较高，更愿意通过独立学习实现自己的预定目标，证实自己的学习能力（Bandura，1997； Schunk & Schwartz，1993）。学习的价值意识指个体认为学习的结果对自己有一定价值或重要意义。如果学生对自己的学业成功赋予较小的价值，就不愿意花费大量的时间采用精加工、组织等策略，也较少使用计划、监控和调节等重要的学习策略（Pintrich & Schrauben，1992）。学习兴趣对学习的动机性作用是不言而喻的。学习的兴趣越高，个体的学习愿望就越强；学生对任务内容的兴趣还会影响学习策略的应用（Renninger，1992； Scheifele，1991）。归因倾向对自主学习的影响表现为：如果个体把自己的学习成功归因于能力，把学习失败归因于努力不够，就更容易激发自主学习；如果个体把自己的学业成功归因于外部不可控的因素，把学业失败归因于自身能力不足，就会影响其学习的主动性（Borkowski et al.，1990； Zimmerman，2000）。目标定向对个体的自主学习也具有重要影响。一般说来，以掌握知识、发展技能为目的的掌握性目标定向对自主学习的推动作用更大；以显示自己能力、超越别人、获取他人赞许为目的的表现性目标定向对自主学习的推动作用相对要小些（Ames，1992； Pintrich，2000）。如果上述内在动机性因素的组合达到优化程度，就会自我激励（self-motivation）去学习。

2. 认知策略系统

拥有充足的认知策略并且能够熟练地运用这些策略是自主学习不可缺少的条件（Alderman，1999），因此一些有关自主学习的研究都把认知策略作为自主学习能力的一种重要构成成分。大量不同类型的认知策略构成了认知策略系统。认知策略系统中包含的是关于各种认知策略是什么、在什么条件下使用、如何使用的知识。在认知策略系统中，既有若干一般性的认知策略，如记忆、精加工、组织策略等，也有大量与具体任务相关的具体策略，如类比记忆法、补充细节策略等。在自主学习的过程中，个体要根据任务条件从认知策略系统中选择相应的认知策略，如果没有合适的策略可用，还要创设一些策略，并在这一过程中执行这些策略。

3. 元认知过程

元认知是指关于认知过程的知识、信念以及对这些过程的监视和控制（Flavell，1987）。研究者一般把元认知分为元认知知识和元认知过程两个侧面，前者是指关于自我、任务、策略等方面的知识或信念，如关于智力的信念、对任务难度的评价、对完成任务的最佳策略的判断等；后者主要指对认知过程的计划、监控和调节，如时间管理、策略选择等（Brown，1987； Paris et al.，1999）。元认知与自主学习的关系密切。自主学习主要通过个体自己来完成对学习的计划、监控和调节，因此元认知是个体独立学习不可缺少的条件（Aldeman，1999）。加西亚（Garcia，1994）认为，关于任务、策略等方面的元认知知识是静态的，对自主学习的直接影响不大，而关于自身能力的信念对自主学习具有直接的推动作用。相比较而言，元认知过程对自主学习的决定作用更为显著。

4. 学习环境的营造或利用过程

在自主学习的过程中，还需要利用有助于学习的物质和社会性资源。积极利用学习的社会性资源的一种重要形式是主动寻求学业帮助。自主学习的社会认知学派认为，尽管自主学习本质上是一种独立学习，但并不是一种绝对孤立的学习（Schunk，1996）。在自主学习的过程中，个体总会遇到这样或那样自己难以解决的学习问题，这时就要求个体主动寻求他人的帮助以克服自身的学习困难。因此个体知道何时、何地、如何主动寻求他人的学业帮助也是具有自主学习能力的表现。自主学习者所具有的一个具体特征就是能够将他人作为自己克服学习困难的资源来加以利用（Newman，1998）。在自主学习的过程中，还经常用到物质性资源，如学习场所、图书资料、学习用具、互联网等。学生主动选择或营造舒适、安静的学习场所，掌握从图书馆或其他途径查阅自己需要的学习资料的方法，这些也是具有自主学习能力的表现（Zimmerman & Risemberg，1997）（庞维国．自主学习：学与教的原理与策略［M］．上海：华东师范大学出版社，2003.）。

三、高中生的自主学习

自主学习在高中生的学习中具有重要地位，高中生的学业成败在很大程度上取决于他们的自主学习水平。齐莫曼和马丁内兹-庞斯鉴别出目标设置、做记录、自我奖赏等4种自主学习策略，他们发现，在十年级学生中，成绩高的学生报告自己使用这些学习策略的次数显著多于成绩一般的学生（Zimmerman & Martinez-Pons，1986）。由于认知、自我已发展到相对比较成熟的水平，高中生自主学习从以下几个方面表现出相对成熟的一面。

1. 学习动机

与初中生不同，高中生面临着高考和就业的选择，他们在校学习的质量直接决定着自己的人生走向。这使得他们的学习动机呈现出与初中生明显不同的特点。首先，与初中生不同的是，高中生的长期动机占据了主导地位。调查结果表明，为了考上大学、找到一个好的发展前途已成为高中生的首要学习动机。尽管高中的许多学习内容高度抽象、枯燥乏味，学起来毫无兴趣，但是高中生为了自己的长远发展，还是约束着自己努力学习。其次，高中生的学习动机以内部动机为主。尽管内在学习动机和外部学习动机在高中生身上并存，但是获得奖赏、赞许、赢得他人的尊重等外部动机，已经明显弱于求知欲、志向、抱负等内部动机对学习所产生的推动作用。高中生的内部学习动机是服务于其长远动机的。第三，与初中生相比，高中生的学习动机比较稳定。初中生的学习动机经常受到一些近景性的动因所影响。例如，某次考试成绩失败，别人的成绩超过自己，家长与他的一次谈话，都有可能对他的学习动机有所触动。而高中生的学习动机则相对稳定，他们的学习动机往往根源于对学习意义的深刻认识和对自身能力的准确评价，能够长期发挥作用，不易为一些偶发性的因素所改变。学习动机在高中生的学习中起决定性的作用。舒尔茨（Schultz，1997）研究了 480 名高中生（十、十一、十二年级）的学习目标、子目标、学习策略、动机策略与他们的学习成绩之间的关系。结果发现，看重自己学习目标的高中生，通常会报告说自己完成了更多的学习子目标，使用更多有效的学习和动机策略，在学业成绩上更为突出。而且对学习成功的自信、对学习焦虑的应对、不缺课等动机变量，与考试策略和深加工策略相比，对学习所起的促进作用更大。

2. 学习策略

舒默（Schommer，1990）发现，学生对知识和学习的认识可以分为四个方面：学习能力（从相信学习能力是天生的到学习能力是获得的），知识的结构（从认为知识是孤立的到相信知识是复杂的、有组织的），学习速度（从学习是快速的到学习是渐进的），知识的稳定性（从知识是不变的到知识是演化的）。不同年龄的学生，对自己的知识、能力的认识处于不同的发展水平。就高中生来说，他们对知识、学习的看法已经达到相对成熟的程度。他们认为学习能力是通过自己的学习努力获得的，学习是渐进的，自己获得的知识也是有组织的、不断更新的。受到这种知识和学习观的影响，高中生使用的学习策略更加完善。高中生已经能够熟练地运用各种认知学习策略。对于简单的无意义材料，他们会赋予一些意义，或者采用其他一些记忆方法；对于复杂的有意义的学习材料，他们通常也会使用归类、类比、列提纲、做小结、补充细节等学习策略。他们也重视及时、有重点的复习。但是高中生对学习策略的使用还具有不稳定的一面。博金（Bergin，1996）对210名九到十二年级学生的校外学习策略作了研究。结果发现，与在课外自主学习相比，学生感到在课堂听课条件下，自己的学习能力更强。在课外学习中，他们使用最多的策略是目标设置和计划，使用最少的策略是做实例练习。但是从总体上看，高中生在课外学习时使用学习策略的比率偏低。

3. 学习自我监控

随着元认知的发展。高中生的学习自我监控能力也达到了较高的水平。在没有外部要求和指导的情况下，他们也经常给自己确定学习目标，制订达标的措施；在学习的过程中不断评价进展情况，并根据反馈信息来修正学习策略。他们还经常思考怎样改善自己的学习效果。与小学生和初中生相比，高中生学业自我评价的准确性进一步提高。爱迪森与阿里森

(Addison & Alison，2002) 以九到十二年级的中学生为研究对象，研究了他们学业自我评价的准确性。结果发现，无论是一般学生，还是学习困难学生，对自己的任务完成水平的评价都比较准确。但是，在高中生中，依然存在对自己学习能力评价过高的问题。与一般学生相比，学习困难学生对自己能力过高估计的程度更大。研究者认为，高中生学业自我评价准确性的提高，是他们内部和外部因素共同作用的结果。从其内部因素来看，高中生利用社会性比较来评判自己行为表现的能力和考虑他人观点的能力都有所增强；在解释自己的成绩时，努力和能力观更加分化；他们的元认知意识也明显增强，这都有助于学习的自我监控和评价。从外部因素来看，学习小组的变化、教师的反馈，也都对他们学业自我评价准确性的提高产生了积极的作用。而高中生之所以仍然对自己的学业成绩估计过高，一方面可能跟他们的元认知发展水平还不完善有关，另一方面也可能与他们的自我保护动机有关，他们不愿低估自己的成绩，贬低自己的价值。

4. 学习时间的管理

随着元认知能力的发展，高中生学习时间的自我管理能力也有了明显的发展。我国研究者（陈红兵，1991）曾对初中生和高中生安排学习时间的策略进行了调查研究。结果发现，在制订计划的宽度、时间跨度和主动性上，高中生均强于初中生。具体说来，初中生一般只限于跟随课程安排来制订学习计划，而高中生的时间计划虽然仍围绕完成作业、复习、预习、上课等活动制订，但是内容上已有很大的扩展，还包括看课外书、读报、娱乐、锻炼等活动内容；初中生常以天为单位制订计划，而高中生已不是仅仅以天为单位做学习计划，而是开始有了年、月、日计划配套的做法；初中生制订计划只有50％是自己要求做的，另外50％则是在家长、教师的要求下做的，而高中生制订计划有90％是自己要求做的。可见，高中生对学习时间的自我管理水平远远高于初中生。

5. 学业求助

学业求助在高中生的自主学习中继续扮演着重要的角色。但是高中生对学业求助的看法与初中生相比已有了明显的变化。高中生的学业求助依然受到他们对求助的代价和受益的分析影响，但是为了更好地获得知识、技能，完成自己的长远目标，他们已把学业求助所面临的窘迫看得更为次要，他们更为看重学业求助给自己带来的学习受益。基于这种考虑，在求助的方式上，他们一般采用工具性的求助策略。也就是说，遇到学习困难时，只寻求别人给予自己学习提示、点拨，而不期望直接得到答案。与初中生相比，高中生向老师的学业求助有明显的增加趋势。他们向老师求助时，从情感的角度考虑较少，更为看重老师的学术指导作用。当然，在高中生中，也有一部分同学因为过于担心自己的自尊受到威胁，较少进行学业求助，或者确立了表现性的目标，采取执行性的学业求助方式，总的看来，这类学生也是自主学习水平和成绩较差的学生（Newman，1998）。

尽管高中生的自主学习已经表现出相对成熟的一面，但是研究表明，直到高中阶段，我国学生自主学习能力的总体发展水平还不高，各方面自主学习能力的发展还很不平衡，郑和钧、邓京华等（1993）调查发现，在确立自学目标方面，只有11.96%的高中生明确老师指定作业的依据，88.04%的高中生做作业是盲目的，不了解作业的智力价值；在制订自学计划方面，有作息表的只占21.2%，有可行性周计划的只占17.39%；在独立选择学习材料方面，经常阅读好杂志的只占19.02%，乐于研读教材的只占27.72%；在预习方面，经常进行课前预习的只占22.28%，阅读时重在理解、试图回答书中问题的只占31.52%；在学习方法方面，上课时经常做笔记的为13.7%，从不做笔记的为17.4%，经常做简短总结性摘要的占25.0%，有意识改善自己记忆方法的占18.6%，经常利用图书馆藏书的占41.85%。研究者认为，我国高中生自主学习的能力结构还没有很好形成，这与高中教育片面追求升学率、忽视学生自主学习能力的培养有很大的关系。可见，在我国的高中教育阶段，还应该把培养学生的自主学习能力作为一项十分重要的任务（庞维国．自主学习：学与教的原理与策略［M］．上海：华东师范大学出版社，2003.）。

第三部分

体系架构

第八章 新课标下的高中语文学习内容与目标体系

一、 基于高中语文核心素养的框架细目

2017 年，教育部印发《普通高中语文课程标准》，对高中语文核心素养作了总体架构，主要包括“语言建构与运用”“思维发展与提升”“审美鉴赏与创造”“文化传承与理解”四个方面。具体如下：

语言建构与运用

语言建构与运用是指学生在丰富的语言实践中，通过主动的积累、梳理和整合，逐步掌握祖国语言文字特点及其运用规律，形成个体言语经验，发展在具体语言情境中正确有效地运用祖国语言文字进行交流沟通的能力。

思维发展与提升

思维发展与提升是指学生在语文学习过程中，通过语言运用，获得直觉思维、形象思维、逻辑思维和创造思维能力的发展，以及深刻性、敏捷性、灵活性、批判性和独创性等思维品质的提升。

审美鉴赏与创造

审美鉴赏与创造是指学生在语文学习中，通过审美体验、评价等活动构建一定的审美意识、审美情趣与鉴赏品位，并在此过程中逐步掌握表现美、创造美的方法。

文化传承与理解

文化传承与理解是指学生在语文学习中，继承、弘扬中华优秀传统文化和革命传统，理解和借鉴不同民族和地区的文化，拓展文化视野，增强文化自觉，提升文化自信。

我们围绕《普通高中语文课程标准》提出的课程性质与基本理念，依据高中语文核心素养的培养思路，依据学生的学习基础与学习内容转换的实际情况，以“语言建构与运用”“语感建立与升华”“思维发展与创造”“文化积淀与认同”为基本板块，梳理出基于语文核心素养的框架细目，并进一步细化课程目标，对高中语文的学习内容作了详细的解析与阐释（如下图）。

高中语文
语言建构与运用
语言知识阐释与运用
语法功能认识与运用
修辞效果体验与运用
积极修辞
消极修辞
逻辑魅力品味与运用
文本细读与语言建构
实用类文体信息的获取与重组
文学作品语言个性辨析与转换
文言语言学习与提炼
汉字构造与溯源
词义把握与辨析
实词积累与运用
虚词积累与运用
句式理解与分析
文言基本句式
文言固定句式
语感建立与升华
语感表征
对语言意义内涵的认识
对语言审美价值的认识
对语境的体验与感悟
语感建立
语体风格的辨识
韵文类作品
诗词类
辞赋类
散文类作品
文学类
非文学类
阅读的整体感与联系意识
语感升华
知人论世与以意逆志
作家语言风格的体会
作品语言蕴意的体会
情感的聚敛与表达
演讲欣赏与实践
吟诵欣赏与实践
辩论欣赏与实践
思维发展与创造
思维的形象性
想象与联想思维概要及表达
换位与移情思维概要及表达
思维的逻辑性
分析与综合思维概要及表达
演绎与归纳思维概要及表达
判断与推想思维概要及表达
思维的批判性
质疑与思辨思维概要及表达
自省与反思思维概要及表达
思维的创新性
探究思维概要及表达
创新思维概要及表达
文化积淀与认同
文化积淀
名家名篇赏析与评论
文学理论概要与评析
文化思潮与文学流派
文化视角
哲学视角概要
历史学视角概要
人类学视角概要
文化审美
不同文类作品的赏析
小说类名著赏析
戏剧类名著赏析
散文类名著赏析
诗歌类名著赏析
学术类名著赏析
对文化现象的评析
文化认同
汉字的审美价值和文化内涵
传统文化的思想发展认识和价值认同

※基于高中语文核心素养的框架细目：

（一）语言建构与运用

1. 语言知识阐释与运用

① 语法功能认识与运用

② 修辞效果体验与运用

ⅰ. 积极修辞

ⅱ. 消极修辞

③ 逻辑魅力品味与运用

2. 文本细读与语言建构

① 实用类文体信息的获取与重组

② 文学作品语言个性辨析与转换

3. 文言语言学习与提炼

① 汉字构造与溯源

② 词义把握与辨析

ⅰ. 实词积累与运用

ⅱ. 虚词积累与运用

③ 句式理解与分析

ⅰ. 文言基本句式

ⅱ. 文言固定句式

（二）语感建立与升华

1. 语感表征

2. 语感建立

① 语体风格的辨识

② 阅读的整体感与联系意识

3. 语感升华

① 知人论世与以意逆志

ⅰ. 作家语言风格的体会

ⅱ. 作品语言蕴意的体会

② 情感的聚敛与表达

ⅰ. 演讲欣赏与实践

ⅱ. 吟诵欣赏与实践

ⅲ. 辩论欣赏与实践

（三）思维发展与创造

1. 思维的形象性

① 想象与联想思维概要及表达

② 换位与移情思维概要及表达

2. 思维的逻辑性

① 分析与综合思维概要及表达

② 演绎与归纳思维概要及表达

③ 判断与推想思维概要及表达

3. 思维的批判性

① 质疑与思辨思维概要及表达

② 自省与反思思维概要及表达

4. 思维的创新性

① 探究思维概要及表达

② 创新思维概要及表达

（四）文化积淀与认同

1. 文化积淀

① 名家名篇赏析与评论

② 文学理论概要与评析

③ 文化思潮与文学流派

2. 文化视角

① 哲学视角概要

② 历史学视角概要

③ 人类学视角概要

3. 文化审美

① 不同文类作品的赏析

ⅰ. 小说类名著赏析

ⅱ. 戏剧类名著赏析

ⅲ. 散文类名著赏析

ⅳ. 诗歌类名著赏析

ⅴ. 学术类名著赏析

② 对文化现象的评析

4. 文化认同

① 汉字的审美价值和文化内涵

② 传统文化的思想发展和价值认同

二、新课标下的高中语文学习内容阐释

（一）语言建构与运用

1. 语言知识阐释与运用

① 语法功能认识与运用

一说起语法，大家头脑中闪现的大概就会是词性、短语、句子、关系、成分等概念。如果我们只是从这样的一些描述性知识出发的话，那么我们记住的永远只是概念。其实语法不只是让我们知道概念，也不只是让我们知道语言运用的规则方法。语法并不只是这些冷冰冰的概念，它也在特定的语言环境当中产生特定的味道。所谓语法功能指的是语法所表现出来的有意义的东西，或者就是有利的作用。**举几个例子，第一个方面，我们可以通过一些关联词来感受作者要表达的情感，以及与情感相关的特定的趣味**。大家都知道转折，这是一个表示复句关系的一种形式，但我们通过一些转折的关联词，可以感受到作者这样运用复句的形式，核心意义是什么。

比如《简笔与繁笔》一开头作者就说："从来的文章家都提倡简练。而列繁冗拖沓为作文病忌。这诚然是不错的。然而，文章的繁简又不能单以文字的多寡论。"在我们看来，"这诚然是不错的"看起来是肯定文章家的说法，但是后面转了，当我们读到"诚然"的时候，一定会跳出"但是啊""然而啊"这些，果然，"然而"转折了，通过这样的既肯定又转换我们读出什么了？我们读出的是，作者在这篇文章里面不是简单地让大家知道我来讲简练问题的，而是要知道简练问题和什么相关，所以叫文章的繁简又不能单以文字的多寡论。读议论文我们要找论点，论点怎么找？就在这样的先肯定后转折之中我们大体可以知道作者在这篇文章中主要想论述什么观点，这里就是一个语法功能问题。

第二个例子，在阅读文言文的时候，经常要说一些特殊句式，比如说倒装。倒装有两种情况，第一种情况是作为文言文的常态，比如说介词结构的后置，这个是常态；而有时候是作为一个特定的句式，比如说主谓倒装，在《愚公移山》里面有一句："甚矣，汝之不惠！"我们知道作者在这里强调"甚矣"。《信陵君窃符救赵》这篇文章里有个句子叫"安在公子能急人之困也"，这句话本来意思是公子能急人之困这样的精神表现在哪里呢？他现在突出"安在"就是倒装。又比如说《原君》里有这么一句话："痛哉斯言！"本来意思是这句话说得那么的沉痛啊！那么，这里要突出沉痛的意思，所以我们在文言文学习过程中对这样的语言形式已经非常熟悉了，这个实际上已经包含了语法功能。

而在现代文阅读过程中也常会出现这种情况，比如说宾语前置。《荷花淀》，水生嫂看到水生回来后笑得很不自然，她问了一句："怎么了，你？"这里加强了"怎么了"，既是一种关心，又是一种询问，我们就是这样通过一种倒装的形式让我们体会到，作者或者剧中人想表达的核心是什么，这是第二个方面。

第三个方面，否定句的运用。肯定句、否定句当然是在特定的语言环境中使用的，但是有时候，它用否定再否定的语言形式，那么我们就要揣测作者究竟要表达什么。《南州六月荔枝丹》，在讲到了荔枝北移的尝试之后，作者说了这样一句话，"现在科学发达使荔枝北移，将来也许不是完全不可能的"，"不是不可能"，这是一种双重否定，"也许"表示一种猜测，"完全不可能"是一种委婉说法，照理来说这个句子，作者只要告诉大家将来是可能的就可以了，他为什么既要用双重否定，又要用委婉的说法呢？这里就包含着作者的见解在，也就是接下来作者要说的各地应该大力发展自己本地的产业，虽然是说明文，但是有作者的意见在里面，因此我们讲语法功能的时候，恐怕就要体会到在特定的语言环境中这些语法的运用所产生的特定的效果，如果我们经常能这么探讨的话，也许语法就不再是冷冰冰的概念。

② 修辞效果体验与运用

i. 积极修辞

什么是修辞？“修”就是修饰，“修辞”就是在使用语言的过程中，利用多种语言手段以收到尽可能好的表达效果的一种语言活动。所谓好的表达，包括它的准确性、可理解性和感染力，并且是符合自己的表达目的的，适合对象和场合的得体的、适度的表达。

为什么要修辞？“言之无文，行而不远”——这是春秋时代我国大教育家孔老夫子讲的一句话。意思是，语言的运用如果缺乏技巧性和表现力，文章没有文采，是不可能传之久远、不可能有绵长的生命力的。

“为人性僻耽佳句，语不惊人死不休”——杜甫也说：“我的僻性是特别喜欢写诗琢句，如果写不出惊人之语，那就至死也不肯罢休。”表明诗人在诗歌创作中十分重视语言的选择和锤炼，不达目的，决不罢休。诗人对诗歌语言的刻意求工，对文学创作严肃认真的态度，是他成为伟大诗人的重要条件之一。

贾岛有诗云：“二句三年得，一吟双泪流。知音如不赏，归卧故山秋。”意思是，这两句诗我苦思了三年才得以吟出，吟成后不禁双泪长流。知音者应知我吟诗之苦，佳句之难得。懂得诗的人如不赏识，我将隐迹故山，以度残年。表现了诗人艺术劳动的艰辛、刻苦，也说明好诗佳句得来不易。

子曰："质胜文则野，文胜质则史。文质彬彬，然后君子。"我们应该好好学习平衡文章内容和语言之间的关系，成就"文质彬彬"的君子。

修辞学家陈望道先生在其代表著作《修辞学发凡》中将修辞明确分成积极修辞与消极修辞。

积极修辞是我们大家最熟悉的一种修辞类型——借助修辞格，使语言准确、鲜明、生动，富有感人力量的修辞方法。使用修辞格不是故作新奇，而是文章的气势所致、自然而然到来的"神来之笔"。

积极修辞的内容是极其丰富的，现在可知的修辞手法有六七十种，常见的大约有一二十种，主要包括比喻、拟人、夸张、排比、对偶、反复、设问、反问以及婉曲、回环、顶真、仿词、双关、反语、移就、通感、呼告、互文等。

一般说来，恰当使用修辞格会产生以下艺术效果：

- **准确生动**

曲曲折折的荷塘上面，弥望的是田田的叶子。叶子出水很高，像亭亭的舞女的裙。层层的叶子中间，零星地点缀着些白花，有袅娜地开着的，有羞涩地打着朵儿的；正如一粒粒的明珠，又如碧天里的星星，又如刚出浴的美人。微风过处，送来缕缕清香，仿佛远处高楼上渺茫的歌声似的。这时候叶子与花也有一丝的颤动，像闪电般，霎时传过荷塘的那边去了。叶子本是肩并肩密密地挨着，这便宛然有了一道凝碧的波痕。叶子底下是脉脉的流水，遮住了，不能见一些颜色；而叶子却更见风致了。——朱自清《荷塘月色》

朱自清的散文善于凭借丰富的想象，把读者引入如诗如画的境界中。在他的笔下，荷叶是亭亭的如舞女的裙，可以想象荷叶随风起舞时婆娑婀娜的美妙身姿；点缀其间的白色的荷花又是形态各异的："有袅娜地开着的，有羞涩地打着朵儿的"，在作者的眼里荷花俨然已是仙子一般了。写静态的荷花，连用三个比喻，分别写出淡月照耀下花朵晶莹闪光，绿叶衬托下的花朵忽明忽暗以及荷花不染纤尘的美质。这还不是最美的，一缕“微风”让这幅极美的荷花图动了起来，霎时，荷香如歌，似有若无，花叶颤动，荷波暗涌。作者将绝妙的比喻、拟人、通感糅合在一起进行细致的工笔描绘，准确生动地表现了月下荷塘的审美特征，有着特殊的艺术魅力。

- **形象鲜明**

例如：五岭逶迤腾细浪，乌蒙磅礴走泥丸。（毛泽东《七律·长征》）

五岭山脉那样高低起伏，绵延不绝，可在红军眼里只不过像翻腾着的细小波浪；乌蒙山那样高大雄伟，气势磅礴，可在红军看来，不过像脚下滚动的小泥球。这些奇特的想象充分地表现了红军顽强豪迈的英雄气概和革命乐观主义精神。

再如我们非常熟悉的诗句：“飞流直下三千尺，疑是银河落九天。”（李白《望庐山瀑布》）和“蜀道之难，难于上青天。”（李白《蜀道难》）都运用了夸张的修辞，前者突出了庐山瀑布的气势磅礴；后者使蜀道难的印象根植人心。

借喻、借代手法的运用同样可以起到类似的艺术效果。像鲁迅小说《故乡》中那个“细脚伶仃的圆规”——“豆腐西施”杨二嫂以及《药》中的“花白胡子”已经成为中国文学史上的经典形象。

- **新奇隽永**

有些修辞好像用词不当，但正是这种不当，却创造出了一种美丽，创造出了一种意境，收到了良好的修辞效果。有的修辞利用词语本身的语音、语序上的特点，创造出了一种特殊的情调，产生了无穷的艺术魅力。

例1：红杏枝头春意闹。“闹”字原本是属于听觉范畴的，这里却用来描绘春光，巧妙地化视觉形象为听觉，既有色彩也有声音，不仅写出红杏的众多和纷繁，而且把生机勃勃的大好春光全都点染出来了。王国维在

《人间词话》中说："着一'闹'字而境界全出。"堪称写春的绝唱。

例2：东边日出西边雨，道是无晴（情）却有晴（情）。（刘禹锡《竹枝词》）《竹枝词》是首情歌，语言清新活泼，生动流畅，生活气息浓厚。这句诗用谐音双关的手法，既写了江上的阵雨天气，又把一个初恋的少女在杨柳青青、江平如镜的清丽的春日里，听到情郎的歌声所产生的内心活动巧妙地描绘出来。

例3：他留着浓黑的胡须，目光明亮，满头是倔强得一簇簇直竖起来的头发，仿佛处处在告白他对现实社会的不调和。（唐弢《琐忆》）"倔强"一般是用来刻画人物的性格，这里却用来修饰"头发"，而正是这种错位移用，表现出了鲁迅先生倔强的性格品质和不屈不挠的斗争精神。

- **音韵和谐**

有一些修辞手法，比如对偶、排比、反复以及顶真、回环等，除去本身的表意外，还有一些共性特征——增加语言气势，增强文章表现力；富有音乐美，便于吟诵；表意凝练，抒情酣畅。

例1：落霞与孤鹜齐飞，秋水共长天一色。（对偶）

例2：她是有/丁香一样的颜色/丁香一样的芬芳/丁香一样的忧愁/在雨中哀怨/哀怨又彷徨。（排比、顶真）

例3：客上天然居，居然天上客。（回环）

ii. 消极修辞

"消极"字面意思是"负面的""不作为的""被动适应的"……"消极修辞"这个词目前在学术界有些争论。我们认为所谓的"消极修辞"是与"积极修辞"相对的，即不刻意使用修辞格而采用其他语言变换形式达到修辞目的的修辞方式。这些变换的语言形式主要包括以下几个角度：

- **词语的感情色彩**

语言锤炼的最高境界当然是恰当自然，各具风格。借用苏轼的话就是："行于所当行，止于所不可不止，文理自然，姿态横生。"词语的感情色彩有褒、贬和中性之分，通常情况是褒义褒用，贬义贬用，力求准确。如果褒义贬用或贬义褒用，就会起到反语的修辞效果。

也有很多词语并没有强烈的褒贬，而是由于所使用的环境或运用的对象别出心裁，产生出人意料的表达效果。比如：

例 1：陆子萧这人刻意修饰，头发又油又亮，深恐为帽子埋没，与之不共戴天，深冬也光着头。

例 2：演员在舞台上看到台下千百双眼睛，就有些战战兢兢，当然演不好戏。因此要"目中无人"。

由此我们看到，巧妙变换词语的褒贬，不仅使"文理"更"自然"，且能"横生姿态"，起到别具匠心的修辞效果。

- **语序的变化**

汉语的奇妙之一就在于相同的字词经过不同的排列组合，往往会产生新的意义效果。先不说"计算"和"算计"、"指点指点"与"指指点点"这些原本就存在差别的词语，语言中有很多因语序的变化而使它们的意义和感情色彩发生较大区别的现象，这些变化能强化表达的效果，产生神奇的作用。我们把它们高度概括为两类：

词序颠倒：比如"屡战屡败"和"屡败屡战"，前者让人垂头丧气，后者让人悲壮前行；再比如："不怕辣""辣不怕"和"怕不辣"，神奇地写出不同地域对于"辣"的热爱程度，妙趣横生。

句子成分颠倒：按照一般的表达习惯，句子成分是有一定位置的。但如果为了表达特殊的思想感情，可以把句中的某些成分加以互换、位移，以创造特定的表达效果。

掌握和运用语序变化的技巧，绝不是玩弄文字游戏。离开了表情达意的需要，任意颠倒说话的语序，不但不能增强表达的效果，反而让人感到语无伦次、不知所云。

- **不同语境的称谓的变化**

称谓语指言语交际中，说话人用来指称说话对象的词语。往小处说，称谓语反映出说话双方之间的基本关系。往大处说，称谓语能折射出丰富的社会、文化、情景内涵，如权势差距、亲疏程度、民族心理、交际语境等。比如《红楼梦》中王夫人对林黛玉称“林姑娘”，礼貌客气却透着生疏冷淡；对薛宝钗称“宝丫头”，看似随便却体现当作自家人的亲近喜爱。

世界名著《欧也妮·葛朗台》中也有很经典的例子：在“抢夺梳妆匣”的情节中，作者三次改换葛朗台的称谓：“老头儿”暗指像猛虎一样的动作与年龄不相符；在金钱面前父亲变成了“箍桶匠”；“老家伙”包含着作者对葛朗台守财奴本性的戏谑和批判，作者所有的思想情感都通过不同语境中称谓的变化呈现出来。

电影《罗马假日》中有一场女官和公主的对话。女官向公主安排明天的日程，一开始女官用“亲爱的”称呼公主，关系很亲密，缩短了距离。当公主逐渐失去控制，暴露出小女孩的任性时，女官用名字“安娜”称呼，带有一定的权势，暗示公主要听话。而最后搬出公主的身份称“陛下”，称呼越来越正式，语气也越来越严肃，终于成功地把公主说服。

- **人称的调换**

第三人称作为“全知视角”在作品中被广泛运用；第一人称“我”作为“限知视角”有其真实亲切的优势；第二人称则长于抒发强烈的思想感情，比如闻一多的《七子之歌》，大量使用“你”。一般来说，文章的人称应前后一致。但是，由于情感抒发的需要，有时也可变换人称叙述，特别是在感情激动到极点时，往往不自觉地突然转向所叙述的人或物。限于篇幅，这里就不再举例。

- **独词句**

《语法和语法教学》认为：由一个词或者一个词组构成的，能单独表达一个完整意思的句子叫作独词句。名词、动词、形容词、代词、副词、叹词、拟声词等都可以充当独词句。独词句往往需要借助语境来彰显语意，不仅表达简单明了，还可以用来表现词语之外难以名状的含义，具有言有尽而意无穷的效果。

需要特别说明的是，独词句一旦补充成一个完整的句子，它本身所具有的独特韵味将荡然无存，这是将独词句作为消极修辞的一个重要原因。

③ 逻辑魅力品味与运用

逻辑是什么？所谓的逻辑，就是人的一种抽象思维，是人通过概念、判断、推理、论证来理解和区分事物的思维过程。它是思维的规律，它有着很强的必然性。语文引入强大的逻辑，其乐趣无穷，也有很强的吸引力。

语文教学要重视培养学生的形象思维能力已经成为共识，然而，在此同时，也更要重视对学生进行逻辑思维训练，使学生能条分缕析地运用语言工具，进行思维。反过来，又使语言成为他们思维的载体，起到交流思想感情的作用。

就语文教学而言，因其学科内容的特点，培养学生的形象思维能力应是主要教学任务之一。但就整个思维科学而言，人要思考问题，必然产生思维，而思维过程，不可能是单一的形象思维，只要有思考过程，就必然伴随着逻辑思维。列宁说过："任何科学都是应用逻辑。"近代西方把逻辑学称为思维的艺术。可见，任何学科的学习，都离不开逻辑思维活动。单就语文学科而论，议论文的学习和写作自不必说，一说议论和论证，就和逻辑思维不可分割。**就是最讲意境、最讲形象思维的诗词学习和写作，也同样重视逻辑思维的运用**。如马致远的《天净沙·秋思》："枯藤老树昏鸦，小桥流水人家，古道西风瘦马。夕阳西下，断肠人在天涯。"这首小令描绘了一幅悲凉的，令人心浮如萍、情沉意冷、飘零异地的游子图，画面情景俱浓，其构思意境深远，给人留下广阔的想象空间，读之动人心弦。之所以能达到这样的艺术效果，重要原因之一就是因为画面上的各种景物，实际上是经过作者严密的逻辑思维后匠心独运安排的。每个景物都是从不同的侧面，与“断肠人”紧紧相连。先写客观景物，后借景抒情，前后次序实不可逆转。即使客观景物也是先枯藤，而后是枯藤依附的老树，而后又是老树上栖息的昏鸦，再后则是小桥流水旁团聚生活的人家，最后迸发出“断肠人在天涯”的抒叹，以点题明旨。这样，从部分到整体，由物到人，表现出一种分不开的内在的相因相生的逻辑关系。人们要透过这首小令的语言去体味作者思想感情的蕴藉，只有理清这种内在关系，才会对作品表现的那种游子思乡的感情有深层的体味。

至于语文教学中对诗词而外的其他文学作品的教学，虽主要涉及的是形象思维，但不论在语言、意境、人物形象、情节结构等哪一方面的领略，同样少不了逻辑思维。特别是文章的思路脉络、篇章结构的教学，如果离开了逻辑思维，其分析也就成了支离破碎的东西。例如讲《醉翁亭记》，课文提示云：作者先写亭外围景色，接着从“蔚然深秀”的琅琊山落笔，层层推进，一直到“翼然临于泉上”的醉翁亭。这一描述过程，其逻辑思维是很突出的：从外到内，从全景到局部；写山水、游人、宴饮、禽鸟……始终以“乐”贯之，前后勾连，脉络分明，中心突出。这种行文过程，其形象思维和逻辑思维是浑然一体，相伴相生相行，不可分离的。只有理解了这一点，重视逻辑思维，方可进一步体味出作品结构之严谨，作者构思之匠心。

通过语言和逻辑的引领，学生的思维顿时清明起来，文字的得来也并非顺手拈来，它是有预设和构思的。这构思的美与巧也在逻辑的推力下，得以清晰解构和重现。

感受语文逻辑魅力必须学会理性思考。理性，作为西方哲学、美学的长久利器和根本法则，而在现代语文审美中是明显缺失的，以至于我们无法产生判断和思考。所以，首先是需要理性的启蒙。而所谓“启蒙”就是“脱离自己加之于自己的不成熟状态，走向自由的过程”。康德这里所说的“自由”，是指理智、理性的自由，在美育中涉及审美思索和审美判断。当我们能够真正学会思考、学会发现问题和解决问题的时候，审美理性就生成了。

比如：学习苏洵的《六国论》，当我们在体验其汪洋恣肆的铺排、妙喻和言辞、节奏之美时，不要忘了他的独特论断：“六国破灭，非兵不利，战不善，弊在赂秦。”这是全文核心，也是全篇理智和审美的关键（当然，它还有言外之意）。如果体会不到这一点，就体会不到作者的智慧，也无法进入理性审美空间。

作家的智慧和理念体现在其行文之中，而语文审美就是去发现和挖掘。如果我们能够坚持训练和培养，合理调适自己的审美思路，就会渐渐生成自己的审美立场和审美判断，这就是审美理性。

真语文系列活动总策划、语文出版社社长王旭明说：“一个国家、一个民族，不能丢失思维能力，不能没有理性的底蕴，不能缺少了阳刚之气。语文课要有诗意美、情境美、形式美，更要有逻辑美、思维美、理性美。语文教师应结合实际，在语文教学的各个方面利用语文的优势，培养学生的理性精神、独立分析问题的能力，使其具有一定的批判能力、对自己思想行为的反思能力。”

2. 文本细读与语言建构

① 实用类文体信息的获取与重组

什么是实用类文体呢？

实用类文体是一种偏向于实际工作所需、综合运用说明、议论等多种表达方式的文章，例如新闻、调查报告以及科普文章等。

这种文体行文简洁、易懂、时代感鲜明、实用性强，也被称作“非文学类文本阅读”。

例如朱光潜先生的《考据、批评与欣赏》一文，就是一篇典型的实用类文体。

有效获取实用类文体的信息并完成重组，一般分为三个步骤。

第一步，准确概括段落大意。

关键是要理清词语与词语之间、句子与句子之间以及段落与段落之间的逻辑关系。这是信息获取与重组的“基础工作”，也是正确概括段落大意的“必由之路”。议论文的语言逻辑严谨、表意明确；说明文的语言科学、准确、简明。每一个语段都是由若干单句或者复句组成的句群。概括段落大意，就是要理清这些句子之间的关系。

那么，如何找准句子与句子之间、段落与段落之间的关系呢?

关键是对句意进行归纳和提炼。无论单句还是复句都要找到被强调的部分。单句中强调的部分，通常是主语、谓语和宾语。各种不同关系的复句中也各有侧重：转折复句中，强调的是后一句表示转折的分句；因果关系的复句中，通常被强调的是原因；条件复句中，条件常常被强调。

概括段落大意的步骤如下：

首先为段落中的句子编号 1、2、3；然后综观整个段落分析句子与句子之间的多个层次关系，根据内容侧重点提炼大意；最后，将后一层级句子意思进行合并后，与前一层级的另外一句根据侧重内容进行贯通，合并或者整合为整个段落的大意。

即：编号→分析句子与句子之间的多个层次关系→将后一层级句子意思进行合并后，与前一层级的另外一句根据侧重内容进行贯通。

第二步，对结构信息的把握。

实用类文本有严密的逻辑结构，要根据段落大意画出文章的有机结构。

文本段落之间常见的关系有以下四种：总分（分总）关系、并列关系、递进关系、对照关系等。一般来说，实用类文本会有以上几种关系的组合呈现。朱光潜先生的《考据、批评与欣赏》就是综合运用了以上几种关系：第①段与下文构成总分关系；②与③、④与⑤均为并列关系，这两部分又构成递进关系；⑦与⑧、⑨与⑩均为并列关系，这两部分又构成递进关系；⑥与这四段构成总分关系；而⑪则与以上段落又构成总分关系。

第三步，根据结构图，归纳出文章的主旨。

所谓主旨，就是“文章的主题”，是指在文章中通过有组织的文字表现出来的目的性，能反映出作者的某种思想、观点和倾向。归纳主旨，需要通过纵览文本内容，联系文本结构和写作目进行重组。根据结构图，这篇文章的主旨可以概括为：学者们所特有的一种误解就是把考据和批评当作欣赏。“考据”对于文艺作品“欣赏”具有重要性，然而只谈“考据”则不能进入“欣赏”；也不能单纯用“批评”的方法或“欣赏”的方法。总之，不能偏废“批评、考据”与“欣赏”任何一方。

② 文学作品语言个性辨析与转换

我们说起语言个性，往往会把它等同于语言风格。比如老舍的《想北平》，出现了大量的北京方言，我们一般把此类文风概括为质朴的语言风格。其实，“质朴”只能说是风格，却不能说是《想北平》的语言个性。一篇文章的语言个性往往不是单一的，而是组合的。比如说“质朴”的语言，一般是比较直白，比较直接的，然而《想北平》在抒发感情时候却是那样的缠绕。比如在第 2 小节说“这只有说不出而已”，到了第 3 小节结尾说“可是我说不出来”，为什么第 2 小节用“只有说不出”而到了第 3

小节用“可是说不出”呢？“只有”这个词语跟前面什么内容相关的呢？他说不出的到底是什么？这些都是待解决的问题，所以我们一定要通过这些个性化词语去细细推敲，他到底为什么说不出？其实作者在文中早就说清楚了，“我爱我的母亲，怎样爱？我说不出”。我说不出的是“怎样爱”，并不是我“爱什么”，所以“我所爱的北平不是枝枝节节的一些什么，而是整个儿与我的心灵相黏合的一段历史，一大块地方”，正是这样，它中有我，我中有它，作者将最朴素、最细碎、最直观的事情细细道来。第 3 小节，“我”说不出，是“我”不想说吗？“我”还想说。“我”不是诗人，不是画家，虽然“我”心中有个北平，可是“我”说不出。这一种缠绵的表述和后文质朴细微的表述构成了这一篇文章的个性，这就叫文学作品的语言个性。

那么，我们该如何去品味文章的语言个性呢？

首先，对于一篇文章，我们不仅要知其大意，还要知道作者到底想表达什么。这个表达的情感是相对比较单一的，还是比较复杂的，还是带点矛盾的。对于简单的情感我们能够马上表述出来，而相对复杂一点的也许就不能用一两句话概括出来了。比如汪曾祺的《胡同文化》，第 1 节到第 12 小节基本的语言格调是以质朴通俗的北京方言为主，“睡不着眯着”“嘿，真有你的”，都是很通俗的。但是文章第 13 到 15 小节却是非常典雅蕴藉的诗化语言：“西风残照，衰草离披……”如此一来，风格不是不统一吗？这其实牵涉到特定的语境这一问题。1—12 小节作者想表达什么？13—15 小节作者想表达什么？1—12 小节和 13—15 小节怎么构成和谐的胡同文化的整体的？作者又是怎样来表达这一种复杂的情感的？一种既带有批判性又带有依恋性、既带有否定性又带有内在的审美性的情感。这就是通过语言整体感的建构来品味和辨析语言的个性，不是用一两个词就能够概括出来的，需要依据不同的文本、不同的语境、不同的阅读体验来进行不同的表述。

其次，联系意识的形成，也就是我们在读文章的时候一定要跟前文建立一定的联系。比如我们在读《背影》的时候，核心在第 6 小节，“我看见他戴着黑布小帽，穿着黑布大马褂，深青布棉袍，蹒跚地走到铁道边，慢慢探身下去，尚不大难。可是他穿过铁道，要爬上那边月台，就不容易了。他用两手攀着上面，两脚再向上缩；他肥胖的身子向左微倾，显出努力的样子。这时我看见他的背影，我的泪很快地流下来了”。表层意思不难理解，但是我们要从有中读出无，从无中读出有！这个背影前面出现过吗？确实没有一次描写过。但是在 2—5 节的叙述过程当中，我们能不能体会到作者没有表述出来的关于背影的描写呢？比如说父亲安慰我的时候，“事已如此，不必难过，好在天无绝人之路！”作者看见过父亲的背影吗？父亲踌躇着送我还是不送“我”的时候，作者看见过父亲的背影吗？在父亲嘱咐脚夫的时候，作者看见过父亲的背影吗？在父亲嘱咐火车上的茶房的时候，作者看见过父亲的背影吗？这样的父亲的背影，其实在这几年里作者是无数次地看到过，所以“这时候我看见父亲的背影”，其实，不只是“这时候”，我无数次地看见父亲的背影，但“我”是视而不见，漠然的，甚至带有一点讨厌的，“总觉得他说话不大漂亮”，“心里暗笑他的迂”，等等。因此，在第 6 小节对父亲背影的描述的字里行间，我们要读出前文的漠视与后文的感动，读出前后文从无到有中流露出的作者情感的变化，作者语言表述的变化，不同的表达方式之间的转换以及相关的语言的补充、调整或删减，就形成了“这一篇”的语言个性。因此，我们通过联系意识的形成，可以提升对语言个性的敏感度。

最后，辨析文学作品语言个性的时候，我们要能够读出文本背后处处包含着的情感。《老王》的第一句很普通，然而很值得推敲，“我常坐老王的三轮。他蹬，我坐，一路上我们说着闲话”。首先，这样的句子给我们产生一个错觉，“我”跟老王的关系是融洽且平等的。越往后这样的误解越深，老王给“我”们送了鱼肝油，老王捎带着给“我”们送点冰，收半价。老王送钱先生去医院不要钱，“我”还是给了他钱。当老王不能蹬三轮了，钱先生把自己降格为“货”……“我”处处关心着老王。且不说平等不平等，只说“我”对他是何等体贴！但是这一句里面是不是还有一点其他意思呢？“他蹬，我坐”，尽管我们说着一些闲话，“他蹬，我坐”，身份是不是有点不同呢？这个身份的不同是否贯穿在《老王》这个文本的全过程中？乃至于到最后老王去世了，“我”心里很不痛快，“我”不知道哪里做错了，作者说“几年过去了，我渐渐明白：那是一个多吃多占的人对一个不幸者的愧怍”！怎么从这样的一种语言当中去读出隐藏在普通平常的语言形式之后作者的情感、思想乃至于文化的审美观，这就是我们说的文学作品语言个性的辨析与转换。

3. 文言语言学习与提炼

① 汉字构造与溯源

i. 象形字

很多人在书法作品里感受到了中国文字的造型之美，叹赏不已，同时又感到一丝困惑：我们的汉字是怎样造出来的，又究竟美在何处呢？

让我们就从造字法入手，来对神秘动人的汉字之美一探究竟。

中国的造字法，通常称为“六书”，六书的定义，依据汉朝人许慎的说法，一是象形，二是指事，三是会意，四是形声，五是转注，六是假借。

有学者认为，六书中的前四种是造字方法，后两种只是用字的方法；但也有人把六种都看作造字的方法，不过前四种更重要，后两种则是辅助性的。

这六种方法，并不是古人造字的时候预先定好的，而是后世的文字学家从各种文字的构造当中归纳出来的。

我们首先来看象形字。“象形”，是指运用线条把客观事物的外形轮廓大致勾画出来，勾画的方法是随着客观实物形状的不同，字形线条也屈曲婉转而呈现不同，大体上是依样画瓢。

我们看到，“日”的篆字作日，像太阳形；“月”的篆字作月，像月牙形；“人”的篆字作人，像侧身人形；“衣”的篆字作衣，像古人穿的上衣。

从以上的例子中，我们可以看出，象形字有两个基本特点：

- 在形体上，它是从图画脱胎而来，但不等于画图，只是描画某一实体形貌的主要特征。
- 在字体结构上，它是一个完整的形体，不能分拆为两个或几个独立的部分，所以象形字属于“独体字”。

象形字是模拟事物形状而创造出来的，许慎在《说文解字 · 叙》中说：“象形者，画成其物，随体诘诎，日月是也。”

宋代学者郑樵提出“书画同源”的理论，他在《六书略 · 象形第一》中说：“书与画同出，画取形，书取象，画取多，书取少。凡象形者，皆可画也，不可画则无其书矣。然书穷能变，故画虽取多而得算常少，书虽取少而得算常多。六书也者，皆象形之变也。”

郑樵认为，书与画同源而异流，也就是说，文字和图画虽然起源相同，但是它们还是有差别的。

首先，文字是记录语言的符号，是形、音、义三者的结合，而图画没有读音，更无固定形体。比如画一棵树，画家可以随心所欲地创作，不必拘泥于某种形态。

其次，通常情况下，文字笔画较少，是抽象出来的，只求形似；图画则是具象的，它以大量线条追求逼真。比如，“山”这个字，可以看出山的大致形状，但毕竟与图画中的山不同。

再次，文字可以组合，可以将不同的文字按照一定的语法规则进行组合，来表达某种新的含义；而图画是不能通过组合来表意的。比如“人”和“马”组合在一起，就成了“人马”，但明显不可能把一幅人的图画和一幅马的图画组合在一起来表达这个词的意思。

因此，象形虽是“因物画形”，但毕竟不是真正的图画。**象形字在描画上有一定的规律性，大体可分为这样几个方面：**

- 有的象形字描画事物的全形，描画的形体与实物较为相像，很容易辨认。比如“山”像山丘形、“鸟”像鸟飞状。
- 有的象形字是描画首脑部分，用局部代替整体，需要联想。比如“牛”像牛头形，以牛头代表牛；“羊”像羊头形，以羊头代表羊。
- 有的象形字描画对象时产生变形，要横转才能看出。比如“水”像流水形的变化；“目”像竖直的眼睛形状。
- 还有的象形字，描画对象时过分简化，需要查有关字典才能辨明本义。比如“自”本指鼻子的象形；“阜”本指无石土山的象形。

象形字的意义并非从古至今，一成不变，某些字的本义在演变中产生了变化，本义或者很少用，或者完全消亡了。比如“又”字，像右手，但它的本义在古文中已经演变成了“更”“再”的意思。

再看这个“来”字，像麦穗状。古文中也极少用作本义。常用的意思与“去”“往”相对，或引申为“将来”等。

学习了象形的造字法，我们不仅了解了祖先们造字的基础和依据，而且还有助于我们开拓思路，追本溯源，推求字义。

比如，我们懂得了“车”的象形之后，当学习到《劝学》中“假舆马者，非利足也”这句话的时候，就可以从“舆”中辨识出“车”的形象，从而推想出“舆”是与车有关的事物。

再比如，如果我们明白“马”字是象形字，表示马形，那么在学习《鸿门宴》中“项伯乃夜驰之沛公军”一句中的“驰”字时，就会想到，它由“马”和“也”组成，因此字义一定与马奔跑相关。

象形字的美，不仅来源于天地山川的原形，也熔铸了先民们的聪明和智慧，他们仰观宇宙之大，俯察品类之盛，运用线条勾画出神奇的图案，开启了一段悠久的文明。

ii. 指事字

象形文字是产生最早的文字，它的数量虽然不多——许慎的《说文解字》中共收集象形字 364 个，但是对后来的造字法影响很大，之后的很多字都是以象形字为基础发展起来的。象形造字法后来逐渐退出了历史的舞台，这是由于象形字本身有一定的局限。因为，世界上的事物并不能都用线条勾勒得惟妙惟肖。尤其是一些抽象的概念、思想、活动等，是无法用形象的方法“画”出来的。既然写实的表形法有时很难表现一件事物，于是便有了另一种辅助象形字不足的造字法——“指事”。

什么是“指事”呢？许慎在《说文解字 · 叙》中说：“指事者，视而可识，察而见意，上下是也。”

许慎在他的著作中提到的“上”“下”二字，“上”的金文作，表示在一个平面之上；“下”的金文作，表示在一个平面之下；“刃”的篆文作，在刀上加上一点，表示刀口所在。

简单地说，“指事”就是用简单抽象的符号组成，或在象形符号上加上指示性的抽象符号的造字法。用这种造字法造的字，就是指事字。

早期的指事字来源于原始的记事符号，其中最具有代表性的就是结绳和八卦。

结绳记事是指在远古时期，人们用在绳子上打结的方式来记录事情。

据民俗学家、人类学家的考证，结绳记事是原始民族记事的主要方式之一。郑玄的《周易注》中说：“结绳为约，事大，大结其绳；事小，小结其绳。”

这种打结的方式与后世的金文形体有一定的联系。比如：

单结表十数：“十”的金文写作；

双结表二十：“廿”的金文写作；

三个结表三十：“卅”的金文写作。

用结绳所记的数目，就是“视而可识，察而见意”的指事字啦。

指事字的显著特点是形象性与抽象性的高度统一。

指事字的形象性表现在指事字能够以文字字形直观地反映文字所记录的语词的意义（包括抽象的意义）。例如：“一”指一个事物，这个字所记录的语词的意义是抽象的，而“一”字的形体在一定程度上能够直观地反映和表达这个意思。再如“厶”字，古文字写成，它是“私”的古字，以圆圈来表示私有的范围，本义是“自私的、奸邪”，与“公”相反。“”字直观地表现了一个抽象的意义。

指事字的抽象性主要表现在产生很早的那部分指事字所记录的语词的意义是抽象的。比如“一”并不是特指某一个事物，而是泛指单个的事物。它可以指一个人、一匹马，也可以指任何一个其他事物。从词性角度考察，很容易发现指事字的抽象性特点。

与象形字相比，指事字也属于独体字，是一个不能分拆的完整形体；如果要强加分拆，那么其中至少有一个部分不能独立表义。比如“亦”字，金文作，篆文作，是由象形字“大”（人）与指点符号构成，指人体的腋部，是“腋”的古字，我们明显不能把它拆分成“大”再加两点。

同时，象形字是像有形之物，所记录的语词大多数是名词，所指称的是具体事物，我们见到字大多能明了它的含义；而指事字是指无形之事，或事物所在的位置，需要我们自己审察才能明白其意义。

让我们来看几个指事字的例子吧：

先来看“立”字，金文写作，上面是人形，下面一横表示人站立的地方。虽然看上去很形象，但是，这一横并不是大地形象的具体描画，而是表示大地的所在，所以，“立”是指事字。

接下来看“本”字，金文写作，在“木”（树的象形）的下部（树根处）加一个圆点（指事符号），指明这是根部。本义是树根，由树根又引申为事物的根本、基础，比如“正本清源”“君子务本”，等等。

再看“甘”字，金文写作，由象形字“口”与指点符号构成。“甘”的本义是美味（即甜美的食物），指点符号表示感觉美味的部位。引申为味美，如“食不甘味”，进而引申为美好，如“久旱逢甘霖”。由于人们喜爱美好的事物，所以又引申为“乐意、情愿”，如“甘愿”“不甘落后”等。

从以上的例子可以看出，指事字和象形字的区分点主要表现在，如果符号所表示的是抽象概念，多是指事字；符号所表示的是具体形貌的主要特征，即是象形字。

最后谈谈指事字的形体结构。第一种是在象形字的基础上增加指事符号，如前面提到的“刃”字、“亦”字；再如“牟”字（），牟是牛的象形，在牛上加指示符号，表示牛张嘴吐气，意思是牛鸣。第二种是纯粹用符号来表示，比如前面提到的“厶”字（），以圆圈符号表示私有的范围；再如“八”字（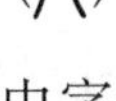），两撇相对，本义是表示违背和分离。

指事字是六书中字数最少的一种，在《说文解字》中仅收集了 129 个。但指事字和象形字一样，都是古人在生活和实践中，运用智慧，创造出来的充满美感的文字，承载着悠久的文明。

iii. 会意字

什么是会意字呢？用汉代许慎《说文解字 · 叙》中的说法，就是“会意者，比类合谊，以见指撝，武信是也”。

所谓“比”就是并列；“类”就是指造会意字以前已经存在的文字（多为独体字）。所以，会意就是将两个或两个以上的字组合在一起，借以表现一个新的意义的造字法。用这种方法造出来的字，叫会意字。比如：炎（）、看（）、公（）等字。

那么，这几个字是如何“会意”的呢？让我们一起来看看。

“炎”字，由两个象形的“火”重叠而成，有火焰、极热等意思；“看”字，由象形的“手”与“目”组成，手在目上遮蔽阳光，表示看的意思；“公”字，上面的“八”犹背，下面是篆体的“厶”（私）字，表示和“自私”相反。

看上去，会意字也是很形象的，那么，它和象形字、指事字究竟又有什么区别呢？

会意字和象形字、指事字不同的是，象形字和指事字是独体字，不可拆分，古人称为“文”；而会意字是合体字，可拆分成两个或两个以上的字，古人称为“字”。**许慎的《说文解字》指的就是解说独体字与合体字。**

作为合体字的会意字，又有哪些特点呢？

会意字的特点是：在形体上，由象形字或者指事字合成，其中以象形字组合的会意字最多，因此，会意字有浓厚的象形色彩。如“封”字，金文写作，篆文写作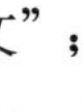，从木从土从又（手），看上去像用手培土植树，十分形象化。

在字体结构上，会意字属于合体字，由两个或两个以上的独体字组合而成，可以拆分为几个独立的部分。如“武”（），从止（脚）从戈（兵器），以人扛着戈行进，表示要动武。

会意字结构灵活，能产性较大。**一般而言，会意字有四种常见的结构法。第一种是同体会意**。也就是由两个或两个以上同样的象形字所组成的会意字。比如“林”（）、晶（）这两个字，两个木并列为林，表示树木丛生之义；三个日重叠为晶，表示光亮之义。

第二种是异体会意。由两个或两个以上不同的象形字所组成的会意字。比如“负”（）、光（），“负”字上面是“人”，下面是“贝”，表示有了货币人就有了“依靠”；“光”字，“火”在“人”上，表示“光明”。

第三种是组合解释会意。用拼合几个字的意思，解释新产生的会意字的意思。比如：

嵩（），从“山”“高”会意，拼合解释为山高的意思；表（），从“衣”“毛”会意，表示上衣，古代衣服的内部表面有一层毛，用来保暖。

第四种是反文倒文会意。把一个字或反写，或倒写，从而产生新的含义。比如：

杲（）和杳（）这两个字的篆字形状正好是倒转过来的，两个字的含义也正相反：“杲”是明亮的意思；“杳”是“冥也”，本义指天黑了。

掌握了会意字的四种常见的结构法，是不是就能百试百灵、迅速有效地辨析出所有会意字的含义呢？

需要注意的是，在辨析会意字的时候，如果仅从象形字组合的特点上去理解字义，往往会造成失误。比如，“采”（），上半部分是手，下半部分是木，由手在木上的象形，理解这个字是指用手摘取东西，这是正确的；但在辨认“卡”（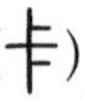）字时，就不能用这种思路，因为它不是由象形字组成的，而要会合“上”“下”二字，理解为表示卡住的意思。

其次，辨认会意字时还需注意不要“望形生训”，也就是不要看到某个形象就主观判定一定是某个解释，从而误解了本义。比如“安”，篆字作，像是房子里有个女人，如果主观解释为“家中有女子就安定”，那就错了，它的本义是指：远古人穴居山野，极易受到野兽的伤害，后来建造了房屋，就安全多了。所以“安”字中以一女静居屋内表示安居之意。

此外，我们还要克服辨析会意字时的随意性，要尽量在句子中理解字义。比如：读方苞《左忠毅公逸事》中“使将士更休”一句中的“休”（）字，从篆字的形象看，很像一个人在树下休息；但如果不结合具体文意，只从单个字的字形推敲，似乎也可以认为，一个人在伐木。因此，脱离文句的“会意”，是有一定随意性的，必须避免。

“会意”造字法的产生，是造字方法上的一大进步。“象形”所造之字往往是名词的书写符号，它的意义内容一般都是具体性的；原始指事字可以表达抽象性词义，但这类文字为数不多。“会意”克服了这两种方法的局限性，参与“会意”的两个或者更多个独体字本来只表示某种具体性意义，会合在一起却可以表示一个抽象性的意义。

会意字的产生，极大地扩充了我们的文字家族，帮助我们表达更抽象、更丰富、更细腻的情感与思想，促进了中华文化走向辽远与深刻。

iv. 形声字

认识了“六书”中的象形字、指事字、会意字之后，我们再来看看第四种——形声字。

何谓形声字？依汉代许慎的说法，形声字指的是“以事为名，取譬相成”。其特点是“形声相益”，既有形旁，又有声旁。

简单说，用一个表意字和一个表音字组合成一个新字的造字法叫形声。用这种方法造的字就是形声字。

初期的汉字，无论是象形、指事还是会意，都属于表意文字，然而在汉字的发展过程中，它的劣势一点点呈现出来了，有很多事物还是不能用象形、指事、会意的方式表达，不得已，有的字只好“兼职”，假借为表示别的意义的字，但这又带来了新麻烦，一字多义的现象导致了同音字泛滥，容易造成混乱。于是，形声字应运而生。

因为表意的方法有局限，人们就用表示声音的方法来造字，不过也并没有完全抛弃表示形意的部分，所以产生了半形半声的形声字。

形声字的构成部分，可分为“音符”，即声旁，以及“意符”，即形旁。比如“江”“河”两个字，“工”“可”是声旁，“水”是形旁；“闻”“问”两个字，“门”是声旁，“耳”“口”是形旁。

形声字的特点是：意符表示新字的意义属类，声符表示新字的读音或近似读音；在形体结构上，形声字和会意字一样，属于合体字。

来看几个例子：

问，篆字作，询问的意思。问话要用口，所以“口”（）为意符。“问”的读音与“门”相近，所以用“门”（）为声符。

帛，篆字作，“帛”和“巾”都是纺织品类的东西，所以用“巾”（）作意符。“帛”与“白”音相近，所以用“白”（）为声符。

湘，篆字作，本义指湘水，所以用“水”（）作意符。“湘”与“相”同音，所以用“相”（）作声符。

了解了形声字的特点，可以帮助我们学习和记忆汉字。汉字系统中，有很多字的笔画很复杂，难记忆，如果我们了解形声字的体系，就可以根据声符的声音来推断汉字的读音。记住一个字的读音，就意味着掌握了一系列汉字的读音（当然这种方法并不绝对准确）。

其次，学习形声字，还可以通过意符来推求形声字的所属意义的范畴。比如《孔雀东南飞》中“东西植松柏，左右种梧桐”，其中的“松”“柏”“梧桐”，我们就可以通过它们表形旁的“木”，来推断它们都是与树木有关的事物。

再比如说：

页，篆字作，本义指人头。《说文解字》：“头也”，从页的形声字大都与头有关系。例如，《廉颇蔺相如列传》里“相如顾召赵御史书”一句，“顾”这个词指的就是“回头”；成语“颐指气使”的“颐”本义即指“面颊”；《促织》里“青项金翅”的“项”指的是“后脖子”，都与头有关。

形声字的大致结构形式有以下几种：

第一种：左形右声，比如：江、村、峡、棋；

第二种：右形左声，比如：攻、胡、顶、削；

第三种：上形下声，比如：旱、草、空、露；

第四种：下形上声，比如：帛、基、舅、忠；

第五中：内形外声，比如：问、闻、辩、闷；

第六种：外形内声，比如：固、衷、阁、匡。

在这六种结构中，“左形右声”是形声字的基本形式，数量最多。

有些形声字，意符和声符的位置比较特殊，只占字的一角，在辨识时需要注意。比如：

颖，从“禾”，“顷”声。

形声字虽然存在意符和声符两部分，可以让我们对汉字的读音和意义有大概的了解，但是辨析形声字也需要注意以下几个方面。

首先，对一个形声字而言，意符和声符的位置是固定的，随意变动两者的位置，就会写成错别字。比如，把“呆”写成“杏”，把“嵩”写成“嵪”，都是错误的。至于“峰”写作“峯”，“略”写成“畧”，这些都是异体字，现在属于不合规范的字。

其次，如果不注意声符在演变中的读音变化，过分迷信声符，只凭声符推断形声字的读音，往往会造成失误。比如“破绽”读成“破定”，“毛骨悚然”读成“毛骨束然”，就会闹笑话了。

此外，判断意符时也须小心。有时看似同一意符，实际上却是不同意符的合并，如“胡”与“期”，“胡”以“肉”为意符，“期”以“月”为意符，后来因为意符演变，“肉”跟“月”这两个意符合并了，“胸”“臂”“胎”“脑”“脸”等都是由“肉”变“月”的意符。

有时候，看似不同的意符，实际上却是同一个意符的变化。如“手”变为“又”（取），变为“扌”（把）等。在推求形声字字义时，一定要仔细区分，不能掉以轻心。

形声字的产生，不仅解决了注音问题，也能使人见字识义。早期的形声字数目很少，但它的优势是有目共睹和不可抵挡的，因此，在汉字发展史上，它逐渐成为主流。

v. 转注字和假借字

前面我们认识了汉字造字法中最重要的四种——象形、指事、会意、形声。“六书”中除了这四种之外，还有转注和假借两种。

关于转注和假借，学者们看法不一。有的认为它们只是用字的方法；也有的认为它们也是造字方法，但相对于另外四种造字法来说，它们是辅助性的。今天，我们仍将它们作为两种造字法作一个简单介绍。

先看转注。许慎将转注定义为“建类一首，同意相受”，并举例说“考老是也”。

也就是说一类意义相同的字，能相互解释，属于“一首”之下。但是这种说法并不完善，有时同一组转注字并不属于同一部首。而且，许慎对“转注”的定义只注重于“用字”角度。

从造字角度探讨，古今学者将“转注”产生的原因，大致归纳为以下几种：

原因之一：方言的存在为转注的产生提供了基础。中国地域广阔，各地方言各异，除了读音不同，许多方言区的用字方式与普通话（即古代官话）也有很大差距。西汉的扬雄在其《方言》一书中，第一次提出了“转语”的概念，并被后世的许慎等人继承、发扬了。

经学者分析推测，早期的第一种转语方式是从“音转”开始的，也就是被转换的字词意义相同，而且读音相同或相近。比如“委蛇”被换成“逶迤”。

第二种转语方式是形转，转换字与被转换字之间声音和意义相同，形体上又有一定的联系。比如“火”和“燬”。

第三种转语方式是义转，转换字与被转换字的意义相同，声音和形体没有关系。比如“趋”和“走”。

原因之二：同一个事物名称不同。这是由古今字音变化造成的。声音发生变化之后，导致需要重新造字。比如古代的“舟”，现在我们通常叫“船”。

原因之三：同一类事物分类细化。随着人类语言的逐渐丰富，过去用同一个词来表示的类别分化出很多小类，将一种事物按特征不同分为不同种类，或将一种动作按程度不同分为不同种类，或将形容词进行细化等。

如：走、趋、赴等。

由以上三点，我们可以看到，转注产生的根本原因在于一个意义用多个词来表示。但这些意义来源于一个词根字，通过对词根字的扩展，不断产生新词。

如果这个词根字是一个形声字，通常会运用变换声符来造成新字。如“吟，呻也”和“呻，吟也”。

如果词根字不是形声字，造字时可以去掉原字的一部分，再加上声符。如“老”派生“考”，就是去掉“匕”，再加上“丂”而形成。

以上大体解释了一下何为转注字。**那么，假借字又是怎么回事呢?**

依许慎的说法，“假借者，本无其字，依声托事”，也就是说，假借是用已经存在的字来表示新词，以全字表音。这与形声字的声符不同。

假借字的产生也是语言日益丰富的表现。由于语言的发展，词汇越来越多，但是还没有相应的词来表示，就借用已经存在的字来表示新词的读音。

假借字中，通常所借之字都是音同或音近的字，大致上有三种形式。

第一种，借用本字，习惯之后，字与本义逐渐脱离了，本义需要另造新字。比如“然”，本来是表示“燃火”的“燃”字，后假借为“然后”的“然”，逐渐与“点燃”的意思脱离，所以后来为表达“点燃”的意思又新造了一个“燃”字。

第二种，与第一种相反，本字被借用了之后，又还了回来，借义新造字。比如“昏”字，曾经被借用为“结婚”的“婚”字，后来由于“结婚”与女子有关，就在“昏”的基础上加了“女”旁，构成了新字，而“昏”就又回到原来的位置上了。

第三种，一个字被借用后，既表示本义，又表示借用义。这种情况，一般表现为现在的多音字。比如“长远”的“长”字，本义为“久远也”，后来就假借为“长老”的“长”，而且直到今天，这个意义仍然存在。

假借字产生得很早，在甲骨文时期就大量存在，但由于假借字容易造成一字多义现象，阅读时意义容易混淆，而且因为是同音假借，只要音同或音近就可以假借，和意义没有关系，而形声字有意符和声符，既表音也表意，所以后来，形声字逐渐超越了假借字的地位，变成了汉字的主流。

象形、指事、会意、形声、转注、假借，被称为汉字六书。这是周代晚期到汉代人们分析汉字构形时总结出来的六种造字方法。

汉字文化博大精深，传说中，汉字是仓颉创造的，为此，“天雨粟，夜鬼哭”，可谓是惊天地、泣鬼神；实际上，汉字是在我们祖先漫长的生产劳动和生活实践中逐渐产生的，几经演变，最终作为表意文字流传下来。

汉字具有超时代性和超地域性的特点，它在传承中华文明、维系国家和民族统一方面居功至伟。今天，世界上其他几种古老的文字体系都消亡了，唯有汉字存活至今，且生机勃勃……

汉字身上，蕴藏着无穷无尽的美和奥秘，等待我们去追寻和探究。

② 词义把握与辨析

i. 实词积累与运用

“积累”与“运用”两个概念，实际上是密不可分的，积累的过程就是运用的过程，运用的过程也是积累的过程，只不过“积累”侧重识记，“运用”侧重理解。

学习课内文言文，在实词积累上最有效的第一个方法莫过于对课文中的重要实词进行重点归结，把一个实词的不同义项进行汇总，加强记忆，这样不同义项在我们的头脑中就会留有印象，在阅读课外内容时就容易联想到课内的相关语句。汇总之后，对每个例句当中的义项进行强化记忆，形成关于这个词的义项网络，在课外迁移时就能得心应手。

实词积累的第二个方法——汇总归结，重点整理。

在充分利用好教材课文的基础上，我们还可以利用汉字造字的方法来提升自己实词积累的效果。在积累实词时，可以根据汉字字形的特点，从造字法的角度入手分析字形，从本义入手进行引申联想，进而理解实词的引申义、比喻义，扩展实词的义项积累。

实词积累的第三个方法——字形推断，引申联想。

词类活用是文言中重要的特殊现象，一般来讲高中阶段应重点掌握三类词的活用：名词、形容词、动词的活用，阅读中只有能准确辨识出活用情况，才不至于误读原文，翻译时才能做到文从字顺。这是实词运用中需要注意的第一点——词类活用。

同样一个词，在古今汉语中都存在，但其含义却截然不同，这种现象在阅读文言文时也一定要引起重视，否则会造成对原文句意的错误理解。这种现象叫“古今异义”，这是在实词运用过程中需注意的第二点——古今异义。

实词运用过程中需注意的第三点——通假现象。通假字，是泛指古书的用字现象之一，“通假”就是“通用、假借”的意思，即用读音相同或者相近的字代替本字。由于种种原因，书写者没有使用本字，而临时借用了音同或音近的字来替代。广义上的通假字，包括古今字、异体字和通假字，在中学语文学习中我们通称为“通假字”。

“实词的积累与运用”的方法因人而异，在学习过程中只有结合具体内容，活学活用，才能做到学以致用。

ii. 虚词积累与运用

《上海市高中语文学科教学基本要求》（试用本）规定高中阶段应该熟练掌握最常见的文言虚词有 14 个。

总体说来，文言虚词的总量远不如实词多，如果花一番功夫进行积累，对文言文的学习将大有帮助。

积累与运用虚词，最主要的方法是要做到体悟声气，感受情韵。虚词不但起着语法方面的作用，更主要的是，正是这些虚词使人物的形象表现得非常丰满，性格鲜明，人物的内心世界、面目表情都充分地展现出来，真可谓栩栩如生。

比如《毛遂自荐》一文，楚王从一开始的傲慢呵斥到最后的“惟命是从”；毛遂从开始的“按剑”相胁，到后来的理由详陈，简单的几句话使赵楚“定从”，尤其是他的两句“吾君在前，叱者何也”的反问，惟妙惟肖，如在眼前。而这种形象的展现得益于诸多虚词的表达效果。

清代桐城派代表人物刘大櫆在《论文偶记》中强调“虚字详备，作者神态毕出”“文必虚字备而后神态出，何可节损？”，突出了虚词在表情达意方面的作用。

文章的声情、气韵、节律，得力于虚词的运用，因此，学习文言虚词，要抓住声气培养语感，要想做到这一点，一要靠诵读，只有出声诵读文句，才能感受虚词的多种声气；二要靠品味，只有细心品味，才能体会其传达的细微情愫；三要靠比较，只有不断比较，才能区分其中的差别。只有这样才能感受到虚词的魅力所在。

当然，要做到这一点，就需要有一定量的积累，了解各个虚词的含义内容、用法特点、语气轻重、作用所在、关系所指，这些知识只要在平时的文言学习时，加强积累，强化巩固，再辅以一定的阅读体验，对单个虚词的用法自然能够活学活用。

在平时课内文言学习时，如果能够有针对性地对重点虚词的用法进行整理，在课外阅读过程中加以巩固，会取得事半功倍的效果。

由此，我们可以总结出**积累与运用虚词的第二种方法：强化固本，迁**

移致用。

“本”指的是教材中的文本，在日常学习时，只要加强对教材中虚词的理解巩固，课外阅读就能得心应手。

因为虚词的总量毕竟不多，可采用课内外结合的方式，以教材为主，先把学过的教材中涉及的常见虚词单个列出，把不同的用法和含义进行归类，每种用法含义之下附上几个典型的例句。

然后在课外阅读过程中遇到的同一类虚词再进行归类，把每个虚词所涉及的用法都列全。这样经过一定时间的积累，对这个虚词的所有常见用法和多种含义都能全面掌握。这就是我们学习虚词时需注意的第三点：特殊现象，强化识记。

虚词中的特殊现象有这样几类：

兼词：兼词是指一个虚词兼有两个词的意义和作用的单音词，它所兼的两个词属于两个不同的词类。例如：“诸”“焉”“盍”“叵”等。

虚词连用：虚词的连用多体现在语气助词上，连用是为了加强语气，一般出现在句末。两个虚词连用的比较多，也有三个连用的。

复音虚词（固定形式）：文言中由两个单音词组合成为一个双音虚词，由于长期使用形成了固定的形式。对于这样一些虚词的理解，不能简单地按两个虚词来理解，也不能按现代汉语的一个词来理解，一定要熟悉其固定的含义和特定的语境，否则容易引起歧义。

对于虚词中的特殊现象，要结合典型的例句强化记忆，才能在阅读时候避免误解。

③ 句式理解与分析

i. 文言基本句式

我们中华民族的历史源远流长，辉煌灿烂的中华传统文化需要我们去传承，卷帙浩繁的文化典籍等待我们去领略，我们首先要会阅读文言文，才能走近经典。沧海桑田，斗转星移，物是人非，古汉语的文言基本句式也出现了很多变化，才成为现代汉语的样貌。

现在，我们要回溯文言四大基本句式：判断句、被动句、省略句、倒装句。

我曾看见有些同学的文言文归类总结，把感叹句、疑问句也算作文言四大基本句式，还有人把文言基本句式认作是文言特殊句式，这些看法都是有问题的。

我要廓清一下，感叹句、疑问句等是从语气角度去辨析；而我们所考量的文言基本句式是立足现代汉语语法（即语言的组合规律，比如语序）等视角，去观照古代语言的组合规律，而非仅从语气角度去探讨。文言基本句式是古人组合架构语句的基本规律，并不是古代偶然使用的特殊的个案现象，所以也不能用文言特殊句式来定性和称呼。列举如下：

判断句

- 用“者”“也”表示判断。

“……者，……也。”	例：廉颇者，赵之良将也。
“……者，……。”	例：蔺相如者，赵人也。为赵宦者令缪贤舍人。
“……，……也。”	例：和氏璧，天下所共传宝也。
“……，……。”	例：刘备，天下枭雄。
“……者也。”	例：城北徐公，齐国之美丽者也。

- 直接用名词充当谓语表示判断。　例：其人勇士。
- 用判断词“是”表示判断。　例：予家有三鉴，又见他家所藏，皆是一样。

- 用“为”“乃”“则”“即”“非”等表示判断。　例：吾翁即汝翁。
- 用“此”“是”“斯”等指示代词作主语和谓语表示判断。　例：是寡人之过也。

被动句

- “于”表被动　例：故内惑于郑袖，外欺于张仪。
- “见”表被动　例：渐见愁煎迫。/徒见欺。
- “见……于”表被动　例：诚恐见欺于王。
- “为”表被动　例：身客死于秦，为天下笑。
- “被”表被动　例：今日被驱遣，小姑如我长。
- 无被动词的被动句　例：戍卒叫，函谷举。

省略句

- 省略谓语　例：一鼓作气，再而衰，三而竭。
- 省略宾语　例：悉埋于地。
- 省略介词　例：岁征民间。

倒装句

- 宾语前置

  疑问句中疑问代词作宾语　例：大王来何操？

  否定句中代词作宾语　例：古之人不余欺也。

  有提宾标志“之”“是”　例：句读之不知，惑之不解。

  无标志　例：仁义不施而攻守之势异也。

  反身代词“自”作宾语　例：何故怀瑾握瑜而自令见放为？

  “见”“相”等指代性副词作宾语　例：及时相遣归。

  方位名词作宾语　例：又北向，不能得日。

- 定语后置

中心词＋定语＋者	例：求人可使报秦者。
中心词＋之＋定语（形容词）	例：苟以天下之大。
中心词＋数量词	例：我持白璧一双，欲献项王。
中心词＋定语	例：兵精足用。

- 介词结构后置

动词/形容词＋介宾短语	例：以勇气闻于诸侯。

- 主谓倒装（谓语前置）

谓语＋语气词＋主语	例：甚矣，汝之不惠！
无标志	例：兵精足用。/渌水荡漾清猿啼。

ii. 文言固定句式

在现代汉语中，我们常常为了表达某种语气或为了某种结构，用一些不同词性的词组合在一起，形成一种固定的语句样式。我们的古人也如此，他们也会因为某个特定的场合，为了某种特定的语气，以及某个需要强调的意思等，而使用固定的语句样式。

这些固定句式，其实在我们的古文阅读中经常出现，我们并不陌生，比如：

得无……乎（耶）

不亦……乎　顾……哉　……孰与……

然则　若夫　奈何（奈……何）（如……何）（若……何）

那么，这些文言固定句式，在文言作品中起到怎样的表达效果呢？

现在我们以《史记·项羽本纪》中“鸿门宴”中的一个固定句式为例，来感受固定句式的精彩效果。

作为历史上一场著名的“饭局”，“鸿门宴”被认为间接促成项羽败亡以及刘邦成功建立汉朝，在这场宴会上，楚汉双方力量与智慧的生死较量，每个人物精彩纷呈的生动表现，以及风云诡谲的无形厮杀，司马迁给我们重现了一个历史特殊时期的场景。今天读到这些文字，我们几乎也现场参与了那场著名的宴会。

在《鸿门宴》一文里，有这样一个固定句式，被刘邦连续说了三次，那就是“**为之奈何**”。刘邦在不同情形下说的同一句话，虽然表达的都是疑问语气，但因为语境不同，刘邦的心理完全不同，而我们在对这个固定句式的深入探讨中得以走入刘邦的内心世界，也更近距离地触摸到这场战局发生惊天大逆转的根本原因。

良乃入，具告沛公。沛公大惊，曰：“**为之奈何**？”

沛公默然，曰：“固不如也。**且为之奈何**？”

沛公已出，项王使都尉陈平召沛公。沛公曰：“今者出，未辞也，**为之奈何**？”

“鸿门宴”这个故事发生在陈胜吴广起义后的第三年（公元前206年）。陈胜吴广起义后，各地奋起响应，其中有楚国贵族出身的项梁、项羽叔侄，有农民出身的刘邦。陈胜吴广起义失败后，全国便形成了事实上项羽、刘邦争霸的局面。

等项羽大破秦军，刘邦左司马曹无伤密告刘邦关中称王之意时，项刘矛盾浮出水面。项羽在范增的建议下鸿门设宴，欲铲除刘邦，范增布下天罗地网，定要把刘邦人头留下。对刘邦一方来说，情势极其危险。

司马迁凭借一个重复使用的固定句式的句子，起到了非常重要的表情达意的作用。以一个句子而窥视一个人物的内心世界，以一个句子而推断一个人物的性格特征，以一个句子而探究故事背后历史走向的深层原因，这个句子的作用不可谓不大啊！

一个人在没有做好充分准备的情况下被人识破意图是很尴尬的，就像刘邦，他的羽翼还未丰满，力量还不够强大，局面还未掌控，突然被推到前台来，肯定是手足无措的，所以第一次说“为之奈何”是惊慌失措下的无可奈何；第二次的“为之奈何”是在张良分析了敌我双方的客观形势、力量对比后的自愧不如，是想应付眼前危险局面的急迫；而第三次再说“为之奈何”，是好不容易逃出“鸿门宴”九死一生后期盼脱险并消除眼前危险的焦虑。“为之奈何”出现在“鸿门宴”前后，而非宴会上，其实我们可以由此看到一个更真实的刘邦。

“为之奈何”作为表达疑问语气的固定句式，在塑造刘邦这个人物形象上起到了至关重要的作用。

郭嵩焘如此评价：“自是史公《项羽本纪》中聚精会神，极得意文字。”

它不只是达到了“叙事真而描写切”“语调整齐，字句锤炼”的境地；它也达到了神采辞章双跻峰顶（“理既切至，辞亦通畅。”——《文心雕龙·奏启》）的新高度。

刘邦之所以化险为夷转危为安，从下面这一句话中不难明白不在于他有多大的领导才能与谋略，而在于他善于用人。刘邦说：“项羽有一范增而不能用，此其所以为我擒也。”他认为张良、萧何、韩信，“此三人者，皆人杰也，吾能用之，此吾所以取天下也”。刘邦在接到项羽要击破他的消息时，虽然显得有些慌乱，但他的一些心腹臣僚，大都是有胆有识，能细致地分析客观情况，进行周详的计划和严密安排的人物。《鸿门宴》雄辩地说明刘邦集团在处理这样一个严重事件时，是如何做到了知己知彼，有条有理，并且能顺理成章，因敌制胜，所有举措都是符合客观实际，从而获得最后胜利。

因此，文言固定句式的使用，既是一种语言的习惯，更是一种表达的需求。它们的作用，既有语气上的目的，也有结构上的衔接。

固定句式的构成多为两个或两个以上的虚词连用，因而，从用法和作用分析入手，从语气和结构两大作用来归类，可以比较清楚地了解其固定的意义，达到准确翻译和理解文言作品的效果。这种结合很紧密，表达很固定。**具体来说，有两种类型：**

表疑问、反问、感叹、揣测等强烈语气，是特定情境的最契合句式。

- 表疑问语气。常见的有“如何”“何如”“若何”“奈何”“何也”“何为”或“如……何”“如之……何”等。

- 表反问语气。往往由疑问词和语气词两部分构成，一般为前面是疑问代词，最后是语气助词。常见的有“何……为”“奚以……为”“何……之有”“不亦……乎”“安……哉”“庸……乎”等。

- 表感叹语气。常见的有“何其”“焉哉”等。

- 表强调语气。常见的有“已矣”“而已”“而已矣”“焉耳矣”等，用在句末，都相当于“……罢了”。

表上下文结构上的起承转合，是某种语意的最准确衔接。

如果我们能够在平时的课堂学习中，能够有针对性地对经常出现的固定句式进行整理，并辨别它们在表情达意以及结构衔接上的作用，同时在课外阅读过程中加以巩固，那么我们在古文阅读过程中将会更准确把握文意与思想情感。

（二）语感建立与升华

1. 语感表征

什么叫语感表征？一说起语感，大家觉得这是一个不可琢磨的概念，或者说是只可意会不可言传，的确如此。因为所谓的语感，就是一个语言的敏感性，既然是敏感性的问题，那么他应该是自已内心的一种体验，怎么能让它外显出来呢？所以我们探讨的叫表征。表征就是显现在外面的一些标志，也就是说，语感的东西，积累到一定程度之后，实际上也是有一些规律性的、标志性的。那么我们今天简单地来探讨两个问题：**第一个是对语言意义内涵的认识**。我们讲一个语言当然有意义，这个意义有表层意思、转折意思、引申意思、深层意思等等。那么我们怎么来感受，或者如何把感受到的语言的意义内涵表达出来？比如说，对一些比较显性的概念，《合欢树》里面有这样的句子：悲伤也成享受。对悲伤这样一个表示心理感受的词，它的词义我们不陌生，然而作者在这里这样说，“悲伤也成享受”的悲伤，它背后到底包含什么？因为作者是到了母亲居住过的地方，而不得进，于是回想起了母亲以往的种种，尤其是对自己那样一种特定的关爱，以及与关爱相关的母亲内心无以言语的痛苦，是指这样的一种体现。因此这时候的悲伤，既是一种回顾，是一种再认识，是一种过去的这样的情感的再现。但同时又是自己独特的一种感受。因为这种悲伤，只有像自己这样，经历了特定的苦难之后，才能真正地感受到。因为这里的悲伤，既是一般的心理情绪，同时也包含着别人无法体验的，那样的一种深邃的心理的一种再认识。这是一种显性的，有时候看起来很简单的一个词，人人都明白，但是我们要知道他的内涵是什么，比如说鲁迅的《白莽作〈孩儿塔〉序》，他写道：“这《孩儿塔》的出世并非要和现在一般的诗人争一日之长。”一般的诗人，“一般”这个词很简单，但这里作者所说的“一般的诗人”指谁？为什么要特别地说“一般的诗人”？因为作者这里所说的“一般的诗人”，就是后面所说的那些玩弄圆熟简练、静穆幽远技巧的诗人，而当时的社会环境是什么？日本人已经侵略进来，而国民党又白色恐怖，在这样一个特定的环境下，你还去玩弄这样的一些技巧性的东西，实在是令人心中不以为然，所以说是一般诗人。所以一般诗人背后是有深刻含义的，这个我们叫对意义内涵的认识。

第二个是对审美价值的认识，语言的审美价值。所谓的审美价值，也就是这样的一种语言形式，使你产生了怎么样的一种想象和联想？使你怎样丰富你的内心的感受？比如说郁达夫的《故都的秋》，他曾经说："一个人夹在苏州上海杭州，或厦门香港广州的市民中间，混混沌沌地过去，只能感到一点点清凉，秋的味，秋的色，秋的意境与姿态，总是看不饱，尝不透，赏玩不到十足。"他用这样一种语言，尤其是"秋的味，秋的色，看不饱，尝不透"等这样的一种语言形式使你产生了丰富的想象。这一类的语言，实际上在我们的文本阅读中比比皆是，读得多了，你才能够真正地感受到这种语言的意义。比如说《背影》这篇文章，虽然是初中的，但是大家一定都熟悉：父亲本来说好不送我去的，后来又送了，而且这个送又颇踌躇，这一段文字的语言表述，是很值得我们玩味的。他说父亲因为有事，本来说好不送我，第一个是不送，而让旅馆里一个熟悉的茶房陪我同去，有人陪我去，但父亲又觉得不放心，怕不妥帖，颇踌躇了一番，最后还是决定自己送我去。这样的一个语言环境，我们读出的是一个怎么样的父亲，你光用父爱一个概念，是无法来涵盖的。文章当中的意思一转再转，一转再转，直至第 6 小节，这时候我看见父亲的背影，我的眼泪很快地流下来了……这样分析后我们就能够前后联系起来，所以说语感，虽然是内心的一种感受，但是并不是无迹可循的。如果我们在大量积累的基础上有一定的训练，并且有意识地关心文章的前后联系，那么我们语言的敏感性一定会逐步地建立起来。

2. 语感建立

① 语体风格的辨识

i. 语体和文体

在我们的中学语文学习中，语体风格的辨识有助于我们更好地研读、把握、理解各种体裁文本的内容和表达特点，从而能根据我们习得的语体风格知识来建立语感，并指导我们学习各种文体的写作基本能力。

什么是“语体”？不同的交际领域和交际目的，使人们在交际活动中形成许多运用语言材料和表现手段上具有不同特点的语言表达体系，这种语言表达体系就是语体。

什么是“风格”？艺术作品在整体上呈现的有代表性的面貌，这就是通常所说的风格。

语体分为口头语体和书面语体两类。下面要谈的主要是书面语体中文艺语体风格的辨识。

书面语体中的语体风格主要反映在文章体裁上。所以，我们需要从中国文体的演变谈起。

文体，就是文章的体裁或样式。各种文体都有一定的功用、特定的使用范围和相对固定的格式，在遣词造句、章法结构、表情达意上都有自己的特点。由此，形成了某种文体所特有的语体风格。

给文章分类，由于分类标准不一，得到的效果也就不同。我国最早为文章分类的是三国时魏国的曹丕，他在《典论·论文》中说：

“奏议宜雅，书论宜理，铭诔尚实，诗赋欲丽。”

他把文体分为奏议、书论、铭诔、诗赋 4 类。晋代的陆机在《文赋》里则把文体分为 10 类；南朝梁的刘勰在他的《文心雕龙》中把文体分为 35 类；同一时代的萧统在他主编的《文选》里把文体分为 37 类。此后越分越细，到了明代，贺复征在《文章辨体汇选》中已把文体分为 132 类。到了清代，“桐城派”代表作家之一的姚鼐在他的《古文辞类纂》中，把文章分为 13 类，这才使文章归类趋于精当、清晰。

我国对文体的分类，最早采用的是“两分法”。冰心在《论创作》一文中回答什么是散文时，曾经这么说过：

“散文不是韵文，不是每句和每几句都押上韵，也不是骈文，像什么

‘关山难越，谁悲失路之人；萍水相逢，尽是他乡之客’。这种文章是骈文，两个句子是对起来的。散文既不是韵文，也不是骈文。”

无独有偶，法国古典主义喜剧家莫里哀也曾通过他的剧本《醉心贵族的小市民》，表达了他的看法：

“凡不是散文的东西就是韵文，凡不是韵文的东西就是散文。”

有韵还是无韵，对句还是散句，是区分散文和诗赋的尺度。一切有韵的诗赋和以对句行文的骈文都不是散文，一切不押韵的诗赋以外的文章都属于散文，这就是最早的文体“两分法”的定义。

按照这个标准，古代的文章不管什么内容，无论哲学的、政治的，还是经济的、史地的著作，只要不是用韵文写的，都可归入散文范畴。

按照“两分法”的标准，我们试着用最简洁的语言来概括一下韵文和散文的语体风格。

所谓韵文，它的风格就是排列规则、讲究韵律。韵文长于抒情，韵律谐和，它的主要形式是诗歌，还包括辞赋、词、曲、诗剧，以及用韵的颂、赞、箴、铭、哀、诔，等等。

譬如，唐代刘禹锡的《陋室铭》：

“山不在高，有仙则名。水不在深，有龙则灵。斯是陋室，惟吾德馨。苔痕上阶绿，草色入帘青。谈笑有鸿儒，往来无白丁。可以调素琴，阅金经。无丝竹之乱耳，无案牍之劳形。南阳诸葛庐，西蜀子云亭。孔子云：何陋之有？”

偶句的最后一个字“名”“灵”“馨”“青”“丁”“经”“形”“亭”用的是同一个韵母“ing”，这就叫押韵，读来韵律和谐，琅琅上口，颇具音乐感。必须说明的是，其中“馨”在现代汉语中是前鼻韵“in”，但在古读法里，这个“馨”字也可归入后鼻韵“ing”这个韵部。

韵文也包括骈体文（简称骈文），因为它常用四字句和六字句，故也称“四六文”。它的特点是全篇以双句（俪句、偶句）为主，讲究对仗的工整和声律的铿锵。南朝梁文学家吴均所著的一篇著名的山水小品《与朱元思书》中的片段，被视为骈文中状写景物的文学精品。

所谓散文，它的标志就是不专用对偶、不用韵的散行文体，同骈文、韵文相对，在古代包括论辨、序记、诏令、奏疏、题跋、书牍、碑碣，等等。据此，《论语》是语录体散文，《左传》是历史散文，《史记》是传记散文，《孟子》《庄子》《荀子》《墨子》《韩非子》等先秦诸子的著作大都是说理散文，《国语》《战国策》等则都是历史散文。所以，当我们说到中国古代最早的散文总集是《尚书》，最早的哲理散文总集是《吕氏春秋》，也就可以理解了。

以上，我们探讨了语体和文体的关系，可以看出，特定的文体在整体上呈现的有代表性的面貌，就是风格；而特定的文体在谋篇布局、表情达意上又需要或适用某种语体。久而久之，特定的文体运用语言材料和表现手段上具有的不同特点，就上升为某种语体的可供辨识的风格。

ii. 韵文中的诗词

诗歌的特点，决定了诗歌是富于音乐性、节奏感的。比如杜甫的《绝句》：“两个黄鹂鸣翠柳，一行白鹭上青天。窗含西岭千秋雪，门泊东吴万里船。”整首诗是 4 句，每句 7 个字，分行，押韵，读来琅琅上口，极富音乐性，充满节奏感。

《唐诗三百首》编者把诗分为古诗、律诗、绝句三类；古诗、律诗、绝句又各分为五言、七言。

从格律上分，诗可分为古体诗（古风）和近体诗（今体诗）。从字数上看，有四言诗、五言诗、七言诗。

先说古体诗。古体诗是按照古代的诗体来写的。在唐人看来，从《诗经》到南北朝的庾信，都算是古，因此，所谓按照古代的诗体，也就没有一定的标准，即不受近体诗格律的束缚。凡不受近体诗格律束缚的，都是古体诗。

- **四言古体**

这是最早出现的诗歌形式。如《诗经 · 关雎》：“关关雎鸠，在河之洲。窈窕淑女，君子好逑……”又如《硕鼠》：“硕鼠硕鼠，无食我黍。三岁贯女，莫我肯顾。逝将去女，适彼乐土。乐土乐土，爰得我所……”

- **五言古体**

形成完整的五言诗，是在汉代。如最长的叙事诗《孔雀东南飞》。到了魏晋南北朝，五言诗有了长足的发展，出现了许多五言民歌和许多有名的作家，如“三曹”、嵇康、阮籍、左思、陶潜、谢灵运等。

在齐、梁间，谢朓、沈约等开创的“永明体”（永明是齐武帝年号），更注意声律和对仗，对后来的近体诗的格律化，提供了一定的借鉴。可以说，“永明体”是我国诗歌从古体走向近体的一个开端。

- **七言古体**

最早在汉武帝时有所谓七言联句“柏梁体”。早期最完整的七言古体诗是曹丕的《燕歌行》。七言诗到唐代才盛行起来。

- **杂言诗**

一首诗的句子长短不一，从一言到十一、十二言，作者可以随意交错使用。

再来谈谈近体诗。近体诗，也叫今体诗，即我们通常所说的格律诗。

近体诗分为五言律诗（简称为“五律”）、七言律诗（简称为“七律”）和五言排律、七言排律，以及五言绝句（简称为“五绝”）、七言绝句（简称为“七绝”）。近体诗的主要形式是律诗。

按王力先生的《诗词格律》一书所言，律诗的特点主要有：每首限定8句，五律共40字，七律共56字；押平声韵；每句的平仄都有规定；每首必须有对仗，对仗的位置也有规定。

绝句分为两种：一是古绝（可以用仄韵，如柳宗元《江雪》：“千山鸟飞绝，万径人踪灭。孤舟蓑笠翁，独钓寒江雪。”）；一是律绝，在形式上等于半首律诗。

那么，词作为一种文学形式，又是怎么回事呢？

词，最初被称为“曲词”“曲子词”，是配音乐可以演唱的。后来，词逐渐和音乐分离，成为诗的别体，所以，有人把词称为“诗余”。

词和诗在形式上最大的区别是，诗句相对比较整齐，词句则大多是长短句交错，所以，习惯上我们也可把词称作“长短句”。比如，《稼轩长短句》一书，顾名思义，就是辛弃疾的词集。

词大致上可以分为三类：一是“小令”，二是“中调”，三是“长调”。

一般认为，58 字以内的词是小令，59—90 字的词为中调，90 字以上的词是长调。从龙榆生所撰《唐宋词格律》来看，最短的词是《十六字令》，整首词仅 16 个字。如毛泽东的《十六字令三首》中：“山，快马加鞭未下鞍。惊回首，离天三尺三。”最长的词则是《莺啼序》，全词分 4 段，共 240 字。

词的格式和律诗的格式不同。律诗只有四种格式，即：平起首句入韵式、平起首句不入韵式、仄起首句入韵式和仄起首句不入韵式。词，却有 1 000 多种格式。这些格式称为“词谱”；为每个词谱取的名字，就是“词牌”。我们耳熟能详的“忆江南”“渔歌子”“沁园春”“念奴娇”“满江红”“水调歌头”，等等，都是词牌的名称。

词还有单调、双调、三叠、四叠之分。

“单调”的词往往就是一首小令，如白居易的《忆江南》：“江南好，风景旧曾谙。日出江花红胜火，春来江水绿如蓝。能不忆江南？”

“双调”的词有的是小令，有的是中调或长调。所谓双调，就是把一首词分成前后两片。双调是词中最常见的形式。前面提到的“沁园春”“念奴娇”“满江红”“水调歌头”，都是双调。

“三叠”就是把一首词分成上中下三片，“四叠”就是把一首词分成四片。三叠和四叠的词比较少见，我们就不再举例了。

诗和词，作为韵文中的主要文学形式，历来受到人们的喜爱。特别是唐诗宋词，更是脍炙人口，成了我们日常生活中不可或缺的滋润心灵的精神营养。就外在形式而言，诗和词都讲究押韵、平仄，读来朗朗上口，富于音乐性和节奏感。它们的外显差异是，诗讲究的是整齐规范之美，词讲究的是长短参差之美。至于诗词的意境之美，那就是另外一个话题了。

iii. 韵文中的辞赋

近代大学者王国维说过：“凡一代有一代之文学：楚之骚、汉之赋、六代之骈语、唐之诗、宋之词、元之曲，皆所谓一代之文学，而后世莫能继焉者也。”这里的“骚”“赋”“骈语”“诗”“词”“曲”，都可纳入“韵文”的范畴。

我们知道，中国的第一部诗歌总集是《诗经》，收集了西周初年至春秋中叶（公元前 11—公元前 6 世纪）的诗歌 305 首，取个整数，俗称“诗三百”。

到了战国时期，屈原创作了一种新的诗体，因为运用楚地（即今湖南、湖北一带）的文学样式、方言声韵和风土物产等，具有浓厚的地方色彩，故名“楚辞”，对后世诗歌产生深远影响。《楚辞》也成为中国文学史上第一部浪漫主义诗歌总集，它是公认的与《诗经》并峙的另一座诗的丰碑。《楚辞》的代表作是屈原的《离骚》，所以，《楚辞》也被称为“楚辞体”或“骚体”。

《楚辞》的语言最明显的外在特点是用了大量的语气助词“兮”。如

《离骚》中最著名的诗句："路漫漫其修远兮，吾将上下而求索。"又如屈原的《国殇》，"操吴戈兮被犀甲，车错毂兮短兵接……"几乎每个诗句都有"兮"字。

以上简要介绍了王国维先生提到的"楚之骚"，那么，"汉之赋"又是怎么回事呢？

东汉史学家班固说："赋者，古诗之流也。"也就是说——赋，是由《诗经》的六义"风、雅、颂、赋、比、兴"的"赋"演化而来。赋是承《诗经》和《楚辞》发展而来的一种韵文。《汉书·艺文志》说："不歌而颂谓之赋。"宋代理学家朱熹说："赋者，敷陈其事而直言之也。"这句话的大意是：赋，就是对事物进行铺叙，直截了当地把它说明白。

清代学者刘熙载在《艺概》里说："赋起于情事杂沓，诗不能驭，故为赋以铺陈之，斯于千态万状，层见迭出者，吐无不畅，畅无或竭。"

归结起来，赋有三个特点：就体裁来说，赋出于诗，所以不应该离开诗来讲；就作用来说，赋是状物诗，适宜于写杂沓多端的情态，贵在铺张华丽；就性质而言，赋可颂而不可歌。

赋的形式可以分成四类，即：古赋、文赋、律赋、骈赋。

汉代之初，贾谊作《吊屈原赋》，但他的作品明显带有楚辞的风格，我们可以把它看作是从楚辞到赋的过渡。稍后，枚乘作《七发》，赋的体制基本形成。再往后，司马相如作《子虚赋》《上林赋》，把赋的体制完善定型。所以，班固论赋"贾谊登堂，相如入室矣"。再后来，扬雄、班彪、班固、张衡、蔡邕、王粲等名家赋作迭出，使汉赋的创作达到了高峰。后来，人们把汉赋称为"古赋"。

必须说明的是，赋虽然源于"诗""辞"，但它已经成为一种独特的文体。汉魏之后，受赋的影响，出现了骈体文，它讲究辞藻，大量用典，要求对仗，合乎声律，句式以四言和六言为主，所以，骈体文又称为"四六文”。用骈体文形式写成的赋，叫作“骈赋”。

古赋和骈赋都讲究押韵，但对于平仄的要求不很严格。后来，产生了“律赋”，赋的用韵才有了规范。

受古文运动影响，唐宋之间出现了后人命名的“文赋”，代表作有杜牧的《阿房宫赋》、欧阳修的《秋声赋》、苏轼的前后《赤壁赋》。这些“赋”很少用韵，已经近似于散文了。

现在，我们谈谈赋的章法。

一是赋的结构。古赋的写作顺序一般是“序”“赋”“乱”。开篇的“序”，就是写这篇赋的缘起、旨意；“赋”就是内容主体；“乱”就是结束语。现代人写赋，大多不再用“乱”，而改用“赞曰”“歌曰”“颂曰”，等等。

二是赋的句式。赋的句式多用四四、四六等整齐句式，兼用三言、五言、七言，或者用一些“若夫”“于是”“且”“遂”等二言、一言的连接词。

三是赋的虚词。写赋常用虚词，使用频率最高的是语气词“兮”。“之乎者也”也经常使用。用虚词的功能在于增加抒情的语气和营造气势，从而体现出赋的特有风味。

四是赋的对偶。骈赋讲究对偶，律赋要求对仗更严。对偶的排比句在赋这种文体中相当重要，没有它，赋的感觉就没有了。

刘勰《文心雕龙·诠赋》中标举秦汉十大赋家为“辞赋之英杰”，他们是：荀况、宋玉、枚乘、司马相如、贾谊、王褒、班固、张衡、扬雄、王延寿。

iv. 文学类散文和非文学类散文

按照古代的“两分法”，所有文体可以分成两个大类，一是讲究韵律的韵文，而韵文之外都是散文——也就是广义的散文。

“五四”时期的学者刘半农，他对“文学”和“文字”进行了明确的区分，认为“凡科学上应用之文字，无论其为实质与否，皆当归于文字范围”。所谓“散文”，是指“文学的散文”。尽管他对什么是文学类散文并没有提出明确具体的标准，但他把实用性的文字和文学类散文已经完全区别开来。

到了1921年6月，周作人发表了题为《美文》的文章，他认为所谓散文，是“记叙性的，是艺术性的，又称作美文”。它以抒情为主，又包含叙事、说理，是艺术性比较强的文学作品。以议论、思想、观点为主的文章，不属于文学类散文的范畴。

此后，朱自清等人相继对散文的性质、特征进行了具体深入的探讨，对作为文学体裁的散文基本达成了共识。这就是把除了诗歌、小说、戏剧、曲艺和电影文学之外的一切文学体裁，都归入文学类散文，它包括杂文、随笔、小品、速写、游记、特写、通讯、报告文学、人物传记等等。文学类散文的主要特点就是“个性”“抒情”“自由”，它是和小说、诗歌、戏剧并列的四大文学样式（体裁）之一。

这样，古代的广义散文概念就有了分野，除了文学类散文，其他散文都是非文学类散文。现在，我们重点谈谈文学类散文的语体风格。

文学类散文包含记人叙事、写景状物、抒情写意、议论随笔等类型。文学类散文又称作“美文”，其景美、物美、情美、意美，而这些美都以语体美作为载体，而且这种“美”不是单一的、单色调的，而是多元、多色彩的。

文学类散文是一种重在抒写主体感受的“言情”艺术，因而文学类散文语体拥有独具情性的审美特质。可以说，有多少散文作者，就有多少种语体风格，我们只能作一个大致的归类。

文学类散文的第一种语体风格是本色天然、自由率真。这一类作者崇尚自然天成，把洗净铅华、本色天然作为一种语体追求。

他们中有的擅长“自由谈话风”，倡导“读其文如闻其声，听其语如见其人”，主张作者如诉衷肠，读者如聆听老朋友谈心。代表作家有林语堂、周作人，等等。

他们中也有的追求“清新真朴语”，用不加粉饰装点的平常话语，晶莹透亮宛如泉水般流淌的清新语言和率真、朴实的情感来打动读者。

他们中还有的崇尚“自然典雅语”，他们追求本色而不失雅致，语义优美而不显雕琢，犹如李白所说的“清水出芙蓉，天然去雕饰”。代表作家有朱自清、谢冰心，等等。

文学类散文的第二种语体风格是浓墨重彩、金声玉振。这一类作者讲究文采，注重声韵的美丽，语言斑斓夺目，色彩缤纷。

他们中有的形成了“铺张扬厉”的风格，如徐志摩特爱浓艳，极尽夸饰繁复之能事，把散文变成了一个艳丽多彩的语言艺术世界。刘白羽的散文给人的也是这种浓墨重彩、气势如虹的语感。

他们中也有的讲究“精雕细琢”，特别注重语言的声韵、节奏，追求一种可诵可咏的音乐美感。在他们的散文作品里，处处显示出斟词酌句、精雕细刻，追求语义的最佳表现力，讲究语言流动的宛转曲折，追求文本语体整体的和谐严谨。

文学类散文的第三种语体风格是标新立异、活跃灵动。

这种语体风格首先表现在用新的言语组合方式，造成一种变化多端的灵动效果。如台湾地区作家余光中的《丹佛城——新西域的阳关》开篇的一段描述：

“城，是一片孤城。山，是万仞石山。城在新的西域。西域在新的大陆。新大陆在一九六九年的初秋。你问： 谁是张骞？所有的白杨都在风中摇头，萧萧。但即使是新大陆也不太新了。四百年前，还是红番各族出没之地，侠隐和阿拉帕火的武士纵马扬戈，呼啸而过。”

余先生笔下的景色是多么的空阔辽远，遣词造句是多么具有气势。

标新立异、活跃灵动的语体风格还表现在作者用文字的简省、空白的利用、停顿的变换来改变语言节奏和语言旋律，创造出一种新的语言律动。

我们仍然以余光中的《丹佛城——新西域的阳关》为例：

“只见山。在左。在右。在前。在后。在脚下。在额顶……山外生山，石上擎石，逼得天空也让无可让了。”

急促的短语，音韵铿锵。加上断然的句号，更使语气如山石一般沉稳巍然。刘成章的散文《安塞腰鼓》也属于这种风格。

标新立异的创作追求，活跃灵动的语言艺术效果，使文学类散文的语体风格呈现出千姿百态的局面，也常常给读者带来许多意外的惊喜和愉悦。

总的来说，文学类散文的语体是多维度、多层面的，是个性化的，同时又是具有时代感的。各展风姿、各领风骚、各具风格的文学语言，把文学类散文这座百花园装点得多姿多彩，姹紫嫣红。

至于非文学类散文，其内涵也十分广泛。议论文要以理服人，所以，其语言特点是严谨理性，讲究逻辑性；说明文要说明事物特征，为此，其语言特点是客观准确，讲究科学性；应用文注重日常应用，由此，其语言特点是简明平实，讲究实用性。

当然，必须说明的是，我们所说的文学类散文和非文学类散文是相对分类，而不是绝对分割。

比如，我国著名科普作家贾祖璋的作品《南州六月荔枝丹》准确、翔实地说明了荔枝的果形、果实以及贮运，对荔枝的习性、产地、栽培史等作了一般性介绍，我们可以把它看作是非文学类散文中的说明文；但是，这个文本中又洋溢着浓浓的文学色彩，具有“美文”的特质，我们也可以把它看作是文学类散文。

又比如，司马迁的《报任安书》、诸葛亮的《出师表》、王羲之的《兰亭集序》，等等，从文体上看，它们都是应用文；但不能否认的是，它们都词情并茂，文质兼美，所以，我们也可以把它们看作是文学类散文。

② 阅读的整体感与联系意识

我们都知道“一叶障目”和“盲人摸象”的故事。这些说法常用来形容那些无法窥见事物全貌的人。而在我们阅读中，也常常会有这样的现象，陷于文字的局部而无法宏观把握全局。**因此，“整体感”与“联系意识”就成了我们阅读时准确理解作品的重要策略。**

阅读的“整体感”是对语言形式的敏感度，需要在阅读过程中发现、体验、感受语言的前后联系。这种语言间的联系俯拾皆是，小到语词之间、句子之间，大到段落之间，甚至作品之间。因此，只有当我们理清这些关系，在阅读时建立起了“整体感”，才能避免管窥蠡测，深入理解作品。

从语词的层面看，当两个字合在一起时，这种“整体感”的意义就呈现出来了。因为，我们需要判断，这两个合在一起的字，在整个词语中到底作何解释。如“爱怜”（“丈夫亦爱怜其少子乎”《触龙说赵太后》）、“谤讥”（“谤讥于市朝”《邹忌讽齐王纳谏》）等词，它们由两个意思相近的词复合而成，表示一个意思，这就是“同义复词”。

与之相对的“偏义复词”则更体现出了“整体感”的重要性。如“宫中府中，俱为一体，陟罚臧否，不宜异同”中的“异同”。“异”指不同、“同”指相同，那么在这句话里到底是说宫中府中的奖惩制度要相同还是不同呢？联系前后文看，应该是不宜“不同”，因此“异同”只取“异”

的意思。

从语句的层面看，诗文中常有需要“参互成文，合而见义”的句子，就是我们所说的“互文”句，理解这种句子就需要有极强的“整体感”，联系上下句或一句中的两个部分，使它们互相呼应，互相阐发，互相补充，从而理解整句话的意思。如，“主人下马客在船”（《琵琶行》）应理解为“主人和客同下马然后上了船”；“东市买骏马，西市买鞍鞯，南市买辔头，北市买长鞭”（《木兰诗》）应理解为“到各处的街市上去买骏马、鞍鞯、辔头和长鞭”。

此外，由于有意无意地“断章取义”，有许多语句的表达效果都被人为地“转移”了，这就需要我们联系前后语境，从而“正本清源”。如，“执子之手，与子偕老”常用来形容爱人间的缱绻；而联系其语境可知，“死生契阔，与子成说。执子之手，与子偕老。于嗟阔兮，不我活兮。于嗟洵兮，不我信兮”，《诗经》中的这段写的是战士之间的深厚情谊。

从段落的层面看，“整体感”和“联系意识”就更为重要了。我们在阅读中常常因为没有建立起文章的整体感，缺乏联系意识，导致无法对内容作出合乎逻辑的解释，无法深入理解作品的主题思想或情感。因此，我们在阅读时，要善于捕捉那些具有统摄作用或与前后段落具有内在联系的词句，以此“开枝散叶”，梳理出作品的整体脉络。

鲁迅的《孔乙己》开篇一句，“鲁镇的酒店的格局，是和别处不同的：都是当街一个曲尺形的大柜台……”不仅交代了酒店的格局，而且提示了整篇小说的格局，具有统摄作用。柜台内外是两个泾渭分明的社会阶层，自然地引出了下文孔乙己这一游移在两个阶级之间的典型人物。

再如老舍的《想北平》，最后一句“要落泪了，真想念北平呀！”为什么写到这里要“落泪”了？这条情感线索是如何在文章中展开的？联系第二段作者将北平与母亲进行类比，写道“在我想到她的健康而不放心的时候，我欲落泪……”，将两者建立联系，是否可以得出此处的“落泪”与北平的“健康”有关呢？再联系前文作者强调的与北平血脉相连的亲密感，以及第七段结尾“像我这样的一个贫寒的人，或者只有在北平才能享受一点清福吧”，然而现在北平已不再“健康”了，那么第八段水到渠成地“要落泪了”不就容易理解了么？

类似的还有杨绛的《老王》，文末一句“那是一个多吃多占的人对一个不幸者的愧怍”，如何理解这句的含义，也同样需要前后联系，整体把握。

最后，我们用一个更宏观的视角来审视“整体感”与“联系意识”，我们可以发现，某些相对独立的作品，有时也是“藕断丝连”的。比如《史记》中大量采用了互见法，将同一历史事件或人物生平有详略地分散在数篇之中，要完整了解这一事件或这一人物，就需要联系整合这些篇目。而美国学者福斯特更是在《如何阅读一本文学书》中直接提出“世间只有一个故事”——所有的作品都来源于同一个故事，又反过来丰富着这个故事。比如，马克·吐温不熟读《亚瑟王传奇》，是写不出《亚瑟王朝廷上的康涅狄格州美国人》的；海伦·菲尔丁的《BJ 单身日记》明显地带有简·奥斯汀《傲慢与偏见》的影子。

3. 语感升华

① 知人论世与以意逆志

i. 作家语言风格的体会

唐代诗人的作品中，李白的豪迈飘逸、杜甫的沉郁顿挫、王昌龄的雄健高昂、李商隐的朦胧隐晦，都给世人留下了难以磨灭的印象。

从某种程度上来说，这些诗人作品语言上的特色不仅成为了作家创作风格的标志，而且其本身也具有独特的审美意义。罗兰·巴特指出：“语言是文学的生命，是文学生存的世界。”

因此，我们欣赏解读文学作品，绝不能脱离作品的语言，而作品的语言特点也往往是作家语言风格的集中体现。对于作家语言风格的研究就如同找寻通向文学内核的钥匙，没有钥匙我们也就无法进入文学的艺术殿堂。

作家的语言风格乃是作家的创作特色，是作家特有的和惯用的语言表现手法。作家所惯常采用的特定的词语、句式、修辞手法，甚至包括谋篇布局的不同特点，因而构成了各自的风格。

刘勰在《文心雕龙·体性》中说：“才有庸俊，气有刚柔，学有浅深，习有雅郑，并情性所铄，陶染所凝，是以笔区云谲，文苑波诡者矣。”这说明成熟的作家，其语言特色有着千差万别的不同。文学鉴赏的意义就在于发现这些不同之处，思考这些不同之处产生的原因和存在的价值。

一个成熟的作家，在其成长过程中所接受的思想影响与语言熏陶，对形成其语言风格是有直接关系的。李白与杜甫都是唐代伟大的诗人，由于他们所处的文化环境不同，接受的思想影响不同，经历的历史时代不同，就使他们的诗形成了各自不同的语言风格。

李白少年时代生活在四川，没有系统受过传统的儒家教育的他对屈原推崇备至，屈原作品艺术上的丰富想象、喜用神话传说来表现炽热的感情，以及那追求理想、蔑视权贵的精神，都对李白产生过很大的影响，故而李白的七言歌行，句法长短错落、变化多端，打破了七言古体的常规。

例如其作品《将进酒》中，“君不见黄河之水天来，奔流到海不复回！君不见高堂明镜悲白发，朝如青丝暮成雪！”这里用黄河之水一去不回比喻时光匆匆易度，又用“明镜悲白发”的拟人修辞和“朝如青丝暮成雪”的夸张手法，抒写人生之仓促。这些诗句很能代表李白浪漫主义雄健、豪迈的语言风格。

而杜甫是一位伟大的现实主义诗人，他的语言风格同李白是截然不同的。杜诗雄浑质朴、沉郁悲壮，运用语言手法严谨稳重、辞藻富丽。杜甫出身名门，加之他在漂泊流浪中广泛深入地接触了当时的社会现实，这就促使他能够以自己贫困的生活经验和感受，去客观细微地观察社会生活，同情关心人民的苦乐，这一切决定了他作品独特的语言风格。

例如其作品《登高》一诗，不但工对整饬，一气呵成，境界雄浑，风格沉郁，而且语言凝练，字字精当。十四字含有他乡做客、万里做客、经年做客、潦倒做客；深秋登高、独自登高、多病登高、暮年登高等多层可悲之意。朴素的语言，对仗严谨的格律形式，真切地表现了杜诗沉郁、质朴的语言风格。极具个人特色同时又极富艺术表现力的语言风格，使得这首诗被后人誉为唐诗的“旷代之作”。

以上两首作品，从表面上看，其作者所处的人生境遇相似，作者的思想感情相近，但我们可以通过仔细辨析，发现这两位作者语言风格迥异。而作家迥异的语言风格也就成了我们文学鉴赏的起点与路径。那么，为什么感受作家的语言风格如此重要呢?

这是因为单一的艺术作品其艺术特色是不稳定的，而作家的艺术风格才是相对稳定的，研究作家的艺术风格才能更准确地把握作品的艺术特色。因为艺术语言风格具有独特性和个人性特点，其一旦形成势必对作家的创作产生复杂而深刻的影响。

创作个性有如渗透全身的血液一样渗透到作家的创作和作品的各个方面，但往往更集中表现在作家艺术语言的个性化的特征上，从而形成了作家的艺术语言风格，而艺术语言风格的一旦形成势必影响和制约着作家的审美趣味和艺术追求。

左拉说：“阿尔封斯·都德先生之所以可爱，正是由于他甚至在句子的细枝末节处也表现了独特的风味。”都德是一个南方的故事叙说家，这种叙说家在讲述他们的故事时自己便进入角色，总带着创造性的姿态和引人入胜的声调。到了他们的手里，一切都变活了，都有了色彩、气味和声音。而这一切都是因为都德在创作中形成了艺术语言的独特性和个人性特点。

此外，真正的作家，不仅他的语言，就是其技法、篇章布局，换言之，其笔法都是不同的。例如，屠格涅夫在小说中往往一下子都把人物的相貌、体形、穿着、动作习惯等都描写出来。而托尔斯泰则相反：人物的描写往往不是集中在一起，而是散见于小说的很多地方。例如，在《战争与和平》中，读者先是知道斯佩兰斯基怎样笑，然后才了解他的习性，而这些散见多处的描写却都不是“偶然的”，反映出托尔斯泰独具一格的匠心。

维特根斯坦说过：“我展示给学生一片巨大风景中的一些小片段，他们不可能在其中认清路径。”文学鉴赏也一样，不把握作家的语言风格，就如同在巨大风景中看到一些小片段，是不能真正看到文学作品的全景的。了解作家的语言风格对于文学作品的鉴赏是大有裨益的，让我们徜徉在亦真亦幻、异彩纷呈的文学世界中时更要悉心感受作家的语言风格。

ii. 作品语言蕴意的体会

我国首位“国际安徒生奖”获得者、北京大学教授曹文轩认为阅读是一种人生方式。

《追忆似水年华》的作者、世界著名小说家普鲁斯特则认为：“阅读过程是交流的过程，是一次与不在场或已死去的当事人的心灵对话。”

而能够将读者与作家之间的心灵对话连通起来的有效方式只能是作品语言。

被誉为“中国最后一个纯粹的文人、中国最后一个士大夫”的汪曾祺先生在《中国文学的语言问题》演讲中以文学家的视角高屋建瓴地提出："语言不只是一种形式，一种手段，应该提高到内容的高度来认识……语言不是外部的东西，它是和内容（思想）同时存在，不可剥离的。世界上没有没有语言的思想，也没有没有思想的语言。"

由此我们不难看出，作为读者的我们，只有贴着作品语言走进作品，浸润在作品语言丰盈的蕴意中，我们才能领悟每一位作者作品中传达出的独特与丰富，我们才能够跨越时空阻隔真正读懂作家的心声。

"诗人向他自己说话，被世人偷听了去。"可谓一语中的，形象地点明了诗歌难以解读的原因。

复旦大学教授骆玉明曾如是提醒读者："诗的内在生命不可以通过别人解释，需要自己去体验。诗人把他的情感和经验用语言形式充实，读者用自己的情感和经验去打开，让它成为自己的体悟。"

不知在阅读苏轼的《念奴娇 · 赤壁怀古》时，你可曾有过断句方面的困惑？"三国/周郎/赤壁""三国/周郎赤壁"，究竟哪一种更契合东坡的"黄州心境"呢？

可以将赤壁命名为"周郎赤壁"吗？"东坡何罪，独以名太高？"

"周郎赤壁"，东坡这一下意识的命名，不正反映了他对周郎的羡慕，对被贬黄州的无奈和苦涩？

情感压抑，急需一个发泄口来一吐心中久积的块垒。赤壁正好为东坡提供了这样一个契机。也许你要说，"周郎赤壁"非赤壁之战真正的发生地。东坡岂能不知？

"人道是"，说明在东坡心中，真赤壁、假赤壁已无关紧要，紧要的是赤壁这个抽象的地方曾经有无数的英雄建立了功勋，周郎就是其中的一位。

深得吴主孙权信任的周郎年纪轻轻便在赤壁之战中青史留名，怎不令被贬黄州年事渐高的东坡羡慕呢？当然，羡慕的背后是掩藏不住的无奈和苦涩。

“滚滚长江东逝水，浪花淘尽英雄。”大江东去，亘古如斯，无情的东逝水淘尽了千古风流人物的姓名和功绩。曹操如此，周瑜如此，想必东坡自己也难逃如此。

既然这样，渺小如沧海一粟的自己，荣辱穷达复何足悲叹？“惟江上之清风，与山间之明月，耳得之而为声，目遇之而成色，取之无禁，用之不竭，是造物者之无尽藏也，而吾与子之所共适。”

“古今多少事，都付笑谈中。”人间世事，一切成与败都将付诸笑谈，概莫能外。

既然如此，何不“挟飞仙以遨游，抱明月而长终”，潇洒地将人生的苦难随杯酒洒向江中的月影，脱却烦恼，笑对人生呢？

贴着“周郎赤壁”这一最易被忽略的语言形式走入本词，不经意间，我们却发现了东坡隐匿词中的“黄州心境”，发现了东坡“荣辱穷达何足叹，清风明月自在怀”的真性情。

米兰·昆德拉在《小说的术艺》中提出，“小说家有三种基本可能性：讲述一个故事，描写一个故事，思考一个故事。”

“他比先前并没有什么大改变，单是老了些，但也还未留胡子，一见面是寒暄，寒暄之后说我‘胖了’，说我‘胖了’之后即大骂其新党。”

这是鲁迅先生小说《祝福》第一段中的一句话。

“但也还未留胡子”一句究竟是闲笔还是妙笔，能否删去呢？

当我们贴着小说语言走进作品不难发现，这绝非闲笔而是妙笔，恰恰反映了鲁迅的思考。妙在何处？

妙在彰显身份地位。“单是老了些，但也还未留胡子”，仅一笔，就将鲁四老爷独立于鲁镇其他那些老了些但也留胡子的男人群体之外，说明鲁四老爷并不给人苍老、邋遢的感觉，反而给人一种干净、精明、干练的直观印象。

妙在表露思想观念。马克思说："语言是思想的直接现实。"通过梳理祥林嫂命运的转折期，鲁四老爷做过的动作、流露出的神情，尤其是说过的话，我们不难看出鲁四老爷头脑中有着根深蒂固的"干净"思想。

"干净"是鲁四老爷评价一切女人的唯一标准。正是以鲁四老爷为代表的文明乡绅和鲁镇其他男男女女们为代表的乡民在他们集体无意识的"干净"思想观念支配下的神情、动作、语言一步步剥夺了祥林嫂生的权力，一步步将其逼到了死的绝境。

解读诗歌、小说如此，解读其他文学样式也如此。其实，阅读的乐趣之一就在于无疑处生疑。

兼具"文学的气度，哲学的人生，国士的风骨，才士的手笔"的一代名士叶公超曾说："中国文字的特殊力量，无论文言或白话，多半是寄托于语词上的。"这就告诉我们，要想读懂作品的深层意蕴就要从作品语言入手。

作为草根读者，我们总是习惯或跪在经典面前，或跪在所谓权威面前。其实，在经典面前，权威和草根有一个身份是共同的，即读者，因为我们皆非作者。

"子非鱼，安知鱼之乐？""子非我，安知我不知鱼之乐？"

从这一层面上讲，草根读者也有权利解读任何经典作品。为什么我们就不能是最契合作者心境，读懂作品的第一人呢？

站直了阅读也许是对作品最好的礼敬，贴着语言走进作品也许才是真正体会其深层意蕴有效且唯一的途径。

② 情感的聚敛与表达

i. 演讲欣赏与实践

不知道你有没有过这样的经历：当你站在众人的面前时你就不能像独

自坐在家里那样冷静地思考。当你面对眼前那些陌生的面孔，你的身体就会不由自主地颤动。难道我们就注定只能做台下的听众吗？

现实告诉我们，未来社会有一种人将会面临淘汰——表达欠佳的人。这里的“表达”就是口头的表达。

我们都知道林肯，1860 年，他作为共和党的候选人参加竞选。林肯的对手——大富翁道格拉斯，租用了漂亮的竞选列车，车后安上了一尊大炮，每到一站就鸣炮 32 响。道格拉斯试图用他的排场“让林肯这个乡巴佬闻闻他的贵族气息”。而林肯呢？他发表演说：“有人写信问我有多少财产，我有一位妻子和三个儿子，都是无价之宝；此外，还租有一个办公室，室内有桌子一张、椅子三把，墙角还有一个大书架，架上的书值得每人一读。我实在没有什么可以依靠的，唯一可依靠的就是你们。”台下听众掌声雷动。

是的，一个将家人、书和朋友视为真正财富的人，你没有理由认为他不会成功。

“一言之辩重于九鼎之宝，三寸之舌强于百万之师”，这正是演讲的魅力。

现实生活中没有与演讲无关的人，我们都会说话，谁说不好话呢？但是，事实就是，不是谁都能进行精彩的演讲的，我们很多人在演讲中总是“不得法”，或者说根本“不懂法”。

首先，“演讲”究竟是什么？

它是以“讲”为主、以“演”为辅的以口语的形式表达自己的思想、见解、观点的一个过程。

“讲什么”？“怎么讲”？它是一门科学，反映的正是一个人的智慧。

一次成功的演讲，必须要有明确的主题。如果主题明确，即使只有三言两语也不妨碍它成为一次成功的演讲。1936 年在上海各界公祭鲁迅先生的大会上，著名学者邹韬奋先生只说了几十个字：“今天天色不早，我愿以一句话来纪念先生：许多人是不战而屈，而鲁迅先生是战而不屈。”演讲词短小精悍，一个“战”字牵出了强烈而鲜明的对比，准确勾勒了鲁迅先生的战斗风骨。

但是，主题除了要明确，还需要避免陈词滥调，见解独特、立意新颖、深刻的演讲更能启迪听众的智慧，令人久久回味。巴尔扎克曾针对艺术创作上的因袭、雷同化现象，给予过辛辣的批评：“世界上第一个用鲜花比喻美女的人是天才，第二个是庸才，第三个那就是蠢材。”巴尔扎克是针对文学创作而言的，但对演讲的主题也同样适用。1963 年马丁 · 路德 · 金面对 25 万人发表的著名演讲《我有一个梦想》，震撼了一个又一个的白人与黑人，唤醒了沉睡多年的良心和梦想。他通过演讲传递的观点足以让我们时至今日依旧记住这位了不起的伟大的演讲家。

当然，鲜明的、新颖深刻的主题还并不足以成就一篇优秀的演讲稿，至少还要关注以下几个“演讲谋略”：

好的演讲一定关注听众。无论何时何地，获得听众赞同是每一个演讲者的首要目标，要讲他们想听的话、能听懂的话。二战时，英国首相丘吉尔在圣诞节前夕去了美国，希望美国人和英国人站在一起，参加对德作战扭转英国的危险局面。可是，他面对的是不少反对介入战争的听众。于是他说：“我们的人民和你们讲着同样的语言，有着同样的宗教信仰，还在很大程度上追求着同样的理想。……（在圣诞节即将来临的时候）我们至少可以在今晚把那些困扰我们的各种担心和危险搁置一边，并在这个充满风暴的世界里，为我们的孩子准备一个幸福的夜晚。此时此刻……讲英语的世界中的每个家庭都应该是一个光亮普照的、和平的小岛。”丘吉尔的演讲从两国人民的共性入手，同时利用特殊节日人们渴求祥和的心理，成功地打动了美国人民的心。

好的演讲一定通俗易懂。演讲要贴近日常人们的说话习惯，多用短句少用长句；多用通俗易懂的常用语口语，少用深奥难懂的专业术语书面语；多举生活实例善于说自己的故事、短小幽默的故事。美国总统小布什作为一名曾经的耶鲁大学“C 等生”，在耶大的毕业典礼上说：“对于成绩只有 C 的同学来说，不用灰心，至少你们也可能成为美国总统。至于那些从耶鲁辍学的同学，你们只能当副总统了（编者注：副总统切尼就是耶鲁的中途辍学生）。”小布什用自嘲来鼓励大家，缩短了与听众的距离。

好的演讲一定充满旺盛的生命力。美国著名的政治家林肯去世已经多年了，但是他的一生、他的言辞和真挚情感，却永远留在了人们的记忆里。他在盖茨堡、华盛顿国会山上发表的演讲，堪称经典。因为在他的演讲里，听众们可以看到他的真诚、他的热忱、他的生命力。

演讲就如烹饪，讲稿就如食材，食材精致，厨师在烹饪时方才有底气。而决定演讲内容成功与否的要素很多，除了上述所说的，还需要关注讲稿的开头和结尾、逻辑和表达技巧等等。如果大家有兴趣，向大家推荐两本书：卡耐基的《演讲与口才》和克里斯 · 安德森的《演讲的力量》，其中有许多成功演讲的经验。

要做出人人喜爱的菜肴，该如何把握火候、添加油盐酱醋等辅料？而这火候、油盐酱醋的把握就是演讲中——“演”的功夫。

这里的“演”是表演吗？不，当然不是。对“讲”来说，它是一种辅助性的语言，虽是辅助却也至关重要。

它是一种演讲风格，是你的仪表、谈吐、举止等等的综合体现。单就仪表而言，它是演讲者给听众留下的第一印象。演讲者的容貌虽然不可改变，但是可以略施薄妆加以修饰。至于演讲服饰则以“TPO”为原则，注意“TIME——时令和时代”“PLACE——场所和地点”“OBJECT——目标和对象”，总之得体入时、因地制宜、端庄和谐。而演讲者的风度则是个人精神气质、文化修养等诸多因素的外化。子曰："质胜文则野，文胜质则史，文质彬彬，然后君子。"说的就是一种我们所追求的君子风度，即内在美与外在美，精神充实与外貌风采的完美统一。因此，风度是装不出来的，它需要长期的"内功"修炼。如果想成为一名优秀的演讲者，必须在内在和外在两个方面同时下功夫，才能给观众留下最佳的"第一印象"。

演讲风格是多样的，有幽默型、激情型、严谨型、平淡型、柔和型、诚恳型等。那我们的演讲风格到底是应该娓娓道来如清泉流淌？还是慷慨激昂如朝阳喷薄？是不是今天我被幽默型的演讲高手征服了，我就应当以此作为自己的风格追求？而明天我被诚恳型的演讲打动了，就应当转而去追求另一风格呢？我觉得重要的是要考虑演讲的内容，看清听众对象，从而选择适合的演讲风格。当然更重要的是应当找到更适合自己的表现风格，如果你是个有急智、爱开玩笑的开心果，那么也许你就可能成为"幽默型"的演讲大师，如果你平时彬彬有礼、真诚而有风度，你的"诚恳"恐怕更能打动观众。总之，千万不要一味地追随或模仿别人而忽视了自身的优势和特点。就像一个擅长精致粤菜的大厨，结果为了赶时髦而做起了麻辣带味的川菜，最后可能连看家本领也丢了。

"演"，它是一种声音表现。演讲过程中的声音至少要做到：清晰、响亮、有变化。特别是第三点，只有通过变化才能使听众明白你要讲的重点和目的，否则无法达到真正的沟通。有位意大利的音乐家，他上台不是唱歌，而是把数字有变化、有节奏地从 1 数到 100，结果倾倒了所有的观众，有人甚至感动落泪。变化能使语言生动，情感饱满。

"演"，它还是一种表情体态。有人曾问古希腊最伟大的演说家德摩斯梯尼："对于一个演讲家，最重要的才能是什么？"他回答："表情。""其次呢？""表情。""再次呢？""还是表情。"演讲时最重要的表情就是——微笑。给听众一个简单的微笑就可以迅速拉近你和听众的距离。美国著名的教育家戴尔·卡耐基在说到罗斯福总统的演讲时，说他全身好像一架表现感情的机器，他满脸都是动人的感情，这使他的演讲更有力、更勇敢、更活跃。在这里还要特别指出的是——演讲者的视线。我相信我们谁都不愿意听一个忽视自己的人演讲，因此，演讲的时候要将自己和观众的视线相连接，而不是盯着你的稿子或是天花板。

再说体态，它包含站姿、手势等多个方面，充分调动身体语言，会使你的演讲魅力倍增，但是它有一个原则，不可矫揉造作。就手势而言，贵不在多，而在于其简练而富有表现力。法国艺术家罗丹说："没有灵敏的手，最强烈的感情也是瘫痪的。"几乎所有演讲者都有自己独特的手势语言。据林肯的朋友说，林肯演讲时，那瘦长的右手指自然地充满动人的力量，他的思想情绪完全关注在那里。为了表现欢乐情绪，他把手臂举成50度的角，手掌向上，好像已抓住了他渴望的喜悦。但是我也曾经碰到有的演讲者为了表示奋斗的决心而做出了手脚并用的夸张动作，那么这个动作在演讲中就显得有些搞笑了。总之，任何体态都应当是自然的、恰到好处的。因此，富有经验的演讲者，总是充分而合理地利用面部表情和手势等姿态，表达出丰富的思想感情，吸引听众、感染听众。

演讲实在是一门博大精深的艺术，还有许多演讲的问题我们无法在这里一一讨论，比如演讲中的表达方式、不同类型演讲的技巧等等。一次演讲要收获成功，必须付出大量的心血，平时多学习、多思考、多练习、多收集资料、多选取素材等必不可少。而这些充分的准备将会给你带来当众演讲的底气。

卡耐基曾经说过："世界上没有什么天才演讲家。"但是，"只要你能遵循一些简单却又十分重要的规则，当众演讲就会变得轻而易举。"因此，只要有充分的愿望和准备，任何人都可以发挥自己潜在的能力，任何人都可能成为演讲高手。

ii. 吟诵欣赏与实践

我们所说的吟诵，也就是一百年前中国古人读诗歌的一种形式，这种形式随着五四运动，西方的话剧进入中国以后，我们现在都采用了这种话剧腔来读诗歌，比如李白的《早发白帝城》，那么《早发白帝城》我们用朗诵的形式来读，比如，“朝辞白帝彩云间，千里江陵一日还。两岸猿声啼不住，轻舟已过万重山。”这首诗是李白参加永王李璘幕府，后来被平叛以后，李白被流放到夜郎，在流放到夜郎的途中忽然又被无罪释放，所以他心情特别的轻松，特别畅快，于是又顺着长江顺流而下，那么吟诵的这种形式，就把李白当时的那种轻快的心情表现了出来。那么我们从这种吟诵调中我们就可以感受到诗人李白当时内心的一种情感，明白了什么是吟诵，以及吟诵和朗诵的一些区别。下面就要谈一谈中国古典诗歌的特质。

中国古典诗歌，用北京大学著名的哲学教授张祥龙的一句话来说，那就是，诗歌是语言与音乐的结合。我觉得，这是对诗歌下的最好的一个定义。其实，在中国的上古时期，古人们是诗歌、音乐、舞蹈这三位一体的，也就是诗、乐、舞都综合地结合在一起。那么后来古人在劳动的过程当中，他们丰收了，他们快乐了，他们内心有情感要表达了，于是便用声音用语言来把内心的情感传达出来。这就像《毛诗序》里所说的，“在心为志，发言为诗。情动于中而形于言，言之不足故嗟叹之，嗟叹之不足故咏歌之，咏歌之不足，不知手之舞之足之蹈之也。”这句话的意思是说，人的内心情感在内心里它就是一种志，这种志和情，朱自清先生后来解释为，情志一也，也就是内心的情感和志，这情和志两个字，都是一样的东西。所谓在心为志，发言为诗，通过声音把它表达出来，那就是诗；情动于中而形于言，内心情感涌动，那么就用语言把它表达出来；言之不足故嗟叹之，语言表达还不够就要嗟叹了，就要用我们今天的诗人的一种形式；那就是，啊，用这样的嗟叹；嗟叹之不足，故咏歌之，那么嗟叹还不足以表达内心的情感，那就要咏歌了，咏歌了就要唱了，用歌唱的形式来把内心的情感表达出来；咏歌之不足，不知手之舞之足之蹈之也，咏歌也不够，那么就要手舞足蹈了。所以《诗经》既是中国最早的一部诗歌总集，它其实也是一部民歌总集。大家知道，所谓的民歌就是用歌唱的形式来表现的，因此，孔子从魏国返回鲁国以后，他把大量的精力都用来整理《诗经》，整理传统文化的经典，所以孔子说《诗经》三百零五篇皆弦歌之，都是可以弹琴来歌唱的。由此可以看出，中国古典诗歌最大的特点，就是可以用来吟唱的。所以从这个角度来说，今天我们来吟诵中国古典诗歌，就是要让中国古典诗歌，用最古老的那种形式来把它表现出来。

诗歌到了唐代，大部分诗歌也是可以用来吟唱的。大家都知道在唐代有个旗亭画壁的故事，说的是王之涣、王昌龄、高适三个人，有一天，天降微雪，三人一起到酒店饮酒，正当他们准备饮酒的时候，突然来了一群演员，那么这群演员来了之后他们准备弹琴歌唱，王之涣、王昌龄、高适他们三个人就躲在一边偷偷地观看，结果，一会来了四位妙妓，来了以后紧接着她们就唱了，她们接连唱了几曲都是王之涣、王昌龄、高适他们这些人当时所创作的诗歌，由此可见，唐诗绝大部分也是可以用吟唱的。唐诗讲究格律，所以，我们在吟诵的时候是和格律紧密相连的，比如，平平仄仄仄平平，仄仄平平仄仄平，在这样一个格律背景下一般会要求平声字吟诵的时间要长一些，在声调上音高上低一些，仄声字在吟诵的时候，时间上要短一些，音高上要高一些，这是一个最基本的要求。比如王之涣的《登鹳雀楼》，“白日依山尽，黄河入海流。欲穷千里目，更上一层楼。”在这里面“白”“日”这两个字在古代都是入声字，所谓入声字发音时非常短促，声带震动。一般采用这样一种最基本的要求，平声发音长一些，音高上低一些，仄声发音短一些，音高上高一些，在格律诗的吟诵方面一般有这样的要求。那么从古至今吟诵调没有一个统一的调式，每一个地方有每一个地方不同的吟诵调，总体上来看，比如河南他们这些地方有的把河南的地方戏作为吟诵调，苏州则引入了很多昆曲或者评弹的调子，比如唐文治先生的唐调，把很多苏州评弹的调子融入进去了，一听就非常明显。吟诵调是我们走进诗人内心深处的一条非常重要的途径，诗人在诗歌当中所表达的情感，我们可以用诗吟诵的形式来把它表达出来，比如杜牧的《清明》，表现的是清明时节一个人走在路上天又冷人又累，到了中午人又饿了，于是，找一个牧童问一问哪个地方有酒店，喝两杯酒，暖和暖和身子，然后再继续赶路。结果，牧童遥指杏花村，告诉他酒店还很远呢，所以诗人杜牧只能无精打彩地继续往前走。“清明时节雨纷纷，路上行人欲断魂。借问酒家何处有，牧童遥指杏花村。”就是通过这样一种吟诵的形式，把诗人内心所表达的情感用自己的声音把它传达出来。吟诵调不是固定的，不像到歌厅唱卡拉 OK，因为在不同的时间不同的情境下，也许会把时间拖得更长一些，也许会唱得更短促一些，都是根据吟诵者当时的内心情境，以及对作品的理解深度来决定的。所以吟诵这种形式在日本、韩国他们都保存得很好，在我们国家反而被很多人遗忘了。所以，作为当代青年，作为学生，我们应该学习中华民族的优秀传统文化，并且把它发扬光大，让吟诵重新走回我们的课堂，让吟诵成为我们走进古人内心的一条途径，让吟诵成为我们更好、更深刻地理解中国古典诗歌的一条重要途径。

iii. 辩论欣赏与实践

2 000 多年前的雅典广场上，人们经常能看到一个光着脚的老头和各式各样的人讨论各种问题。

某天，老头遇到了一个年轻人。

老头问道：“人人都说要做有道德的人，你能不能告诉我什么是道德呢？”

年轻人回答说：“做人要忠诚老实，不能欺骗人，这是大家都公认的道德行为。”

老头又问：“你说道德就是不能欺骗人，那么在和敌人交战的时候，我方的将领为了战胜敌人，取得胜利，总是想尽一切办法欺骗和迷惑敌人，这种欺骗是不是道德的呢？”

年轻人回答说：“对敌人进行欺骗当然是符合道德的，但欺骗自己人就是不道德的了。”

老头又问：“在我军和敌人作战时，我军被包围了，处境困难，士气低落。我军将领为了鼓舞士气，组织突围，就欺骗士兵说，我们的援军马上就到，大家努力突围出去。结果士气大振，突围成功。你能说将军欺骗自己的士兵是不道德的吗？”

年轻人回答说：“那是在战争的情况下，战争情况是一种特殊的情况。我们在日常生活中不能欺骗。”

老头又问：“在日常生活中，我们常常会遇到这种情况，儿子生病了，父亲拿来药儿子又不愿意吃。于是，父亲就欺骗儿子说，这不是药，是一种好吃的东西，儿子吃了药病就好了。你说这种欺骗是不道德的吗？”

年轻人回答说：“这种欺骗是符合道德的。”

老头再问：“不骗人是道德的，骗人也是道德的，那么什么才是道德呢？”

年轻人苦恼地挠了挠脑袋：“你把我弄糊涂了，以前我还知道什么是道德，我现在不知道什么是道德了。那么您能不能告诉我什么才是道德呢？”

老头意味深长地笑了：“其实，道德就是道德本身。”

这个老头就是著名的古希腊哲学家苏格拉底，他的意思是，道德在不同的语境中有着不同的含义，不存在任何一成不变的道德概念。

这种通过双方一问一答，不断揭露对方的矛盾，迫使对方不得不承认错误，从而否定自己原来已经肯定的观念，以求得一般的概念，从而发展知识的方法，就是辩论。

西方最早的辩论起源于古希腊，又由苏格拉底完善成熟，并在欧洲思想史上具有巨大的意义。

苏格拉底的一生大部分是在辩论中度过的，他通过辩论启迪雅典人思考：什么是虔诚？什么是民主？什么是美德？什么是勇气？什么是真理？

这些辩题直到 2 000 年后的今天依然闪烁着智慧的光芒，贯穿这些辩论的主题就是引导人们认识到：在这些对于人至关重要的问题上，其实人是非常无知的，因此人们需要通过辩论去寻求什么是真正的正义和善，从而达到改造灵魂的目的。

无独有偶，2 000 多年前的东方，在一个暮春三月、江南草长、杂花生树、群莺乱飞的日子里，庄子与惠子游于濠梁之上，并展开了一场流传千古的辩论。

庄子曰："鯈鱼出游从容，是鱼之乐也？"庄子看到水中的鱼不禁发出了感慨，看鱼是多么的快乐啊。此时庄子说出鱼的快乐更多的是无心之谈，感慨而已。

惠子曰："子非鱼，安知鱼之乐？"惠子的反应很快，直接切入了庄子所感慨的关键——鱼之乐，你不是鱼怎么知道鱼是快乐的？

庄子曰："子非我，安知我不知鱼之乐？"你不是我，怎么知道我不知道鱼儿的快乐？

惠子曰："我非子，固不知子矣；子固非鱼也，子之不知鱼之乐，全矣！"惠子是这样总结的，你不是说我不是你嘛，所以我不知道你，当然也不知道你知不知道鱼是快乐的；而你又不是鱼，所以你也不知道鱼是不是快乐的。推断结束！

庄子曰："请循其本。子曰'汝安知鱼乐'云者，既已知吾知之而问我。我知之濠上也。"还是让我们顺着先前的话来说。你刚才所说的"你怎么知道鱼的快乐"的话，就是已经知道了我知道鱼儿的快乐而问我，而我则是在濠水的桥上知道鱼儿快乐的。

这就是著名的濠梁之辩。在这场辩论中，好辩的惠子重分析，对于事物有一种追根究底的认知态度，重在知识的探讨；智辩的庄子重观赏，对外界的认识带有欣赏的态度，将主观的情意发挥到外物上而产生移情同感的作用。如果说惠子带有逻辑家的个性，那么庄子则具有艺术家的风貌。

穿越历史的长河，2 000 年后的今天，辩论的魅力依然深深地吸引着我们。如果说辩论是智慧的交锋，是人格的碰撞，那么欣赏辩论就是探求真知的雄关漫道，就是体味人生的心路历程。有人把辩论比喻为"比武竞技"。武者所追求的，是勇往直前，克敌制胜。辩手所追求的，是纵横捭阖间，笑看人生百态。而当我们欣赏辩论时，我们真诚地希望——让事实越说越清，让真理越辩越明！

让我们将时间的长河往前回溯，回到 2 000 多年前的春秋战国时期。那段时期，礼崩乐坏、战乱频仍，每个人或许都将或早或晚、或主动或被迫地面对"生"与"义"的抉择。这个时候，擅长雄辩的孟子站了出来。

他说："鱼，我所欲也；熊掌，亦我所欲也。二者不可得兼，舍鱼而取熊掌者也。生，亦我所欲也；义，亦我所欲也。二者不可得兼，舍生而取义者也。"

他说："一箪食，一豆羹，得之则生，弗得则死。呼尔而与之，行道之人弗受；蹴尔而与之，乞人不屑也。"

他说："万钟则不辩礼义而受之，万钟于我何加焉！为宫室之美，妻妾之奉，所识穷乏者得我与？"

孟子以鱼和熊掌为喻，当“生”与“义”不能同时拥有时，他毫不犹豫、毅然决然地选择了“义”。

为了更好地阐明自己的观点，孟子论证道，一碗饭，一碗汤，得到它就能活下去，不得到它就会饿死。可是轻蔑地呼喝着给人吃，即使是饥饿的行人也不愿接受；用脚踢给别人吃，即使是乞丐也因轻视而不肯接受。

有的人见了高官厚禄却不辨是否合乎礼义就接受了它。这样，即使是高官厚禄，对我又有什么好处呢?难道仅仅是为了住宅的华丽，妻妾的侍奉和认识的穷人感激我吗?

富贵不能淫，贫贱不能移，威武不能屈!

或许，这就是最好的辩论实践——中华民族绵延千年、生生不息的铮铮气节。

时间长河缓缓流淌，14 世纪的水城威尼斯，尽管长达千年的中世纪阴云依然笼罩在欧洲大陆的上空，但文艺复兴的曙光已开始展露那虽然微弱却不容忽视的光芒。

一个身着犹太服饰的老头，孤独地站立在威尼斯的法庭中，站立在千万个仇视犹太人的基督徒中，大声控诉道：“他曾经羞辱过我，侮蔑我的民族，破坏我的买卖，离间我的朋友，煽动我的仇敌；他的理由是什么?只因为我是一个犹太人。”

“难道犹太人没有眼睛吗？难道犹太人没有五官四肢、没有知觉、没有感情、没有血气吗？他不是吃着同样的食物，同样的武器可以伤害他，同样的医药可以疗治他，冬天同样会冷，夏天同样会热，就像一个基督徒一样吗？”

“你们要是用刀剑刺我们，我们不是也会出血的吗？你们要是搔我们的痒，我们不是也会笑起来的吗？你们要是用毒药谋害我们，我们不是也会死的吗？那么，要是你们欺侮了我们，我们难道不会复仇吗？”

这个犹太老头名叫夏洛克，出自英国伟大的戏剧家莎士比亚所创作的戏剧《威尼斯商人》。具有强烈人文关怀精神的大师莎士比亚，借着夏洛克在法庭上的辩论申诉，说出了长期遭受基督徒敌视的犹太人的心声，尽管故事的结局是犹太人夏洛克输掉了官司，失去了财产，但他那一连串强有力的辩论申诉、反问质疑，让我们每一个人都不得不深深地思考：什么才是真正的人文关怀精神？我们该为此做些什么吗？

或许，这就是最好的辩论实践——对人类命运的关怀与思考。

时至今日，越来越多的人加入了辩论实践的行列。

1993 年，新加坡，万人空巷的狮城舌辩，复旦大学和台湾大学就“人性本善”还是“人性本恶”展开了激烈的辩论。

复旦大学四辩蒋昌建说：“只有认识人性本恶，才能正视历史和现实。回顾历史的时候，我的内心总感到痛苦而颤抖。从希波战争到十字军东征，从希特勒的奥斯维辛集中营到日寇在华北的细菌试验场，真可谓是‘恶行与贪婪齐飞，野心共暴力一色’。”

“只有认识人性本恶，才能重视道德、法律教化的作用。在历史的坎坷之中，人类并没有自取灭亡。我们更有理由相信，人类的明天会更好。饮水思源，我们要感谢那些在人类教化途中洒进他们含辛茹苦汗水的这些中西先哲们。正因为从他们的理论智慧当中，从他们的身体力行当中，人们才有可能从外在的强制走上理性的自约。”

“只有认识人性本恶，才能调动一切社会教化的手段来扬善避恶。光阴荏苒，逝者如斯，在物质和科学技术突飞猛进的同时，而人类的精神家园可谓是花果飘零。在这个时候，我们要警惕，人性本恶这个基本的命题。但我们也相信，通过社会教化，必将使人类从他律走向自律。‘黑夜给了我黑色的眼睛，而我注定要用它来寻找光明！’”

或许，这就是最好的辩论实践——对真理永恒的追求与探索。

（三）思维发展与创造

1. 思维的形象性

① 想象与联想思维概要及表达

正如法国哲学家狄德罗所言，“想象，这是种特质。没有它，一个人既不能成为诗人，也不能成为哲学家……”

那什么是想象呢？它在写作中有什么作用？

想象是人们在头脑中运用已经获得的表象，经过加工、改造，创造出一个并未直接感知的新事物形象的心理过程。

由于不同途径、不同方式的加工、改造，也形成了不同类型的想象。

例如：高尔基散文诗《海燕》，作者通过对海燕在暴风雨来临之际勇敢欢乐的形象的描写，反映1905年俄国革命前夕急剧发展的革命形势，热情歌颂俄国无产阶级革命先驱坚强无畏的战斗精神。

作家就是用这种“象征想象”，抓住本体俄国无产阶级革命先驱与象征体暴风雨来临时的海燕之间的同质点来构思的。

由此可知象征想象是以某种特定的具体形象为媒介，暗示特定的事物或情理的一种想象方式。这种想象从具体形象的某种具体特征出发，想象出与之相应的精神、品质或含义。

它对于寓意于景、托物言志的散文和记叙文的构思有着极为重要的价值，尤其在挖掘重大的社会命题，揭示重要的历史意义方面，有得天独厚的优势。

除了象征想象，象形想象也很常用。

它是指把自然现象、抽象概念或思想情感，通过想象以一种相应的具体可感的形象表现出来的想象方式。这种想象往往通过“物化”或“拟人化”的写作手法来表现。

例如：南唐后主李煜，面对国破山河在，其内心的愁苦，化作千古名句，“问君能有几多愁，恰似一江春水向东流”。是将抽象的愁绪化为具体可感的形象，似那滔滔东去的江水绵绵不绝。

又如，卡夫卡笔下的“格里高尔”，一个在社会家庭多重压力下，常年在外奔波挣扎的旅行推销员，其生存的困境、内心的压抑在作家的创作中被赋予了一个“物化”的形象——重壳多腿的甲虫。

另外，还有的想象，是指根据语言的描述或图样的示意，在头脑中形成与之相符或相仿的新形象的心理过程。

比如，通过他人的语词描述，人可以在头脑里“再造”从未见过的现代化繁华的大都会或落后的穷乡僻壤，从未经历过的战争中的烧杀抢掠，从未亲临的混沌的太空等景象。甚至可以是一种不依据现成的描述，而是在对记忆表象经过加工的基础上独立创造出新形象的心理过程。

例如，鲁迅塑造的阿 Q 形象，莫泊桑塑造的玛蒂尔德形象，这些都并非现实生活中真实存在，而是作家以现实为基础又超越现实的创造性想象的结果。

因为有了想象思维，让文学作品具有了形象性、概括性和超越性。

想象与联想常被联系在一起，而容易混淆。其实这两种思维内涵并不同。

那什么是联想呢？联想是指由当前感知的东西回忆或联系到与之相似、相反、相近、相关的另一种或几种事物的心理现象。

比如：美国诗人惠特曼回忆当年参加林肯总统葬礼时，是 4 月，棺材边堆满紫丁香花，在以后的年月中，每次看到紫丁香，每次闻到它的香味，就想起了林肯的悲剧。这就是联想。

联想可分为接近联想、相似联想、相反联想和因果联想。

- 接近联想，是指由时间或空间上的相邻关系引起的联想。

例如：朱自清散文《春》中：春草→春花→春风→春雨→春天的人事活动，这几幅画面统一在“春”这一季节里，构成一幅春景图。

- 相似联想，是指由一种事物联想到与之在性质、形态、表现等方面有某种相似或相近之处的别的事物。

例如：茅盾的《白杨礼赞》，由白杨树笔直的枝干，想到坚强不屈、伟岸正直、朴质严肃的北方抗战军民。

相似联想中，有的取其形似。如“长桥卧波，未云何龙”，由水上长桥联想到蛟龙出水。

有的取其神似。比如由为谁辛苦为谁忙的蜜蜂，联想到为人类酿造幸福生活的人。

还有的取其色似。“忽如一夜春风来，千树万树梨花开。”就是由晶莹的白雪想到洁白的梨花。

- 相反联想，指由一事物想到与之在现象、性质、意义方面相反或相对的别的一个或几个事物。

例如由“杂”联想到“纯”，中国人以是否“纯正”为评判酒优劣的标准，而美国人却弄出个混杂的鸡尾酒。

- 因果联想，是指由因联想到果，或由果联想到因。

同样是杂，由“杂”联想到“秩序杂”破坏了原有的稳定关系，可能造成一片混乱；因为杂交技术，袁隆平可以提高水稻产量；因为学习涉足杂，丰富了文化背景，可以促进融合，有利于自身的发展。

因果联想中，可以由原因联想到结果，也可由结果联想到原因。如“问渠哪得清如许，为有源头活水来”，即是渠清因源活。

有人说作文就是联想与想象，或许这样说过于绝对了，但是也说明了一点，无论写人、叙事，还是写景、说明和议论，都常常是综合运用联想或想象的结果。

想象和联想掩藏在人们对生活的观察和丰富的记忆中，生活中必须敞开心扉接受大千世界传输的无穷无尽的信息，才能随心所欲地调动过往的生活记忆，驰骋于联想与想象的世界。

② 换位与移情思维概要及表达

美学中，换位移情是审美认同、共鸣和美感的心理基础之一。朱光潜先生在《谈美书简》中说："所谓'移情'作用指人在聚精会神中观照自然或艺术作品时，由物我两忘达到物我同一，使本来只有物理的东西也显得有人情。"

文学中，它是指为了突出某种强烈的感情，作者有意识地赋予客观事物一些与自己的感情相一致但实际上并不存在的特性。简言之，好像自己欢喜时，所看到景物都像在微笑，悲伤时，景物也像在叹气。

自古以来，文人骚客在诗歌创作中往往赋予自然景物以人的行动性格、生命及思想感情，使自然景物反映出人和社会生活的美，尤以古典诗歌为最。从最早的诗歌总集《诗经》中的"昔我往矣，杨柳依依"起。

这种思维是文学创作中非常重要的一种方法，常用的手法有拟人、借代、象征、寄情于物等。也因此，一些自然界无生命、无情无义的事物，在诗人的笔下被赋予了生命，变得有情、有意、有趣、有性格，能微笑、能哭泣、会说话、会行动。

例如，欧阳修的《蝶恋花》："泪眼问花花不语，乱红飞过秋千去。"花是自然之物，不能语。但主人公在那"庭院深深"的幽静环境里，满怀幽怨孤苦的心情，眼前凋零残落引起主人公对自身凄苦孤寂身世的联想，不知不觉地忘记了自身同花的区别，于是花被看成与人一样具有情感，并可以互相交流。

在我国的古典诗词创作中，“换位移情”作为一种艺术手段，得到了普遍实践。在具体表现中，主要有以下几种情形：

- **予无生命之物以生命**

如李白的《独坐敬亭山》：“众鸟高飞尽，孤云独去闲。相看两不厌，只有敬亭山。”云彩本无生命，因而也谈不上孤独、悠闲。然而，在诗人独特的心境下，感到它也像人一样孤独地飘然离去。而在鸟飞云去后，只剩下诗人和敬亭山。诗人凝视山，恍然觉得那山也在看诗人，彼此就好像一对挚友，恋人，从而营造出一种情景交融的美的艺术境界。

- **使无情事物有情化**

苏轼的《水调歌头》：“不应有恨，何事长向别时圆。”月亮的阴晴圆缺，本是自然规律，可在满怀心事的东坡看来，一轮中秋月，仿佛心中也有恨事，这明月有恨的情趣，是随诗人此时心中感伤恨别这一特定的审美情趣而定的。

- **客观事物性格化**

如李清照的《如梦令》：“试问卷帘人，却道海棠依旧。知否，知否？应是绿肥红瘦。”在《声声慢》中写道：“遍地黄花堆积，憔悴损，如今有谁堪摘？”女词人刻意描写飒飒西风之中的菊花，一夜风雨过后的海棠，都又“瘦”又“憔悴”。在词人眼里，这些花儿宛如窈窕多姿的少女，在经受了突然的灾难性袭击后，变得跟自己一样容颜憔悴、幽思郁愤。这些“花人”的“忧郁型”性格，则是词人把自己的离愁别绪，南渡后忧国伤时、家国之恨，忧郁愤懑的个性特征外射，移入于花的产物。

“换位移情”的运用，使中国的古典诗词极大地增强了艺术感染力，众多的诗人正是通过这种移情于物的手法，委婉含蓄，又形象生动地表达了各自复杂的内心世界，使得诗中的客观物景充溢着感性生命形态的颤动和美丽，形成优美、含蓄的艺术韵味。

综上可见，在写作时需要换位移情思维。

其实，读者在解读时，也需要换位移情思维。

即从“如果我就是作者或者文中人物”的角度来解读文章，深入体会其感情和观点的发生与由来，感受作者通过笔下具体形象所展示的内心世界，从那些或许与自己不相容的人或事中去理解不同处境、不同性格、不同价值观、不同文化背景所决定的不同选择或认识中的深层内涵。

如：当代诗人海子的诗篇《面朝大海，春暖花开》，我们常当它是一首生活赞美诗。但细读，会发现许多“疑问”：比如，面朝大地才能见春暖花开，而诗题却是“面朝大海，春暖花开”；诗中说“从明天起，做一个幸福的人”，为何不“从今天起”？我们常说“从明天起六点钟起床”“从明天起节约每一分钱”，这些都是具体可行的，但想“从明天起，做一个幸福的人”，行吗？诗中把“你”和“我”分得很清，“愿你有一个灿烂的前程/愿你有情人终成眷属/愿你在尘世获得幸福/我只愿面朝大海，春暖花开”，那么“我”究竟想做什么？“我”将会到哪里去获得幸福？……只有通过换位移情，我们才能理解尽管字面上歌唱世俗的幸福，而暗示的却是他心灵的痛苦。联系诗作写就两个月后，海子卧轨自杀，我们才能走进诗人的情感世界，认识到此诗不是热爱生活的赞歌，而是告别世界的内心独白。

所以，用换位移情思维去尝试表达或感受，或许会产生更细腻的感悟和更丰富的共鸣。

2. 思维的逻辑性

① 分析与综合思维概要及表达

思维是一门可以使人聪慧的学科，在阅读和写作中则更应该注意抽象思维中的分析与综合的方法。

分析与综合的方法是人类认识事物的基本方式，历来的中外思想家都十分重视综合与分析方法的研究。美国的霍布斯具体地论述了分析与综合的运用。他说："推理就在于组合、分开或分解。"而列宁将这种方法上升到认识论的高度，他说："分析和综合的结合——各个部分的分解和所有这些部分的总和、总计，揭示人们认识事物的基本方式。"由此可见，抓住了"分析与综合思维"训练这一环，才能大面积提高我们对事物的认知水准。

下面我们先讲讲分析的方法，简单讲就是把事物分解成一个一个简单的组成部分；接着，讲讲综合的方法，所谓综合就是把所分析的情况联系起来，统一加以考察，得出正确的看法。比如写作文时，从审题、确立中心、列提纲，到成文这四个方面，都离不开分析与综合的指导。

高中作文往往提供一则材料，要你们根据材料，自己拟题，写成一篇议论文。这样的材料作文如果审题出错，偏离中心，就可能铸成大错。因此分析好材料，综合好观点，正确命准题目，是写好材料作文的关键一步。

那么我们如何运用分析和综合思维来得出正确的认识和主张呢?

首先，要注意从纵向的多层次和横向的多侧面进行分析与综合。比如"革命"这个概念，从横向分析，有社会革命、技术革命、文学革命、思想革命等；从纵向分析综合，不同阶段，中国的革命就可分旧民主主义革命、新民主主义革命、社会主义革命等。所谓纵向的分析，有些时候要从事物的过去、现在、将来，从起因、发展、结局去分析比较。

其次，我们可以从事物之间的横向联系上来作分析比较。根据概念的大小分析，又可分成不同的层次。如"精神文明建设是一场深刻的革命""移风易俗是一场深刻的革命""反腐倡廉是一场深刻的革命"。这几个"深刻的革命"层次不同，含义也不一样。

再次，深挖根源，分析某一项改革的利弊时，又可分为五种情况：改革有利无害；利大于害；利害相当；利小于害；有害而无利。还可以从对全局的利害和对局部的利害分析；从短期的利害和长期的利害分析等等。

这样做就把分析和综合的思维过程具体化了。我们写作时，在基本思路和基本构架上应遵循综合与分析的方法。

至于局部安排，一般采用“综合—分析”或“综合—分析—综合”两种方式。先说局部的基本思路，先概括和列出文章的观点，然后围绕观点有的放矢，细致而有条理地分析事实，以求观点和材料的统一。基本思路要体现在自然段的安排上。我们可以借鉴美国中学作文的经验，他们强调采取“中心句—分析句—结论句”这样的构架安排一个段落，即“综合—分析—综合”的思路。中心句一般以判断句式综合观点；分析句，提出证据、事例以及采取类比、对比等方法；结论性句子是更深层次的综合。

我们来看一个具体的例子。如《说“勤”》中一段：“勤出成果，马克思写《资本论》，辛勤劳动，艰苦奋斗了四十年，阅读了数量惊人的书籍，其中做过笔记的就有一千五百种以上；我国历史巨著《史记》的作者司马迁，从二十岁起就开始漫游生活，足迹遍及黄河、长江流域，汇集了大量的社会素材和历史素材，为《史记》的创作奠定了基础；德国伟大诗人、小说家和戏剧家歌德，前后花了五十八年的时间，搜集了大量材料，写出了对世界文学界和思想界产生很大影响的诗剧《浮士德》；我国现代数学家陈景润，在攀登数学高峰的道路上，翻阅了国内外的上千本有关资料，通宵达旦地看书学习，取得了震惊世界的成就；上海女知识青年曹南薇，坚持自学十年如一日，终于考上了高能物理研究生。可见，任何一项成就的取得，都是与勤奋分不开的。古今中外，概莫能外。”

开头第一句是中心句“勤出成果”，然后用五个事例进行分析。实践证明，一个人知识的多寡，关键在于勤的程度如何。懒惰者永远不会在事业上有所建树，永远不会使自己聪明。唯有勤奋者，才能在无限的知识海洋里猎取到真智实才，开拓知识领域，使自己聪明。最后一句“可见，任何一项成就的取得，都是与勤奋分不开的。古今中外，概莫能外”为结论句。按照这样的方式安排议论文的段落，将使文章更具条理化，我们也应按照这样的基本模式不断实践。

综上所述，我们最常见的、对事物的逻辑关系的分析就是对事物之间的因果关系的分析与综合。历来论文都强调“无一定之律，而有一定之妙”，因而我们在具体行文中，应该是在“定法”的制约下，“纵笔所如，无非行者”。只有这样，才能使我们的作文不但思路严密，层次清楚，而且波澜起伏，生动活泼。

② 演绎与归纳思维概要及表达

春秋末期，晏子出使楚国以求交好，见晏子其貌不扬，楚灵王趁机羞辱他说：“齐国没有人了吗？竟派你做使臣？”晏子的回答想必大家耳熟能详：“齐国派遣使臣，各有分工。贤者拜访贤明的君主，无能的人拜访无能的君主，我的确无能，所以我只能出使楚国。”

这几句话暗讽楚灵王无能，此刻楚灵王必定想反唇相讥，然而却无从反驳只能自讨没趣。

这是为什么呢?

因为晏子这段话逻辑极其缜密，没有攻击的突破口。其实，这段话正是所谓“演绎推理”的绝佳体现。

演绎推理这种思维方式指的是从普遍性的原理或前提出发，进而推导出一个具体或个别的结论。它由古希腊哲学家亚里士多德提出，并由欧几里得、笛卡尔不断研究推进。牛顿、爱因斯坦等科学家都是借助演绎推理的思维在物理学上展开探索，获得了伟大的发现。

演绎推理是一个很大的概念，包含着多种推理形式，而我们用得较多

的是“三段论”这一形式。

什么是“三段论”呢？举个简单的例子，“凡是珍稀动物都受国家保护”，这叫作“大前提”，再加上一个“小前提”——“东北虎是珍稀动物”，于是得出结论“东北虎受国家保护”。

我们可以看到，三段论中的大前提是一个普遍适用的原理，小前提是一个个别性的条件，而结论则在两者的基础之上推导出来。

平时我们写议论文时，完全可以参考三段论的推理思路来进行论证。我们再用一个课文中的例子来说明。

就拿荀子的《劝学》来说，大家都背过其中的一句话，“木直中绳，𫐓以为轮，其曲中规。虽有槁暴，不复挺者，𫐓使之然也。故木受绳则直，金就砺则利，君子博学而日参省乎己，则知明而行无过矣。”这句话就运用了三段论推理，我们来分析一下：

这里的大前提是万事万物经过改造都能焕发新生；

小前提是人也是万事万物之一；

结论是人经过改造（学习）也能焕发新生。

当然，我们在使用三段论时也要小心。

举个例子，我们都学过《两小儿辩日》这篇文章。两小儿在推断太阳和人的距离时也运用了三段论。

我们看其中一个孩子的意见，他认为给人清凉感的东西距离人远而给人灼热感的东西距人近；太阳刚出来时有清凉感而到了中午热得像把手伸进热水一样；因此太阳早晨离人远而中午离人近。

为什么这个三段论推导出的结论令人啼笑皆非？那是因为这里的大前提只是个人感觉而非一个具有普遍性的原理。这在我们使用三段论时一定要注意。

在日常思维中，人们还会大量运用“归纳推理”的思维。如果说演绎推理是从一般到个别的思维，那么归纳推理就是从个别的、特殊的现象或情况概括出一般的原理。

比如说，欧洲人曾长期以为天鹅只有白色，这是因为他们看到一只天鹅是白色的、两只天鹅是白色的……目力所及的天鹅都是白色的，于是归纳得出结论所有天鹅都是白的。

其实大家在议论文中常常会用到归纳推理的思维，只是自己可能没有意识到。那种先举一个例子，然后通过这个例子归纳出一个道理的写法运用的就是归纳推理。比如“居里夫人通过坚持不懈的努力终于获得诺贝尔奖，因此只要努力就能成功”这种写法就是非常常见也是非常典型的。

但我们很容易就能发现归纳推理的问题所在：你的前提是真的不假，但它可能只是某一事物的一部分特征，如果就此认为这一事物皆是如此，这个结论就未必正确了。“白天鹅”的例子就是由这种简单化的思维导致的，人们后来在澳洲就发现了黑天鹅。

像这样以偏概全的错误在不少同学的作文里并不少见，这就好像社会上的一些人仅凭个别“90后”学生比较极端的言行就简单粗暴地给“90后”归纳出一些贬义的形容，想必大家听了都会在内心暗暗反驳。

那么我们如何在写议论文时规避这种错误呢?

首先，如果想通过某些个别案例得到一个普遍可行的结论，那么应该先想一想有没有反面情况存在。就拿“只要努力就能成功”这个结论来说，我们可以反过来想想有没有虽然努力了却没有获得成功这样的例子，不说别的，古往今来壮志难酬的将领就有不少。在这样的情况下，我们就不能简单地归纳结论，但却可以补充这个结论——“有时努力能够获得成功，但有时却未必。即便如此，我们仍不能放弃努力。”

其次，我们可以通过增加一些限定性的词语来使自己的结论更加严谨。我们可以不要那么绝对地说“只要努力就能成功”，而是改成“如果努力，或许可以成功”，或是“努力的人往往更容易获得成功”，给自己的观点留有一定余地，也不会使人轻易反驳。

③ 判断与推想思维概要及表达

判断思维，是一种肯定或否定事物具有某种性质的思维形式。我们分别拿人和物来举例，比如曹操是一代枭雄，莫扎特不是科学家，老虎是大型猫科动物。这些句子都运用了判断思维。

判断思维多用于我们给人或事下定义之时。而我们在写议论文时，也常常需要利用判断思维对作文材料中的关键概念进行定义，甚至进一步阐释。

那么我们如何运用判断思维来定义概念呢?

首先，可以结合与概念含义相关或相近的词来挖掘其本质。有这样一道作文题：“人的心中总有一些坚硬的东西，也有一些柔软的东西”，其中的“坚硬”和“柔软”就是需要我们去阐释的概念。就拿“坚硬”来说，我们很容易由此联想到“坚强”“坚持”“坚守”等词语。因此，“坚硬”可以是面对磨难时的坚强，可以是面对阻挠时的坚持，也可以是默默无闻的坚守。这样对概念的定义就不仅仅局限于字面含义。

其次，我们也可以通过缩小情境来判断一个概念。打个比方，还是“坚硬”这个概念，我们可以加一些限制的情境、条件，然后再来定义它。比如，“面对外敌侵略，‘坚硬’是对国家尊严的维护，民族气节的坚守。”

或者，我们还可以借用一些名人名言来对概念进行判断和定义。当然，这主要取决于自己的积累。在吴晗的名作《谈骨气》中，他用“富贵不能淫，贫贱不能移，威武不能屈”“人生自古谁无死，留取丹心照汗青”和“不食嗟来之食”等告诉读者骨气的内涵。

但是，如果我们想使判断思维进一步发挥作用，就不能止步于“某一概念是什么”这种简单、静态的判断思维，而要进一步学习“辩证判断”，辩证判断关注的是事物动态的、发展的性质。

比如我们可以判断说塞翁失马真是大不幸，这是一件坏事。但我们都知道“塞翁失马，焉知非福”，因为好与坏两者可以相互转化的。塞翁老早就预料到失马未必不是福气，而他丢失的马果然带回大批良马。但此时的塞翁却又说这未必是好事，他的儿子果然从马上摔下折了腿。如果我们在判断事物或概念时也能够像塞翁这样看到正反对立的事物之间可以相互转化的关系，那么我们的判断或许就不会失之简单。

诸子百家中运用辩证判断的例子也有不少。譬如老子的“天下莫柔弱于水，而攻坚强者莫之能胜”。水那柔弱的一面我们都能看见，它确实比不上钢铁和石头坚硬，可我们是否能进一步感受到柔弱的反面——刚强？比如滴水穿石。因此老子认为水这种看似最柔弱的东西实际上恰恰是最刚强的，柔中带刚，极其坚韧。我们在运用判断思维时也应透过现象看到本质，找到事物身上对立面的统一。

接下来我们说说推想思维。它是根据已知内容合理地推测、猜想未知内容的思维方式。

推想思维其实也一直为我们广泛运用。比如阅读文章时我们习惯先看题目，然后从题目中推想、获取更多信息。当我们看到《登金陵凤凰台》《水龙吟 · 登建康赏心亭》《登快阁》三个标题，便可知道这三首诗词都写登高望远。如果我们对古代文人登高抒怀的习惯有所了解的话，更可在阅读时准确把握关键。

有时候我们更需要根据作品内容进行想象，为作品续写结尾，这是一个典型的需要运用推想思维的问题。

那么在根据已有内容进行推想时要注意什么呢？

如果文章里有矛盾或悬念没有解决，那么应该在结尾给出一个合理的答案。正如小说《最后的常春藤叶》的结尾，作者欧·亨利没有忘记告诉读者那片始终不曾掉落的树叶的秘密。我们在阅读时应该注意把握一些伏笔，比如这片常春藤叶虽经风吹雨打却丝毫不受影响，这些伏笔能够带领我们通向一个逻辑合理的结尾。

其次，我们在推想结尾时还要注意小说主旨的凸显。比如小说《项链》结尾，一句“那串项链是假的”不仅使主人公玛蒂尔德多年含辛茹苦还债的生活变得可笑至极，也映照出她因虚荣而造成的人生悲剧，当然还能引发读者更多思考，包括对当时社会风气的反思。

我们写议论文时也可以运用推想思维增强文章的说服力。

比如魏征的《谏太宗十思疏》中他首先推想如果一个君王在守业时纵情傲物，那么必将导致“骨肉为行路”；接着他推想在这样的局面下统治者必会以“严刑”和“威怒”来整治；最后他推想出人民终将“苟免而不怀仁”以及“貌恭而不心服”。这种先假设情境再不断推想后果的写法完全可以为我们所用。我们可以运用“如果……，就会……”或者“只有……，才能……”这样的句式来完成自己的推想。而魏征在推想之后，还给了君王“十思”的谏言。我们也可以在推想后果之后，再给出具体的解决办法，使议论更完整。

只是要注意，推想的后果要具体、细致，不要简单地用“如果不这样做，就会失败”这样大而化之的语句。

3. 思维的批判性

① 质疑与思辨思维概要及表达

思维的发展与创造离不开思维的批判性。批判性思维要求不人云亦云，不无条件地服从，对问题做实事求是的分析，求异而不是求同，不唯书，不唯上，只为实，保持怀疑与质证，非经自己独立思考和判断不作结论。

批判性发言是现代知识分子的天职，但批判性思维并不能简单地等同为对问题的批驳与否定，它通常会以质疑思维与思辨思维相结合的形式存在。

明白了这一点，在高中语文阅读与写作中，才能有个性独到、深刻创新、周到全面、充实严谨的理解与表达，才能充分地展现出表达者思维的发展与创造性，向着追求最高价值的真理的大道上迈进。

那么，什么是质疑与思辨思维？它们有着怎样的表现和作用？

《廉颇蔺相如列传》中蔺相如出使秦国，完璧归赵，向来是个顾全大局、维护国家利益的英雄人物，为什么他没有一点成全自己脱颖而出的个人私意呢？为什么秦王那么顺从蔺相如？真的是害怕蔺相如撞碎和氏璧吗？如果当时秦国想与赵国翻脸，还成就得了蔺相如智勇双全的英雄美名吗？

质疑思维最核心的特征就是它的疑问性。疑问性充分体现在发问“为什么”上。这是探索问题的切入口，表达了一种开发、开掘的欲望，它是发现问题、提出问题的钥匙。

质疑思维表现最明显、最活跃的特征就是它的探索性。探索性充分体现在思考、解决问题的过程中，穷追不舍，不达目的决不罢休的探索精神，直到无疑可质，得到正确答案为止。

质疑思维最可宝贵的特征是它的求实性。质疑思维的目的完全在于它的求实性，亦包括它的求真性、完整性、价值性和规律性。

俗话说，打破砂锅问到底，便是质疑思维的典型范例了。

在高中语文议论文写作等书面表达时，我们完全可以遵循质疑思维的形式表现来逐步操作实施。首先，起疑；其次，提问；然后，追问；还可以采用目标导向性的反向思维。

值得一提的是，高中议论文写作不是古希腊“智者式”的辩论，不是为了用修辞术颠倒是非黑白以取胜，用诡诈方法压服对手而显示个人的卓越，也不是通过各执一词而争论不休，而是为追求如苏格拉底所追求的具有最高价值的真理，集众意为公意。

因此，当多方对于同一命题持有不同观点时，他们愿意通过基于理性推理的对话，最后得到公意真理，这才称之为思辨或辩证法。基于这一辩证推理过程的以公意真理为最终目的的思考方式，可称之为思辨性思维。如同中国古代《中庸》中所提倡的“博学之，审问之，慎思之，明辨之，笃行之”，德国哲学家黑格尔也将逻辑思维划分为“知性”“否定的理性”和“肯定的理性”三个阶段。

故而，2016年高考作文上海卷“评价他人的生活”这个话题，也不是简单地对现象判断是非的问题了，而是需要在不同的层面上对这个问题展开有条理的辨别分析、推理、判断，针砭时弊、去伪存真，从而表达出自己作为一个独立灵魂的自由思想。

思辨思维是中学生必备的素质。思辨能力直接反映一个人的认识水平，如果对一个问题，只看到表面现象就断然下结论，不去辨析事物内部的各种联系，文章的立意就只会停留在“是什么”上，就必然忽视在“为什么”上的深入开掘。思辨的灵魂是具体分析。我们可以着力培养形成以下几种辩证分析能力： 矛盾分析；现象与本质分析；数量与质量分析；普遍性与特殊性分析；因果分析；必然性与偶然性分析；可能性与现实性分析；内容与形式分析；内因与外因分析；纵向与横向分析。

必须指出的是，运用思辨性思维写作，绝不能简单地等同为对两种不同意见的折中处理，不能等同为“黑 + 白 = 既黑又白”或“正 + 反 = 既正又反”这等模式化的“假思辨”的思维方式。

总之，唯有不断增强自己的探究意识和探究兴趣，培养自己思考问题的深度和广度，由浅入深，由此及彼，把握质疑与思辨思维的精髓，才能在阅读与写作上做到推陈出新，别具一格。

而不功利地说，成为一个思考者，对周遭的一切有着更丰富的解读，你的人生不会变得更有意思吗？这样的人生岂不快哉！

② 自省与反思思维概要及表达

思维方式决定着人如何认识世界和理解生活，学会自省与反思思维可以帮助我们进一步体悟境遇、反观自我、突破束缚、领悟生命。

那么，这究竟是一种怎样的思维方式呢？

英国哲学家洛克第一个探讨了反思的现象，他说反思是内心对自身观念活动的反身觉察；而康德则把反思规定为一种理性认识的能力；孔孟同为我国源远流长儒家文化的大师，他们推崇修身，提倡通过“内省”“自讼”来达成个人修养道德的完善。

综上所言不难发现，反思与自省意识既是一种发散思维，也是一种求实思维。它应该根植于实践和现实生活的沃土，主张“摆入自我”，结合个人的历程和经验，进入“我若是谁”的角色假设和置换，时刻提醒自己“我在此”“我在读”“我在写”，从而帮助我们感受情感、体悟哲理、观察他人和内省自己，在不断追问的过程中读写出独特的视角和感受。

比如在读课文《邂逅霍金》时，若把我引入与霍金不期而遇，而后精确地捕捉自己在这种境遇之下可能有的感觉和反应，再问问自己“我不该做什么”“我该做什么”“我还能做什么”……我想这种“读中入我”的方式，一定能帮助我们对作者所珍视的、那一种剑桥所带给我们的“平静的尊重”和“良好的人文环境”产生更加真切的体会。

在写作中运用反思与自省的思维，并非仅仅是指对某个事件和某个环节的“重新思考”或“反复思考”，也不是简单停留在一个层面上作烦冗的纠结：省察自己的思想、言行有无过失？情感、倾向有无偏激？它还需要我们有所突破，推动认识向“层次更高、系统更大、角度更全、视野更广”的层面发展。

就拿“东施效颦”的故事来说，想必大家都不陌生。今天我们不妨试问自己“如果我是东施，面对众人的指点与嘲笑，我有没有委屈？”设身处地，以善于悦纳和修正的心态来寻求答案，通过这种反思，会不会辟出一条新的路径，从而对东施的举动生发出更加中肯和全面的评说：“有一颗求美爱美之心且能付诸行动，这是无可厚非的；只是我们应该更加懂得扬长避短，不盲目模仿，善于藏拙，这才是人生更大的智慧！”我想这样的思考，是可以称得上“质”的“跃迁”，而不只是“量”的“扩大”。

更重要的是，反思和内省可以带领我们剖析个人的价值观与处世原则，思考富有哲理的人生内涵，促进生命的生长和体验的丰富，最终领悟生命的终极价值。

我们来看这样一个富有思辨的作文题——“过有用和有趣的生活”。构思立意时，对“有用”和“有趣”生活的特征阐述和概念界定，最能凸显一个人的人生观和价值观。行文写作时，不忘带入一个我、带入一个时代，来反观当下，扪心自问——我有没有被“有用的强迫症”所绑架，信仰失落，活得除了钱什么都不剩？我有没有崇尚“有用”的标尺，有用宠之，无用弃之，浮躁功利？——我是一味追求低俗的实惠和物质的需求，还是寻找精神的寄托、心灵的慰藉、学术的自由、高尚的格调和娴雅的品味，哪一种生活更能带给我内心真正的幸福和满足？——我想，这一系列“向内”的拷问是可以把我们对人生、对生活的认识引入一个不同的趣味、格局和境界的。

再来探讨一下对“评价他人的生活”这一常见现象的思考。这个问题要求我们紧密结合现代生活的新趋势，根植于我所处于的当前社会背景，一方面信息技术飞速发展，人与人之间的联结越来越广泛；一方面个人的隐私也备受重视和保护，面对看似矛盾的现实，思考如何让评价的方式和评价的传播更加合乎情、理、法？若进一步能从“我与社会”“我与他人”两个角度确定参照系，充分考察、辨析不同类型的“个人”生活行为所可能产生的社会影响，我想也是可以构建评价他人的适恰性标准，评估相关舆论所具有的社会伦理价值以及整个现代社会公民所应该具备的基本素养等问题的。

内省一定要避免狭隘与自我、孤僻和小众，要符合社会主流价值观，遵守社会共同的道德准则。在语文阅读和写作的学习过程中，让我们积极运用反思和自省的思维方式，“摆入自我”，以现代眼光、现实意义提出个人的体悟和见解，与先哲一样“见贤思齐焉，见不贤而内自省也”“日三省吾身”“日参省乎己”，从而觉察“我与他人、我与自己、我与自然”的大联系，来成就我们思维的发展与创造！

4. 思维的创新性

① 探究思维概要及表达

探究思维是创新思维的核心，也是各种思维能力的综合运用，它是个体对事物及事物关系进行观察认识、进而分析研究、探索创新的过程。

我们熟悉的中国古代老子的思想中，就处处包含着探究思维，如“道生一，一生二，二生三，三生万物。万物负阴而抱阳，冲气以为和”。这里包含着道家对自然本源、万物本质的探究。又如“天下莫柔弱于水，而攻坚强者莫之能胜，以其无以易之。弱之胜强，柔之胜刚，天下莫不知，莫能行”。运用探究思维，我们不但能够更深刻地观察到事物的本质，而且还能通过探究原因、探索规律，得到一些更普遍的认识与运用。

同样的，我们可以运用探究思维来提升高中议论文写作的思维深度，将事件、人物，甚至是概念，置于更广泛的时代背景之下。**下面我们来具**

体阐述下引发探究思维的几种重要的思维途径。

首先，探究来源于人们对事物的兴趣或疑惑，有了疑惑便有了追根溯源的动机，简单来说就是要“存疑归因”。这里的“归因”指的是挖掘表象背后的深层原因。

举个例子，我们在阅读《世间最美的坟墓》一文时，总是会产生这样的疑惑，托尔斯泰的墓地为何不像其他名人一样宏伟壮观，而竟是这样的朴素自然？进而我们会去了解他的生平，甚至愿意去探索他舍弃贵族身份投身平民阶层的原因。而这种探索会把我们引向更高境界的阅读体验。

鲁迅先生的杂文《未有天才之前》，本身的不完整性引起了学生的阅读思考，文中罗列了三种导致天才被扼杀的社会论调“整理国故”“崇拜创作”和“恶意批评”，而这三种论调都明确地指向了当时社会一个共同的问题，即缺少培养天才的土壤。

此外，当我们在针对一些热门的社会现象进行分析时，也要能切中表象背后的本质，探究科学数据背后的社会人文因素，如在分析“雾霾问题”时，我们要认识到导致我们环境被破坏的不仅仅是我们看到的污染源，更可怕的是我们一味追寻城市化发展、无止境掠夺资源的贪婪欲望。

从以上这几例中，我们不难发现“存疑归因”的因绝不是单一的，我们需要去探究现象背后的社会人文因素、历史文化根源等，我们在进行分析和表达时必须要注意由多角度的复杂性、由浅入深的层次性等问题。

其次，探究思维不仅仅是对单一事物或现象进行深入发现，它还需要在事物本身的研究基础上，进行“跨类推理”，得到一些更普遍，应用更广泛的认知。回到刚开始的老子的名言：“天下莫柔弱于水，而攻坚强者莫之能胜，以其无以易之。弱之胜强，柔之胜刚，天下莫不知，莫能行。”这句话正是运用了跨类推理的探究方式，这种类推的方式是由一个事物的特质推论到这一事物所包含的道理，从“水之柔弱、莫之能胜”的个体性到“弱之胜强、柔之胜刚”的普遍性，还可以进一步从事物中蕴含的道理推想到另一个事物本身，如由“弱之胜强、柔之胜刚”可以继续推想到其他的个体现象：中国的太极、气功等。

“跨类推理”这种探究思维途径在议论文写作的运用也很常见。我们先来回顾一下高中课文《种树郭橐驼传》，文章通过类比，将种树“顺木之天，以致其性”的道理，推广到做官治民要“顺民之意，以安其性”，那么这一道理还能令我们对社会生活中的哪些问题进行思考呢？比如教育领域中关于顺应学生天性，因材施教；城市规划应该保留各地的风俗文化，因地制宜等等，大家不妨尝试着思考一下。

此外，探究思维的发展还需要经过“辨析求异”的过程，辨是探究的必经之路，异是探究的必然结果，没有求异的过程，就没有创新的产生。这里的“求异”，就是我们平时理解的“比较思维”。

比较思维是“求异”过程最常用到的。我们之前提到过“跨类推理”，类推过程利用了道理的相似性，但是相似不代表等同，如果缺少了比较求异的一环，那类推的过程就显得不够严谨准确。比如“顺木之天”与“放任天性”之间还是有区别的，仔细阅读《种树郭橐驼传》，我们会发现“顺木之天”是以培平、土故、筑密为前提的，然后才能放置勿虑。一味的“放任”恐怕无论是树还是人都是容易长歪的吧。

由此可见，比较求异一般要将事物置于一定的背景之下，以限制条件来探寻其不同的价值倾向。

这里我想推荐几篇以“善”为话题的文章，我们可以通过比较的方式，来探究一下不同作者看待问题的不同角度。第一篇是培根的《论善良》，本文从善良的定义、特征、行为方式等论述善的内涵和外延，指出“善良的定义就是有利于人类”。第二篇是狄马的《谁跟谁善良》，从题目中我们大概就能大约推测出文章着重论述的是善良的对象，狄马指出

“不加以分辨地奉献助长了贪婪、忍让导致了纵恶”，作者并没有否定善良，而是认为善需要分清对象，懦弱无能并非真正的善良。第三篇是秦晖《伪善是一个社会很重要的功能》，作者从社会制度建设角度，赋予了“伪善”一词新的含义，他认为“好的制度哪怕内心不那么高尚的人也不能做不高尚的事，而只能做高尚的事。如果这是伪善，那么也是社会非常可贵的一种机制”。这三篇文章分别从善良的实质、善良的对象、从善的制度三个角度来讨论“善”，选择角度的不同与作者的身份、所处的时代等各种因素有所关联，如果读者有兴趣的话，可以进一步去探究。

值得提醒大家的是，“求异”不等于“求谬”，我们作文时，无论在拟题还是立意，都要注意思想意义应是积极向上的，应当符合社会主流价值观，遵守社会共同的道德准则，要符合情理，思之有度，客观辩证，有驳有立，自圆其说。

最后，要提一下的是，除了以上提到的“存疑归因”“跨类推理”“辨析求异”这三种思维途径外，还可以运用“发散思维”“逆向思维”等来进行探究。总而言之，探究思维是各种思维能力的综合运用，也是发展创新的第一步。

② 创新思维概要及表达

《列子汤问》中记载了“偃师献技”的故事，有一个叫偃师的工匠献给周穆王一个歌舞伎，这个歌舞伎能歌善舞，但其实她是由人工材料组装的，不仅外貌完全像一个真人，而且还有思想感情，甚至有了情欲，可以以假乱真。

试想一下，战国时期真的能够创造出比现在科技更高一筹的机器人吗?

其实未必，这则故事正是利用战国当时的科学技术发展作为出发点，充分展开奇特的创新思维而创作出来的寓言。

创新思维这种思维方式指的是，以新颖独创的方法解决问题的思维过程，通过这种思维能突破常规思维的界限，以超常规甚至反常规的方法、视角去思考问题，从而产生新颖的、独到的、有社会意义的思维成果。

我们在写作时，也常常需要利用创新思维拓展文思，形成独树一格属于自己风格的文章。

那么我们如何运用创新思维进行表达呢?

文章所及大致有人、物、事、情、理五个方面，细致地观察身边的事物是进行创作的第一步。茅盾先生曾经说过："应当时时刻刻身边有一支铅笔和一本草簿，把你所见所闻所为所感随时记下来。"细致的观察是创新想象的基石，细节描写的细腻与否是引人入胜的关键。

鲁迅先生的《从百草园到三味书屋》中对于百草园的描写便是极尽细致观察的典范："……油蛉在这里低唱，蟋蟀们在这里弹琴。翻开断砖来，有时会遇见蜈蚣；还有斑蝥，倘若用手指按住它的脊梁，便会啪的一声，从后窍喷出一阵烟雾……"，以孩童的视角，用简约生动的文字，描绘了一个奇趣无穷的儿童乐园。又比如马尔克斯在《百年孤独》里大量的数字细节描写；张爱玲《半生缘》里大量的心理描写；川端康成《雪国》里大量的环境描写，都能使读者找到很强的代入感，身临其境。

在写作的过程中想要充分地进行创新的创作表达，还可以不囿于文章体裁，将脑海中聚集的灵感转化为任意形式的文学作品，充分利用一切文体来表达自己的所思所感。可以是小说，也可以是诗歌，又或是散文、漫画、剧本、歌词等，不拘一格，肆意表达。

写历史不拘于体裁的书就不得不说《明朝那些事儿》了，此书讲述了明朝三百年间的事情，以史料为基础，以年代和具体人物为主线，与一般历史书不同的是，作者加入了小说的写法和对人物的心理分析，以及对当时政治经济制度的一些评价。

全书开头，作者别出心裁从一份档案开始介绍朱元璋。

姓名：朱元璋，别名（外号）：朱重八、朱国瑞；性别：男；民族：汉；血型：？学历：无文凭，秀才举人进士统统的不是，后曾自学过；职业：皇帝；家庭出身：（至少三代）贫农；生卒：1328—1398；最喜欢的颜色：黄色（这个好像没得选）；社会关系：父亲：朱五四，农民；母亲：陈氏，农民（不好意思，史书中好像没有她的名字）；座右铭：你的就是我的，我的还是我的……

你看，作者以幽默的语言，不仅拉近了作者与读者的距离，也拉近了古人与今人的距离。

在创作的过程中，作者还不满足于此，毕竟语言的表现力是有限的，于是又辅之以战时地图、人物肖像漫画，使读者借此展开想象。

比如第四章中介绍“朱元璋的两副面孔”配以漫画，使读者更加对这个明太祖的真貌好奇了。

写到尽兴之处再无言语可叙述，那么用画配文，或以文配画，都是极妙的创新之举。

丰子恺先生在《画中有诗》的自序中写道：“余读古人诗，常觉其中佳句，似为现代人生写照，或竟为我代言。盖诗言情，人情千古不变，故好诗千古常新。此即所谓不朽之作也。余每遇不朽之句，讽咏之不足，辄译之为画。”丰子恺先生是依据古代诗歌的佳句作画的，所画的环境、人物、衣着等却都是现代的。例如，作“贫贱江头自浣沙”图，画家所画的不是古装的西施，而是短发旗袍的女子。画家说：“颜如玉而沦落于贫贱者，古往今来不可胜数，岂止西施一人哉？我见现代亦有其人，故作此图。”

写作源于生活而高于生活。

海明威的《老人与海》写一个很久没打到鱼的老人出海捕鱼。老人历经千辛万苦捕获一条大鱼，还是被鲨鱼吃掉了，功亏一篑，一无所有。海明威不是写努力之后的成功，而是写努力之后的惨败。这看似悲惨的结局却一次又一次地被海明威提醒着：人，可以被打败，但不能被打倒。就算老人又一次没有捕到鱼，但下一次他还会出海捕鱼。就算生活一次又一次打击了你，但你还是要坚强。这就是一种源于生活又高于生活的艺术作品。

人们总是乐于从故事里学到点什么。如果写故事的人把故事写得和读者的想法完全一致，那会降低读者对作者的敬重，同时也觉得这部作品没什么大意义。艺术作品要高于生活。可以普通地开始，但必须有挖掘人性深度的价值观，这样才能深入人心。

（四）文化积淀与认同

1. 文化积淀

① 名家名篇赏析与评论

i. 中国篇

你知道世界上最古老的文学形式是什么吗？是诗歌。

当我们还不会使用文字，原始的歌谣就已经在口头流传了。也许是女娲造人时，给她捏的小泥人里多添了几笔，中国人天生就是诗人，中文就是诗的语言，中国就是诗的国度。作为中国文学的主流，中国诗歌经历了千年的发展，至今仍散发着璀璨的光芒。

我们不知道第一个唱出那支“蒹葭苍苍，白露为霜。所谓伊人，在水一方”的人究竟是谁，然而无论过去多少岁月，《蒹葭》总能道出每个人心中对那个“可望而不可即”的“伊人”的追寻。伊人究竟是谁？是思念的爱人？是“美好的理想”？是贤明的君主？也许我们永远没有答案，但这份朦胧就是《蒹葭》流传千年的艺术魅力。

与《诗经》同样构成中国诗歌源头的还有《楚辞》。“路漫漫其修远兮，吾将上下而求索”，屈原的《离骚》作为中国历史上第一篇抒情长诗，开启了中国诗歌的浪漫主义传统。其在诗中以“香草美人”自比自己高洁的人格品德，来表达自己被“恶草”被当世污浊黑暗所不容的痛苦，也为后世诗人所模仿。

汉代，诗歌得到进一步发展。以贾谊、枚乘、司马相如、扬雄为代表的汉赋家在远承《诗经》赋颂传统、近仿《楚辞》的基础上，创造了“赋”这种新的文体，其中以司马相如的《上林赋》最具典范意义。这则赋极言天子上林苑的巨丽之美和天子游猎的空前盛况及浩大声势，浓墨重彩，极尽铺张扬厉之所能，成为后世辞赋家争相效仿却又无法企及的楷模。

除了赋体诗的出现，乐府诗也是中国诗歌史上的壮丽景观。不同于赋体主要描绘帝王生活为主体，乐府诗的创作内容“皆感于哀乐，缘事而发”。《孔雀东南飞》是其中的代表作，作为我国古代最长的叙事诗，通过诗歌中个性化的对话，细节描写和景物描写的烘托，塑造了一个个栩栩如生的形象，兰芝的刚强、仲卿的忠厚懦弱、焦母的专制、刘兄的蛮横，无不入木三分，让人印象深刻。

东汉以后，赋体和乐府诗都进一步发展。但东晋以后，诗坛几乎被玄言诗所占据，直到陶渊明的出现，才使诗歌艺术重新增添新的生机。陶渊明开创了田园诗这种新的题材，创作了一系列集“情、景、事、理”浑融一体的佳作，最耳熟能详的就是《饮酒》其五。这首诗的前四句讲了“心”与“地”也就是主观精神与客观环境之间的关系，只要心远，不管在任何地方都不会受尘俗喧嚣的干扰。“采菊东篱下，悠然见南山”，偶一举首，心与山悠然相会，自身仿佛与南山融为一体了。那日夕的山气，归还的飞鸟，在自己心中构成一片美妙的画面，并蕴含着人生真谛。这种心与境的瞬间感应，是只可意会不可言传的。

陶渊明之后，谢灵运开启了山水诗的诗风转变。到唐代，中国的诗歌又迎来了新的风貌。

唐代士人开阔的胸怀、恢宏的气度、积极进取的精神，影响到了唐文学的风貌，李白、杜甫、王维、孟浩然、张九龄等构成了唐朝诗人巨大的群体，成就更不可估量。

“白也诗无敌，飘然思不群”，这是杜甫对李白的评价。李白被称为“诗仙”，其诗歌充满了发兴无端的澎湃激情和神奇想象，既有气势浩瀚、变幻莫测的壮观奇观，又有自然天成的明丽意境。其在《将进酒》一诗中大发“天生我材必有用”的豪壮气概，展现了大河奔流的气势和力量。

在唐诗发展繁荣的同时，中国诗歌又出现了一种重要的诗歌形式——词。但当时诗坛的主流仍是诗，直到宋代，词才迎来了它的发展高峰。其中柳永的词最具开创性。他把短令发展成长调，在内容上大胆引进了市民生活、市民情感、市民语言，在艺术上发展了铺叙手法，靠白描的功夫创造出前所未有的意境。他的《八声甘州》传唱900多年而不衰，苏东坡称赞其中“渐霜风凄紧，关河冷落，残照当楼”一句“不减唐人高处”。

元代的散曲是继诗、词之后兴起的新诗体，代表了元代诗歌创作的最高成就。同词产生的情形相似，散曲同样产生于民间，经文人参与创作日益典雅精致。脍炙人口的《天净沙·秋思》是“曲状元”马致远的代表作之一。这首曲被赞为“秋思之祖”，前三句连用九个名词勾勒出了九组剪影，创作出苍凉萧瑟的意境，映衬出羁旅天涯、茫然无依的孤独与彷徨。王国维在《人间词话》中评其“寥寥数语，深得唐人绝句妙境”。

元代之后的明清两朝，诗歌的发展处于停滞阶段。随着西方文化的进入，五四以后，中国诞生了用白话文创作的新诗，其突破了原有旧诗创作的束缚，不用韵，不顾平仄，伴随情感的起伏变换长短句式，涌现了一批如郭沫若的《女神》、徐志摩的《再别康桥》、艾青的《大堰河——我的保姆》等优秀的诗歌。

中华人民共和国成立以后，新诗得到进一步发展，北岛、海子、顾城、舒婷等朦胧派诗人对新诗又进行了新的探索。

诗歌，作为中国民族血液里的基因，记录着一个时代的共同气质与情感，历经千年的发展，生生不息。谁也不知道未来的中国诗歌又会产生怎样的变化，唯一确定的是，诗歌永远不会消失。只要人类存在一日，诗歌就会在。

ii. 外国篇

西方文学，正是从一个个美丽的神话故事开始的。如果说中国文学是一篇关于诗歌的篇章，那么西方人似乎从他的童年开始就会讲述一个个动听的故事了。

对于我们生活的世界，我们总有着太多的问题要问。太阳是从哪里来的？为什么会刮风下雨？古希腊神话正是基于希腊人对于自然的理解和解释孕育而生的。他们把神当作自然力的化身，于是有了雷电神宙斯、太阳神阿波罗等一个个人格化了的神祇，他们有血有肉，又各具特殊本领和威力。希腊神话是一个广阔繁复的系统，是欧洲最早的文学形式，它的想象力丰富、故事性强，是古希腊文学艺术的宝库和土壤，也是后世许多文学作品的“母题”。

与此同时的《荷马史诗》则代表了古希腊文学的最高成就。《荷马史诗》由《伊利亚特》和《奥德赛》组成，相传是一个名叫荷马的诗人集结创作而成，分别讲述了特洛伊战争最后阶段的殊死搏斗，与希腊英雄奥德赛在特洛伊战争结束后回乡的故事。两大史诗规模宏伟，内容丰富，极为广阔地展现了当时的社会生活和精神面貌，柏拉图在《理想国》中称荷马教育了希腊人。而作为欧洲叙事诗的典范，作者以气贯长虹的彩笔描绘了古战场人喊马嘶、群雄争斗、刀光剑影、血雨腥风，塑造了一个个个性鲜明的英雄形象。其辞章华丽，善于运用隐喻、明喻、象征等手法，增加了史诗的文学性。可以说荷马史诗对西方文学产生的影响，怎样估计都不会过高。

除了神话、史诗，西方人也通过戏剧的方式来讲述，探讨人生的意义。古希腊的戏剧诞生了埃斯库罗斯、索福克勒斯、欧里庇得斯三大悲剧家以及喜剧家阿里斯托芬。而其中索福克勒斯的《俄狄浦斯王》被亚里士多德赞为悲剧典范。《俄狄浦斯王》讲述了主人公俄狄浦斯的命运悲剧。他虽力图逃脱“杀父娶母”的神谕，却最终无果不得不自我惩罚。在这出悲剧中，命运成了一种巨大力量，人在命运下虽然总是努力抗争，却最终无法摆脱这道魔影。该剧正是体现了人的个人意志对于命运的反抗，具有时代的价值。

灿烂的古希腊罗马文化后，西方文学进入了一段黑暗时期，思想被教会所束缚，但仍有一系列叙事性文体如骑士文学、史诗得到了发展。而随着文艺复兴运动的产生，西方文学也重新迸发出新的光芒。

在这些作品中，诗人但丁的《神曲》具有里程碑式的意义。《神曲》分为《地狱》《炼狱》《天堂》三部。作为叙事诗，它讲述了诗人假想自己对冥府的一次游历经历。虽然内容是想象，但是其思想内涵却是异常明确，即照应现实，启迪人心，让世人经历考验，最终摆脱迷误、臻于善和真。《神曲》在思想与艺术上也都达到了时代的先进水平，展现了人文主义的光芒，其伟大价值就在于此。

同时期还有薄伽丘、塞万提斯等优秀作家，他们创作的文学作品至今仍放射出夺目的光芒，而其中不得不提的就是“戏剧泰斗”莎士比亚。莎士比亚一生共完成了39个剧本，包括我们耳熟能详的“四大悲剧”以及“四大喜剧”，其中以《哈姆雷特》最负盛名。《哈姆雷特》的故事取材于1200年丹麦王子为父复仇的真实历史。在莎士比亚之前，这个故事已多次被人改编为流行的复仇剧。但莎士比亚的《哈姆雷特》却在内容和形式上都推陈出新。作者借哈姆雷特为父复仇的故事，对文艺复兴运动进行了深刻反思，对人的命运和前途进行了深切关注。其中哈姆雷特的独白“To be，or not to be： that is the question”也成了一代代人心中的经典。

19世纪资本主义的产生与发展催生了文学的新旧交替与更迭，出现了浪漫主义、现实主义、自然主义、唯美主义等文学思潮和流派。各种流派主要借助小说故事的形式来表现思想，涌现出一大批优秀的小说作品，诸如浪漫主义作家雨果的《悲惨世界》、大仲马的《基督山伯爵》、现实主义作家司汤达的《红与黑》、巴尔扎克的《欧也妮 · 葛朗台》、福楼拜《包法利夫人》等。这些小说围绕人对自身处境、命运与前途的思考，体现了西方人文主义的新形态。

随着科技的进步与发展，具有反传统特征的现代主义文学出现。卡夫卡的《变形记》是其中的代表之一。小说通过讲述人变成大甲虫的荒诞故事，展现了现代人丧失自我，在绝望中挣扎的精神状态。题目中的变形不仅是主人公格里高尔的人变虫形，更是在资本主义社会中人与人之间亲情的淡漠，视他人为异类的异化。故事的框架虽然荒诞，但是其表现的人的生存状态则是真实的。

西方文学正是在一个个故事中发展起来的，西方人通过神话、史实、戏剧各种各样的方式记录着历史，也对世界、对人进行深入思考与剖析。

② 文学理论概要与评析

文学理论是指研究有关文学的本质、特征、发展规律和社会作用的原理、原则的一门学科。它的研究策略是，从古往今来的文学现象中，找出文学的本质和发展规律，揭示文学不同形态的特点。

文学理论不是关于文学的固定不变的法则，而是文学实践经验的概括。它在文学创作、文学批评等实践基础上产生和发展，反过来，又推动文学创作、文学批评的前进。这里，我们为同学们介绍的是20世纪以来，具有重大开拓意义的文学理论著作。

先一起来熟悉我国现代著名的文艺理论作品：《中国古代文艺理论专题资料丛刊（共4册）》（徐中玉主编）、《诗论》（朱光潜著）、《文艺心理学》（朱光潜著）、《性格组合论》（刘再复著）、《中国叙事学》（杨义著）。

华东师范大学中文系教授、文艺理论家徐中玉，主编过一套《中国古代文艺理论专题资料丛刊》，广泛搜集我国古代诗、文、词、曲、小说、戏剧、绘画、音乐、书法等理论资料（包括一般原理、创作经验、批评鉴赏等），按传统的审美原则，编为15个基本命题。所辑资料上自先秦，下讫近代，是目前第一部集大成的综合性的古代文艺理论专题资料集。

现代著名美学家、文艺理论家朱光潜的《诗论》，从诗的起源、性质、特征等角度，具体分析中西诗歌的内在规律，探讨中国诗歌的节奏、声韵、格律等特征的历史源流，用西方诗论来解释中国古典诗歌，用中国诗论来印证西方著名诗论，触类旁通，潇洒自如，美不胜收。1931年他在欧洲留学时便开始该书的写作，1943年始正式出版，历时十余年，在当时有很大影响，是中国现代诗学体系建构的里程碑。作者自己曾经说："在我过去的写作中，如果说还有点什么自己独立的东西，那还是《诗论》。《诗论》对中国诗的音律，为什么中国诗后来走上律诗的道路，作了一些科学的分析。"

朱光潜偏爱诗艺，同时对西方文艺心理学有很深的研究。《文艺心理学》便是朱光潜先生美学研究方面的代表作，也是我国现代早期较系统的美学专著之一。《文艺心理学》以生动活泼、深入浅出的方式，将外国现代美学理论与中国古代美学思想相结合，论述了美感经验、文艺与道德等诸多问题，同时对西方一些主要美学流派进行了介绍，是中国美学史上最重要的经典著作之一。

古希腊哲学把“认识你自己”当作第一哲学命题，这正是把人之谜作为第一命题。文学比哲学更深地进入人的内心，这个内心是个无比广阔、无比丰富、无比神秘的情志存在，它广阔、丰富、神秘到难以言说，所以我姑且称它为内宇宙。在《性格组合论》（上海文艺出版社版）的自序中，刘再复曾说：“我们身外是这么一个神秘的浩茫无际的宇宙，而我们身内不也有一具难以认识穷尽的、充满着血的蒸气的第二宇宙吗？”

在20世纪80年代以前的文学作品中，人物形象的塑造过于单一化，基于教化的目的，正面人物写得绝对好，反面人物写得绝对坏。这种扁平的形象既脱离生活真实也背离人性真实。《性格组合论》的作者对人与文学进行了深入思考，提出并论证了人物性格的二重组合原理，阐述人性是极为丰富的内在世界，性格是极为复杂的心理系统。而性格运动则是一种双向逆反运动，它既是明确的又是模糊的。《性格组合论》还从人物塑造的审美角度对世界小说史和中国小说史进行考察与评价，提出许多独到的见解。《性格组合论》出版后反响热烈，影响深远，是1986年中国十大畅销书之一，曾获“金钥匙”奖。

叙事学是20世纪60年代始于西方的前沿学科，旨在打破小说、神话、戏剧、历史、新闻纪事、电影等具体文体的界限，将其作为人类的一种精神方式，进行跨学科的研究。《中国叙事学》作者杨义分析中西两种文化在“第一关注点”方面的不同，他以为一种文化中最习以为常的部分往往隐藏着它最本质的密码：为什么中国人姓在前名在后，而西方人却名在前姓在后？为什么中国人记时的顺序是年—月—日，而西方人却是日—月—年？为什么女娲造就了一群无名无姓的人，而上帝却造就了有名有姓的一男一女？……这本书提出不同的思维方式在叙事中不同的表现原则，发掘了中国叙事智慧之特征，初步建立了我国自己的叙事学原理。

国外现代著名的文艺理论作品：《柏拉图文艺对话集》（古希腊柏拉图著，朱光潜译）、《诗学》（古希腊亚里士多德著，罗念生译）、《文学理论》（美韦勒克、沃伦著，刘象愚等译）、《批评的解剖》（加弗莱著，陈慧等译）。

柏拉图写过近四十篇对话，其中有不少直接或间接关涉到美学、文艺学。朱光潜选译的《柏拉图文艺对话集》最能代表他的美学思想。当然，柏拉图的美学、文艺思想是建立在他的哲学思想和社会政治思想基础上的。《柏拉图文艺对话集》中希望造就的“理想国”是这样的：充满正义理想，肃清一切引起心灵躁动的东西，希望人们各司其职，由哲学家靠理性思维来统领城邦。柏拉图构想的“理念”境界是这样的：以“床”做例子，第一种是理念的床，这是床之以为床的道理，这是永恒的，不变的。第二种是木匠造出来的床，这种床因为材料不同、工艺不同、大小不同，是具体的、真实的床，但和真理隔了一层。第三种就是诗人或画家摹仿个别的床，这又因为绘画角度不一样，只能显出一面，与真理再隔了一层。因此，柏拉图顶看不起摹仿，他说：“摹仿者对于模仿题材没有什么有价值的知识；摹仿只是一种玩艺，并不是什么正经事。”

亚里士多德的《诗学》被誉为西方文艺理论史上的奠基之作，车尔尼雪夫斯基称之为“第一篇最重要的美学论文”，朱光潜先生也将其列入马克思主义之前，最有科学价值和影响深远的两本书之一（另一本是黑格尔的《美学》）。《诗学》原名为《论诗》，据说是亚里士多德的讲义。现存二十六章，主要讨论悲剧和史诗。作品分为五大部分，分析了各种艺术所摹仿的对象、摹仿所采用的媒介和方式，以及各种艺术由此而形成的差别，进而指出了诗的起源。亚里士多德是逻辑学的创始人，所以他很重视科学研究中的方法论。《诗学》的方法论有两个特点：一是严谨的逻辑推理，二是自然科学方法和社会科学方法相结合。

韦勒克、沃伦的《文学理论》被称为“文学理论的圣经”，学界评价其为“打开经典的经典”“文学批评的批评”。在许多国家，该书都成了文学系学生的必读书，也成为文艺批评工作者的案头必备书之一。20 世纪 80 年代十分畅销的这本理论经典，如今已第三版问世。

《文学理论》最大的贡献就是区分了文学的内部研究和外部研究，强调文学内部研究的重要性，凸现了“新批评”的研究理论。韦勒克强调“文学的内部研究”，在文学作品的语言、形式、结构、技巧和方法等属于文学自身的因素中追寻“文学性”。这对中国 20 世纪 80 年代以来的文学观念的更新和文学理论的建构有着重大影响。其第二大贡献就是划清了文学研究的三大疆域，第一部第四章《文学理论、文学批评和文学史》中规定了三大疆域即文学理论、文学批评和文学史的研究对象。这已经成为文学理论界的共识性知识。

《文学理论》是韦勒克最具代表性的理论著作，也是韦勒克与沃伦两位理论家默契合作的结果。该书开始写于 1944 年，直到 1948 年完成，于 1949 年出版。

弗莱的《批评的解剖》是西方 20 世纪原型批评的代表作，吸收了荣格的心理学、弗雷泽的人类学的成果，并融会了“新批评”“精神分析批评”，以及荣格“集体无意识”理论，系统地论述了原型批评的基本观点和方法。同时，这也是一部划时代的批评专著，既结束了 20 世纪 20 年代以来的“新批评”独霸文坛的局面，也结束了各种批评流派相互排斥的局面；既是对 20 世纪 50 年代以前的文学理论的系统总结，又是 50 年代以后文学批评新动向的明确宣言。

《批评的解剖》最有价值的地方在于——眼界宽宏，把研究视界指向整个西方的文学经验和批评实践，并力图从宏观上把握其演变轨迹。如在第一篇论文《历史批评：模式的理论》中，弗莱看到文学作品是一个复杂的系统，具有各种各样的“两极”，他认为各极之间自有所长亦有所短，而且相互渗透，多重组合。同时，他反对“新批评”等流派把某一文学模式奉若神明，或把某一模式贬得一文不值。如在第二篇论文中，弗莱力图多角度、多方位、多关系、多层面来考察文学现象，努力摆脱“新批评”只见树木不见森林的小家子气。他认为文学作品自身是多层面的，文学批评也应分层次，要层层深化，对文学作品作多方位的考察。

进入21世纪以来，教育界关于创新教育的呼声日益高涨，研究性学习作为一种新的教育理念已为人们接受。研究性学习更强调学生的主动探索、发现和体验，同时还要学会对大量信息进行收集、归纳、分析和判断。那么，我们就从探究阅读一本本文艺理论书籍开始吧!

③ 文化思潮与文学流派

当代西方思想文化的发展变化，自始至终伴随着现代工业文明的历史进程。科学技术的革命，不但促成了经济结构、政治体制的改革和完善，更带来了价值观念的更新，人们的生活方式和生活内容发生了极大的变化。

现代科技革命，不但给人类带来了物质生活上的进步，同时也造成了许许多多的问题。这些问题不仅给人类的自由和幸福带来负面的影响，而且还会危及人类的生存。“人的问题”在现代西方社会中的凸现，引起人们去思考科学技术革命的负面影响。人们开始从人身上寻找问题的答案，力图通过人性的剖析来找到问题的症结所在。

自18世纪西方第一次工业革命以来，科学理性成为主导人们日常生活的基本价值尺度。理性不但成为认识事物真假的标准，而且也成为社会和人的进步的希望所在。

但是科学理性精神对社会生活的影响是双重的：一方面，科学理性的批判和创造精神激发了人的创造性，鼓励人们冲破宗教迷信的束缚，去争取生存和创造的自由。

但另一方面，科学打破了宗教迷信，却又代之以自己的科学迷信，科学主义以及与之相关的技术理性，使人们在摆脱上帝的奴役之后又重新沦为科学技术的奴隶。

20 世纪，伴随着现代工业文明的历史进程，现代工业社会的各种危机和弊端逐渐显现出来，引起了人们对科学理性的反思和对人的生存及发展的关注，对科学理性的检讨与反思达到了一个新的高度。

人本主义思潮作为 20 世纪影响较大的文化思潮之一，它是以非理性主义的思想倾向为特征，带有十分强烈的反现代工业文明的思想立场。

他们强调个人的尊严和自由，力图回到作为生命个体的人本身。他们或者以非理性的“孤独个体”的心理体验作为哲学的出发点，或者倡导“权力意志”和“超人”的人生哲学，或者宣称人是绝对自由的。他们都建立了以人的个体生命为核心的生命本体论。他们力图用生命的存在来对抗工业文明的机械化存在，用主观化的自我来对抗商业社会的整齐划一。他们对现有社会采取了否定和怀疑的态度，并且将科学技术作为工业文明危机的根源。

如尼采提出了权力意志论、永恒轮回思想和超人学说，并依据这些理论对现存的西方资本主义文明展开了无情的文化批判，宣称要对一切价值进行重估。

法兰克福学派的社会批判理论将 20 世纪人类反思检讨理性的触角延伸到人的社会文化生活，揭露了现代西方社会的弊病，提出了哲学、社会学、伦理学和文化学所碰到的一系列新的问题。

霍克海默作为法兰克福学派的创始人，他的社会批判理论是对资本主义社会尤其是该社会的思想文化的批判。他的文化批判理论的基本思路主要表现在《启蒙辩证法》一书中。该书批判的核心是“文化工业”，对文化工业的批判体现了他们对资本主义社会的批判精神。他从三个方面对文化工业进行了批判。

第一，在资本主义社会中，文化与资本结合起来，并服从于资本的商业利益，文化工业使文化产品得以大量生产和迅速传播，把文化变成了一个具有商业性质的消费领域，使文化产品成为人人都能享用的消费品，这样，同其他产业一样，文化工业也必须以商业利益为最高目的，把文化当作一个赚钱的机构。

第二，在发达的工业社会中，文化与技术结合起来，并服从于技术的统治。现代大众文化是一种技术化的文化，电影、广播、杂志、音乐等依赖于新科学技术的发明。本来技术应该为文化艺术服务，使之更好地表达自己，但在资本主义社会中，文化艺术反而为技术所统治，其发展和繁荣为技术所支配，这样，文化工业所做的就是证实“技术理性对真理的胜利”。

第三，文化工业打破了休息和工作的界线，利用闲暇时间为生产服务，使娱乐从精神享受变为工作的延长。霍克海默对当代的西方社会的这些揭露和批判是十分深刻的，它对于人们从文化与社会发展的视角全面地把握西方社会科技文化发展的实质具有重要的借鉴作用。

20 世纪后期兴起的后现代主义思潮，更表现了当代西方思想家对于现代工业文明的一种反思。后现代主义思潮面对现代科学技术的发展及其社会文化的转型，试图探索出一条更加开放的社会发展之路。它要彻底否定启蒙运动以来的独断论，即关于科学技术至上和历史不断进步的主张，宣告一个多元共生的时代的来临。

人们从文化哲学层面反思科学理性，就是对科学发现与创造的人文价值进行重新思考。20世纪科学技术对人类生存与发展的否定因素，使人感到理性的非至上性，人们越来越感受到，人类的文明活动不可以被完全视为一种纯理性的知识化现象，科学理性不应向反人类的方向发展，而必须要建立一种富有人文主义精神的、有利于人的全面发展的新的理性意识。

文学流派是指文学发展过程中，一定历史时期内出现的一批作家，由于审美观点一致和创作风格类似，自觉或不自觉地形成的文学派别，通常是有一定数量和代表人物的作家群。这样的流派，在中国文学史上大量存在，如唐代诗坛山水田园诗派和边塞诗派，宋代词坛婉约派和豪放派，明代文坛唐宋派、公安派等。

我们就以山水田园诗派作为观察中国文学流派的一扇窗口来作一番管窥蠡测。

盛唐时期，随着唐诗繁荣局面的到来，诗歌题材大为拓展。王维与孟浩然等诗人继承了陶渊明、谢灵运、谢朓山水田园诗的传统，形成了一个与边塞诗派交相辉映的山水田园诗派。

山水田园题材在中国源远流长。早在《诗经》《楚辞》中就有一些描写这方面内容的诗句。东晋陶渊明是中国第一位田园诗人，之后南朝许多士大夫以隐逸为清高，描写山水成为当时的习尚，谢灵运与谢朓成为了山水诗的开创者。而直到王维、孟浩然才真正将田园和山水这两者结合起来，开宗立派。

这一诗派的重要诗人有孟浩然、王维、储光羲、常建等，以擅长描绘山水田园风光而著称，在艺术风格上也比较接近，诗人们以山水田园为审美对象，把细腻的笔触投向静谧的山林，悠闲的田野，创造出一种田园牧歌式的生活，借以表达对现实的不满和对宁静生活的向往。

盛唐山水田园诗派的主要成就有三个：一是将山水与田园两者结合得更紧密了，亦即把隐居田园的情趣和欣赏山水的优美加以融合，丰富了意境。二是保留了陶渊明的纯朴而更趋优美，更趋清新，使诗意与画境相结合，名篇迭出。三是山水田园诗具有更深厚的思想内涵，诗人大都在诗中寄托了自己高尚的情操和难言的身世之感。

山水田园诗在盛唐兴起有其社会基础。盛唐社会的富庶繁荣，使很多士大夫文人有足够的闲暇优游林下，寄情山水，王维的一些作品就是由此得来的。文人纷纷“仗剑去国，辞亲远游”，饱览名山胜迹，广交友朋，希图获得社会声誉，孟浩然的一些作品就是这样的产物。而佛教的兴盛和禅宗的兴起，又为隐逸山林的文人提供了借山水悟道明志的思维方法和表现手段。这也是唐代山水田园诗高于前代的深层次原因。

其中，王维的诗基调自然优美，清雅冲淡，“诗中有画，画中有诗”。他的山水田园诗不但善于着色取势，而且善于结构画面，使其层次丰富，动静相兼，声色俱佳，更多一层动感和音乐美，如《山居秋暝》：

“空山新雨后，天气晚来秋。明月松间照，清泉石上流。竹喧归浣女，莲动下渔舟。随意春芳歇，王孙自可留。”

有远景近景，俯视仰视，冷色暖色，静态动态，人声水声，把绘画美、音乐美与诗歌美充分地结合起来。而且既有山水景物，又不乏田园气息，堪称优秀的山水田园诗。

王维有很多诗清冷幽邃，充满禅意，山水意境已超出一般平淡自然的美学含义而进入一种宗教的境界，“不用禅语，时得禅理”，有如羚羊挂角，无迹可求。

如：“行到水穷处，坐看云起时。偶然值林叟，谈笑无还期。”（《终南别业》）

又如：“空山不见人，但闻人语响。返景入深林，复照青苔上。”（《鹿

柴》）

再如："人闲桂花落，夜静春山空。月出惊山鸟，时鸣深涧中。"（《鸟鸣涧》）

总之，诗情、画意、音乐美、禅趣的高度结合，诗人形象、山水景物的交融契合，构成了王维山水诗的总体特征。王维的诗歌对后代产生了深远影响。中国诗论中"兴趣""神韵""境界"等说，都可从王维诗中得到体现。

而另一位代表诗人孟浩然的山水田园诗，其基本风格历来公认不离"清""淡""幽""雅"。他的诗歌清淡之中更多素雅古朴的特色，更具有白描特色。

如："野旷天低树，江清月近人。"（《宿建德江》）

"春眠不觉晓，处处闻啼鸟。夜来风雨声，花落知多少。"（《春晓》）

正像《诗筏》所评："诗中有画，不独摩诘也。浩然情景悠然，尤能写生。"后一首更成为千古传唱的绝代佳作。

又如："故人具鸡黍，邀我至田家。绿树村边合，青山郭外斜。开轩面场圃，把酒话桑麻。待到重阳日，还来就菊花。"（《过故人庄》）

诗皆清新质朴，明白如话，具有浓厚的乡土气息，"绿树"一联，是典型的诗中有画之例，全诗写由邀我而至，到不邀自至，表现了诗人对田园生活的由衷热爱，结构也非常巧妙。

孟浩然的山水田园诗大多运用五言格律的形式写作，在他 200 多首诗中，七言总共不到 20 首。在当时即有五言诗"天下称其尽美矣"的盛誉。

继王、孟之后，李白又为山水诗开拓了新境界。李白山水诗的显著特征是自然山水景物的个性化。山水诗本来就是诗人审美理想的对象化，是诗人心灵的外化，山水诗必然要表现诗人自我。而在李白，自然山水不只是他寄托精神，消融苦闷的处所，更重要的还是他追求个人自由解放的天地。强烈的主体意识，使诗人“自我”不是消融隐没在自然山水画中，而是使自然积极地表现着诗人自我——“众鸟高飞尽，孤云独去闲。相看两不厌，只有敬亭山。”

可以说，山水田园诗早已融入了中国诗人的文化基因，它根植于中国特定的历史文化土壤，与儒道两大思想都有密不可分的关系，无论或仕或隐，中国的文人士大夫注定都会凝眸于那一片山林。而盛唐山水田园诗派正是这种文人精神的一次集中外显，它也将影响其后的无数代中国诗人并成为我们能从中不断汲取精神养分的宝藏。

2. 文化视角

① 哲学视角概要

卡夫卡的《变形记》中，主人公格里高尔一觉醒来，变成了一只甲壳虫！他的家人一反之前对他尊敬、喜爱的态度，逐渐显现出冷漠，甚至憎恶的面孔。父亲恶狠狠地用苹果砸他，母亲惧怕他，妹妹厌弃他。最后，格里高尔孤独痛苦地在饥饿中默默地死去。

人怎么可能变成一只甲壳虫呢？读者一定觉得非常荒谬，其实，这是一部现代派文学的作品，它不像现实主义作品那样直接描写社会和人生，而是用荒诞、夸张、抽象的形式来影射社会和人生中的消极与非理性，表达人们在这种紧张的社会关系中内心的孤独与恐惧。

从哲学视角而言，卡夫卡的《变形记》是存在主义哲学流派的代表作。第一次世界大战后，人们发现科技的进步直接提升的竟是战争的杀伤力，经济的发达导致社会矛盾日益尖锐，亲情淡漠，精神颓废；工业文明的飞速发展，使得人们越来越感到自己力量的渺小，日益感受到存在的虚无与荒谬。时代抽离了人的归属感，巨大的生活压力、竞争压力让人们感觉自己变成了一个支离破碎的存在物，在来自现实世界，更确切地说是现实社会中“他人”的倾轧下，人们的异化感与日俱增。于是，存在主义提出了这样的哲学主张，“人被抛入了这个荒谬的世界”，我们的存在既不是我们自己造成的，也不是我们的选择，存在是强加给我们的，个人存在的自由性与差异性注定这世上没有永远的朋友，萨特更是发出了悲观的呼号——“他人即地狱”，而这句话也成为存在主义哲学最具代表性的命题。

从这个例子中或许就能感受到，哲学并不是一门如何如何高深的学科，它其实就是起源于人们对世界与人生问题的困惑。诸如“我思故我在”“人是万物的尺度”等哲学观点，并不仅仅是一套主张、一组命题或者一个结论，它更是一种方法，帮助我们通过理性的思考，去探寻宇宙的性质、万物的演化，去认识自己，去处理和驾驭“我”同外部世界、同他人、同自己内心的关系。由此，我们可以站在哲学视角，去进行文学创作，比如《变形记》；也可以站在哲学视角去更深入地解读一些文学作品，比如我们高中教材中的一篇课文，房龙的《〈宽容〉序言》。

这是一篇寓言故事，充满着象征意义。在上课时，老师一定带领大家讨论了文章中出现的这些典型事物与关键形象分别象征了什么，还记得吗？比如“无知山谷”，象征被保守的思想观念、封闭的制度秩序、僵死的文化传统统治的地方；“守旧老人”，象征旧的社会势力，处处阻碍着新事物的发展；“漫游者”，象征敢于反叛旧世界、开辟新天地的敢为天下先的人。

但是，如果读者接触到过一些哲学思想，或许你就会对这部作品产生另一种解读思路。叔本华说，人生是一个痛不欲生的梦，这是由意志的本性决定的。叔本华把“意志”认定为世界的本质，独立于时间、空间而存在，所有理性、知识都从属于它。但是，意志又屈从于器官、欲望和冲动的压抑与扭曲！意志因为欲望的驱使，总是不断地向前挣扎，但没有目标能使这种挣扎停止，只是偶尔达到一个目标而获得短暂的满足，然后很快就继续向另一个目标挣扎，以致无穷。这样，整个人生因为“欲求”而处于痛苦和无聊之间，或为欲求的不满足而痛苦，或在欲求短暂满足后处于空虚无聊之中，人生就是在痛苦和无聊之间像钟摆一样地来回摇摆。所以，欲望和折磨是人的所有本质，就像不能消解的口渴，痛苦和无聊也成为人生的两个基本内容。

后现代主义的理论先驱，德国哲学家尼采，在叔本华的哲学思想基础上，提出了“超人哲学”。在其代表作《查拉图斯特拉如是说》中，尼采描述了超人最突出的两个特征：第一，是最勇敢的破坏者，把反对宗教神学，重新检讨人类理性的运动推向高潮。第二，是最伟大的创造者，每一个伟大的破坏之后，总有一个伟大的创造，在面对现实的痛苦时，怨恨、颓丧以及沉默都不是超人应有的态度，超人总是在一切似乎走向终了的时候，寻觅到一种希望，在维护生命本能的意愿中，在创造世界的工作中，他才得以解脱，并在创造中感到胜利的愉悦，因此，“超人”就是人的自我超越。

在这样一些哲学观点的支持下，我们可以对房龙的《〈宽容〉序言》做出这样的解读：无知山谷，代表着为欲望所驱遣的充斥着繁荣假象的表象世界；守旧老人代表教会、理性、资本等所谓的“信仰”；村民们受“意志”的本性支配，始终处于痛苦与无聊间的生存状态；而漫游者就是“超人”，是拥有“强力意志”的最勇敢的破坏者加最伟大的创造者，他具有否定传统的批判精神、蔑视权威的自立精神、不甘颓废的自强精神与不断超越的进取精神，而这也是人对于内心更深刻的理解！因此，站在哲学视角看这则寓言故事，《〈宽容〉序言》还启示我们：人的追求不能等待，不能依赖任何外力，必须独立自主地行动起来，自己拯救自己。“纵使人生是一场悲剧，我们也要快乐地将它演完。”

这就是哲学视角的解读，它基于作品的主题思想、基于创作的时代背景，但又超越了这些具体的因素，直指人的本性、世界的本然，甚至可以挖掘出作者潜意识中的表达意图，使文学真正回归到“人学”的本真中。

② 历史学视角概要

我们都学过历史，从小学就开始学历史，却从未考虑过这个问题——什么是历史呢？我们一个国家有国家的历史，甚至以前一个村有村的历史，一个家有家谱，各人有各人的历史，但是，历史不是那么简单的。

两千多年前，司马迁在遭受了莫大的屈辱之后，忍辱负重，呕心沥血完成了《史记》。

司马迁为什么要写《史记》？他说自己著史是为了“述往事，思来者”。

谁述？谁思？述谁？思谁？为谁述？为谁思？……

这些问题，有没有从你的脑子里蹦出来过？

过去发生的事情，不能自然地成为历史。还需要有人去记录它，才成为历史。

英国历史学家汤因比说：“历史是胜利者的宣传。”

荷兰历史学家盖尔则认为：“历史是一场永无休止的辩论。”

那么，到底什么是历史？

从词源考证的角度，“历史”一词来自希腊文 historia，原意为探寻、调查、打听，引申为打听来的情况，以及对这种情况的如实叙述。在西语中，它主要是“历史学”“历史叙述”的含义。

而在古代汉语中，“历史”的含义最早只用“史”一个字来代表。甲骨文中“史”字与“事”相似，指事件。许慎《说文解字》：“史，记事者也；从又持中，中，正也。”“史”的本意即记事者，也就是“史官”。由此引申，则代表被史官记录的事，换句话说，即所有被文字记录的过去事情。“历史”一词出现较晚，《三国志·吴书·吴主传》注引《吴书》，吴主孙权“博览书传历史”。“史”前加“历”字是指经历，也就是人类经历的一段时间。

所以，历史指的是：人类全部的物质和精神的活动。历史学是一门研究和阐述人类社会发展的具体过程及规律的科学。

历史学起源于神话与史诗，创立于公元前5世纪的古希腊时代。

到了中世纪，基督教的历史观认为，从上帝创世到末日审判，是一个不断发展的过程，其终点是人类永恒的“千年王国”。

文艺复兴和启蒙运动以来，西方人摆脱了这种神意的绝对统治，而试图把人类历史看作一种客观的科学研究的对象。理性主义史学家从共同人性出发，努力探求社会历史发展的规律，坚信历史的前进性和光辉的未来。

20世纪80年代，新历史主义诞生了。与传统历史主义不同的是，新历史主义并不认为历史是渐进的，它强调文本与语境的相互作用和影响，认为文学创作本身既为文化产物，同时也参与对文化的塑造。新历史主义将文学作品纳入更广阔的历史文化背景中进行阐释。

我们都知道，《红楼梦》全面地反映了曹雪芹所处时代的历史面貌，可是在作者笔下，这个故事却是“朝代年纪，地舆邦国失落无考”的，这就使得《红楼梦》中所反映的历史呈现“小说化”和“戏剧化”的色彩。曹雪芹这种对文本的处理恰恰体现新历史主义理论中的“历史的文本性”，这形象地表明，历史只不过是人们有意识或无意识地通过各种主观手段，对过去发生的事件进行话语阐释和观念塑造的结果。

另一方面，《红楼梦》又并非只是被动地成为客体，文本中对封建正统理学思想的尖锐抨击有巨大的颠覆力量，所以说曹雪芹的文学创作同样也参与到了文化塑造当中，对历史文化的建构产生了能动的作用。

历史学家的伟大，不只是在于能呈现给我们一些历史事实，更在于能弄清楚这些事实背后的规律是什么，它们怎样起作用；历史学家的智慧不只是构建一个过去的客观世界，明白无误地告诉我们“过去发生了什么”“我的祖先做了什么”，而是带领我们以当下的眼光看待过去、根据当前的问题看待过去，不断地去思考、判断、评价、探究，从而拓宽认知格局，提升洞察力与预见性。

中国史学同样如此。最早的史官是由史前社会的“巫祝”演变而来的，从孔子作《春秋》，乱臣贼子惧，到我国古代最早一部叙事详尽的编年史——《左传》，以至司马迁的“究天人之际，通古今之变，成一家之言”，司马光《资治通鉴》“鉴于往事，有资于治道”……同样演绎着史学的智慧，唤醒人们心灵深处最美好的憧憬，激发内心深处最强烈的斗志！

柯林武德在其《历史的观念》中说：“历史学是‘为了’人类的自我认识。……因而历史学的价值就在于，它告诉我们人已经做过什么，因此就告诉我们人是什么。”

所以“述往事，思来者”这种“事后诸葛亮”式的反思是绝对有必要的，因为这是未来历史进展的前提，而人是生活在整个历史中的，包括过去，现在，未来。没有对历史的反思的民族是一个没有未来的民族。不要怀疑或轻视历史带给我们的启示，历史是我们的一切，这就是历史学。

③ 人类学视角概要

一提“人类学”，人们眼前便浮现出某种古怪人物的形象——用放大镜费力端详一块化石（通常是猿人头盖骨或牙齿化石）的老学究，在神话堆里漫游的哲人，身着探险家制服（有点像军服）“东一榔头西一棒子”的考古学家，坐在摇椅上玄想关于人的宗教本性的哲人，穿越于丛林、山地、雪山、草原、农田之间，亲近于自然的过客，总是不着边际地过问最平凡不过的生活的"好事者"……

人类学的确与这种种形象所代表的求知方式有关。

哈登在其《人类学史》的"导论"中说：

首先，"人类学"是一堆杂乱的事实或猜想，是历史学家、冒险家、传教士的遗物，它乃是各种认真程度不同的业余学问家所喜欢涉猎的地方。其次，我们看到从混乱中产生了秩序，在此基础上建立了许多建筑物，但却有着不稳定性和不完美性。最后，它们为一座具有坚固结构的连贯整体所取代。

那么，到底什么是人类学?

从词源考证的角度，"人类学"，就是"anthropology"，是由希腊文的"人"字（anthropos）与"学"（logos）字结合而成。"人"的所指，就是包括我在内的"我们自己"这些有别于动物的动物；而"logos"（逻各斯）表示的是"science"（科学）。

所以，"人类学是人的科学。"这是人类学家克鲁伯（A. L. Kroeber）在他的专业教科书《人类学》第一章第一节写下的第一句话。

人类学不是一套主张、一组命题或者一个结论，它是一种方法，帮助我们通过自我认识来理解他者。如果我们整个人类不具备文化和生物多样性，那也就不会有人类学了。

正如大师泰勒（Edward B. Tylor，1832—1917）1881年在《人类学》一书中所说：人类科学的各部门是极为多样的。

人类学的历史，正式肇始于19世纪中叶，诞生于欧洲古典式民族国家。这些国家的人类学家较早开始借用"异文化"来反省"本文化"，而这一意义上的"异文化"，便是欧洲以外的人们，特别是"未开化""未有国家"的"部落"，是远离欧洲"全权国家"的"另类"。

19世纪后期的人类学家多数主张人类学应以实证的方法探究人的精神

史，这个主张源于德国民族学家巴斯蒂安（Adolf Bastian， 1826—1905）的论著。

巴斯蒂安认为，人类心性是一致的，其民族之间的相互差异是后天的文化使然，而文化则又是在特定物质环境下产生的。他提出了“基本概念”（elementargedanken）与“民族观念”（v lkerdedanken）两个名词，所谓“基本概念”，是指生活于不同地区的人类在其哲学、语言、宗教、法律、艺术中包裹着的人类共通的若干观念。这种观念采取特殊形式，与环境形成关系，往往又表现为“民族观念”。

到了20世纪初期，人类学分化为英法派与德美派，一方主张注重研究社会内部的分化及解决办法，另一方注重研究文化之间的差异与关系。20世纪前期的数十年里，欧洲“国家意识”得到进一步增强，人类学进一步与殖民地研究结合，致力于研究作为殖民主义“治理对象”的非西方。

英国人类学家弗雷泽爵士（Sir James Frazer，1854—1941）将探险家、传教士、民族学家在世界各地搜罗来的资料，都纳入对所谓“原始宗教”的研究里；马林诺夫斯基的“文化科学”将人类学重新定义为一个深入的参与观察过程；莫斯分析了原始民族、古代社会、现代社会的“人”的概念；拉德克利夫-布朗在人类学中推崇社会学；波亚士认为，人没有天生的本质，其本质是可变的，是在传统中习得的……

那么，如何从人类学的视角解读一部文学作品呢？

我们可以将作品看作是人类整体经验的一部分，注重对作品中原始主义倾向和神话原型的分析。例如《祝福》中，支配祥林嫂及鲁镇的人们精神生活的是封建迷信，这种迷信思想实际上就是一种原始信仰的灵魂观；而被鲁迅视作“无主名无意识的杀人团”的妇女贞节思想，也是自宋朝以来就深入民心的根深蒂固的大众化观念，这些已成为当时中国社会的一种集体无意识。祥林嫂确实受到现实的种种压迫，但对她摧残最大的其实还是她对原始信仰的灵魂观和妇女贞节观而引起的对地狱的恐惧。这一恐惧，在迷信氛围、鬼神意识显示得最充分最集中的年底发展到极致，最终使她倒毙街头。也正是因为如此，才导致了祥林嫂的悲剧。

那么现在，当别人提到“人类学”的时候，你的眼前还会浮现出古怪人物的形象吗？像人类学家一样思考，学习认识、理解、接纳异文化的基本方式，发现本文化中富有时代意义的文化内涵，这就是人类学。

3. 文化审美

① 不同文类作品的赏析

i. 小说类名著赏析

好故事等于好小说吗？不尽然。

什么才是好小说？

《红楼梦》，经典长篇，又名《石头记》，前八十回由曹雪芹所著，后四十回无名氏续；程伟元、高鹗整理。小说共写了 975 个人物，其中有名有姓的就有 732 人。多条线索交织，如锦缎经纬，密密切切。

好的小说，呈现结构复杂广阔之美，故事则多平铺直叙。

几乎每位读者都能从中读出自己的理解。有的读出了四大家族的兴衰，有的读出了宝黛的爱情悲欢，有的读出了民俗文化……而且常读常新。

好小说具有主题丰富之美。故事未必。

宝黛两人情投意合。偏遇重重阻挠，黛玉“心比比干多一窍”，又敏感特别。故引发了两人无数曲折缠绵的爱情故事。

作者写宝玉背后说黛玉，凸显宝玉的情深意切；写黛玉暗中听得，觉“喜惊悲叹”、百感交集，不得解脱，读来实在真切动人。

好小说常有描写细致之美，尤在刻画人物心理方面。

懂得了什么是好小说，我们才能放出眼光，自己去挑选好的来品读。被誉为“日本的《红楼梦》”——《源氏物语》，全书共五十四回，近百万字。故事涉及四代天皇，历70余年，所涉人物四百多位。主要记叙了源氏一生与多位女子的情感故事。《源氏物语》把“美”推到了极致，登峰造极，淋漓尽致，别具一格。

我们常说“美得要死”，那只是修辞，而对日本人，美是的的确确同消亡、同寂灭、同悲哀联系在一起。哀是一切，哀是主题。所谓“物哀”。此精神一直影响到现代，如川端康成，如村上春树……无奈、孤独、寂寥和凄凉……美学传统一脉相承。

1957年的一天，春雨淅沥，圣米歇尔大道上，马尔克斯初次见到海明威——那时的他未及而立，而海明威年近六十，《老人与海》已获诺贝尔文学奖。马尔克斯隔街对海明威喊了一声“大师！”，海明威回以“再见，朋友！”

是年，在一个没有暖气的房间，马尔克斯边冻得瑟瑟发抖，边创作《没有人给他写信的上校》，修改一遍、两遍、三遍……直至九遍。25年后，马尔克斯成为毫无争议的诺贝尔文学奖得主，他自认为《没有人给他写信的上校》“是我最好的作品”。好像一位硬汉向另一位的致敬。

孤独的老渔夫桑地亚哥与鲨鱼搏斗三天三夜，最后拖回家的只是一副十八英尺长的鱼的骨架。“鱼骨被扔在垃圾堆里。茅棚里，喝过咖啡的老头儿又睡着了，他正梦见狮子。”被捕杀的大马林鱼的生命是老人的牺牲品，大鱼和老人又一起成为鲨鱼的牺牲品，而鲨鱼最终会成为大自然的牺牲品。老人捍卫了人的灵魂和尊严，不屈的精神力量超越了物质的结局，充分展现了与命运搏斗的悲壮与崇高的美感。

无独有偶，《没有人给他写信的上校》中，不仅世道混乱，老上校已七十古稀，而且贫病交加，但他还是保持了正直、倔强，对共和国一片赤诚，对法律怀有坚定的信念："亲自写申诉信……腰板挺得笔直，以利于呼吸……写了满满一张纸……后来，他又写了半页，并且签上了自己的名字。"生命的韧性和自我救赎充满悲剧美的张力。

荒诞的现实中，重重压迫下的普通人又会何去何从呢？清代蒲松龄的《促织》与近代卡夫卡的《变形记》揭露并回应了这个问题。

《促织》中，迫于进贡促织的压力，成名的孩子投井自杀，死后魂化促织进宫，取乐统治者。《变形记》中，推销员格里高尔一早醒来，发现自己变成了甲虫，他挣扎着想去工作无果，最终在家人的虐打和孤独寂寞中死去。

无论是以神怪抒写，还是用象征手法表现，也无论结局悲喜，都真实反映了现实生活，环境变态，人性变异的恐怖和悲哀，逼人反省。

好小说，无论篇幅长短，无论手法传统还是现代，都应该具备深入人心，拷问人性的力量，虚构出真实的美感！

ii. 戏剧类名著赏析

作为文学作品四大样式之一的戏剧，在文学发展历史上，中西戏剧都具有悠久的历史。无论是西方还是中国，戏剧都是起源于民间，是和原始人祭祀神灵、欢庆节日的仪式密切联系在一起的。

那么中西戏剧的起源和发展又有什么不同呢？

西方戏剧是从古希腊戏剧开始的，古希腊的戏剧是由民间的宗教仪式演变而来，具体地说就是起源于人们祭祀酒神狄奥尼索斯的边唱边演。它虽然是以歌舞的形式出现，但已不是一般的歌和舞，而是具有浓厚的宗教意识，是和有关酒神的简单的故事联系在一起的，是西方戏剧的源体。

同西方戏剧的起源相比，中国戏剧的起源是一个比较复杂的问题，它的源头可以追溯至原始时代的歌舞。王国维在《宋元戏曲考》中指出，"中国戏剧最早溯源于巫，战国时和俳优合流，到汉的角抵，又增加了故事情节，至南北朝时，出现《代面》《踏摇娘》等，才合歌舞以演一事，随成为后世戏曲之起源。”

中西戏剧的发展之路也极不相同：回顾希腊戏剧产生形成的历史，它产生于公元前 6 世纪，形成于公元前 5 世纪，而且很快就达到繁盛期。古希腊三大悲剧诗人都出现在这个时期。埃斯库罗斯的《被缚的普罗米修斯》《俄瑞斯忒斯》，索福克勒斯的《俄狄浦斯王》《安提戈涅》，欧里庇得斯的《美狄亚》等著名作品，都是在这个时期创作的。形成时间短、发展快、成就高！

我国歌舞起源很早，故事表演却是从西汉的角抵戏《东海黄公》开始，而歌舞和故事表演的结合则始见于南北朝时北方的《踏摇娘》节目。直到元杂剧是这一独立的综合性艺术的出现，才标志着中国戏剧已经完全成熟，角色有了旦末净丑、表演有了唱科白，更有了结构完整的剧本。元杂剧的四大家关汉卿、白朴、马致远、郑光祖的作品是元剧繁荣时期的代表作，它们是中国戏剧成熟的标志。

所以古希腊戏剧早出、早熟；中国戏剧晚出、晚熟。

那么除此之外，中西戏剧的特点上又有何异同呢？

第一个相同的特点是——戏剧冲突。戏剧冲突在戏剧作品中有非常重要的地位和作用，如伏尔泰认为：每一场戏必须表现一次争斗；黑格尔把“各种目的和性格的冲突”看作戏剧的“中心问题”；法国戏剧理论家布伦退尔在《戏剧的规律》中，则明确把冲突作为戏剧艺术的本质特征；此后很多理论家同意布伦退尔的观点，遂形成了解释“戏剧的本质”这一命题的一种观念——冲突说。在中国戏剧理论和批评中长时间流行一种说法：没有冲突就没有戏剧。

第二个相同的特点是——古剧有歌、舞、故事表演的相同元素。

但中西方戏剧的不同之处更为显著！

公元前4世纪的亚里士多德将古希腊戏剧的特点归纳于三一律，一直到17世纪仍是作为戏剧的创作原则，它要求戏剧创作在时间、地点和情节三者之间保持一致性，即要求一出戏所叙述的故事发生在一天（一昼夜）之内，地点在一个场景，情节服从于一个主题。这种原则对中国近代的戏剧创作影响很大。

另外西方的戏剧根植于欧洲文化，与当时奴隶主民主政治下较自由的社会气氛有密切关系，反映那个时代人们对社会、对历史、对人的认识，加上统治者对戏剧的重视，使西方戏剧很快繁荣成熟，有演员、有剧本、有剧场。而中国长期处于封建君主专制统治下，长期以来戏剧被视为“末伎”，进不了大雅之堂。作为民间艺术，长期与多种艺术因素的结合，包括歌唱、舞蹈、对白、武术等，演员在舞台上表演，是这些艺术因素的综合体现，而这些艺术因素的结合，必须在各方面都有一定艺术积累的基础上才能实现。

戏剧文学的分类法是多种多样的，就内容性质分类，可分为悲剧、喜剧和正剧；就表现手段分类，可分为话剧、歌剧、舞剧、歌舞剧、哑剧；就结构形式分类，可分为独幕剧、多幕剧；就演出场合分类，可分为舞台剧、街头剧、广播剧、电视剧；按作品反映的时代分类，可分为现代剧、历史剧，等等。

在我们高中课本中接触到的中国戏剧是元杂剧的代表作《窦娥冤》，是元代百姓对吏制黑暗的控诉，最后窦娥沉冤昭雪也反映了广大人民的美好愿望；而莎士比亚的四大悲剧之一《哈姆雷特》则不是纠结于是否报仇成功，王子对于痛苦命运的控诉反映的则是西方戏剧对于人的深刻认识。同样受西方戏剧理念影响的曹禺的《雷雨》所反映的人的不可控的命运的悲剧本质显然不属于本土戏剧。

中西戏剧是两种不同形态、不同特质的戏剧，它们赖以生长的社会土壤不一样，历史上的统治者对戏剧持着不同的态度，它们的艺术化过程不完全相同。追根溯源，了解戏剧的特点，我们才能更好地去赏析戏剧类名著。

iii. 散文类名著赏析

每一篇散文，都是一个灵魂的呓语。每一次阅读他者的世界，亦照见自己的心灵。中国动画电影《大鱼海棠》，引发了比天气更热烈的关注。片中男主叫鲲，女主名椿。故事灵感来源于《逍遥游》："北冥有鱼，其名为鲲""上古有大椿者"。

《逍遥游》是"天下第一奇书"《庄子》的代表作。

不仅形象万端：鲲鹏千里"扶摇而上……九万里"，小雀蓬间"决起而飞，抢榆枋而止"；朝菌短命"不知晦朔"，古椿长寿，春秋"八千岁"。

而且变幻无穷，纵横开阖：鱼可化鸟，飞冲九天；神人"肌肤若冰雪，绰约如处子"栩栩动人。读来，仿佛聆听庄子追求无己、无功、无名境界的心灵自由之歌。

诸子散文百花齐放，百家争鸣。《庄子》仅仅是其中美妙的一朵。诸子散文哲思理趣，芳泽千古，中西皆然。如诺贝尔文学奖得主，德国的赫尔曼·黑塞等。

黑塞的大多数哲理散文的主题都紧紧围绕人对生活的两极性的认识，并对这一思想诗化表达。

《获得教养的途径》中，哲思的诗意之美俯首皆是："每一个人还将在其中寻觅并且体验到他自己。这个从童话和印第安人故事出发，继续摸索着走向莎士比亚和但丁；那个从课本里第一篇描写星空的短文开始，走向开普勒或者爱因斯坦……""在数千年来不计其数的语言和书籍交织成的斑斓锦缎中，在一些个突然彻悟的瞬间，真正的读者会看见一个极其崇高的超现实的幻象，看见那由千百种矛盾的表情神奇地统一起来的人类的容颜”。

记叙类散文如恒河沙数，不计其数。但能将人物传记与游记融合成完美抒情文的寥若晨星，茨威格的散文星光闪烁。

他笔涉许多人物，还原历史，又归结现实，既轻曼又沉重，既柔若无骨又筋脉相连，既思索凝聚又下笔潺潺，乐山乐水，人文浓郁，具写意之美。“在人类的群星闪耀时，其中亦有茨威格的光彩！”

在《世间最美的坟墓——记 1928 年的一次俄国旅行》中，茨威格写道：“它只是树林中的一个小小长方形土丘，上面开满鲜花——没有十字架，没有墓碑，没有墓志铭，连托尔斯泰这个名字也没有。”

“风儿在俯临这座无名者之墓的树木之间飒飒响着，和暖的阳光在坟头嬉戏；冬天，白雪温柔地覆盖这片幽暗的土地。无论你在夏天还是冬天经过这儿，你都想象不到，这个小小的、隆起的长方形包容着当代最伟大的人物当中的一个。”

从赞美“逼人的朴素”的文字中，我们仿佛看到了到茨威格那敏温柔、敏感，纯洁的灵魂，飘扬，飘扬……

茨威格于 1942 年 2 月 23 日，二战结束前自杀。唯留尺幅文字，照写心灵。

记叙、抒情类散文，如红酒佳酿，读来唇齿留芳；说明类散文，则另有一番格物致知的美感，物理中蕴含生命的领悟。

洋洋洒洒十卷《昆虫记》，记录昆虫的本能、习性、劳动、婚恋、繁衍和死亡中无不渗透着人文关怀；以虫性反观社会人生，睿智的哲思跃然纸上。科普知识同时赞美万物生命。

螳螂：“螳螂是一种美丽的昆虫，它像一位身材修长的少女。在烈日的草丛中它仪态端庄，严肃半立，前爪像人的手臂一样伸向天空，活脱脱一副很诚心诚意的祷告姿势。”流露对生命的敬畏。

蝉：“它要工作好几个星期，甚至一个月，才做成一道坚固的墙壁，适宜于它上下爬行。在隧道的顶端，它留着手指厚的一层土，用以保护并抵御外面空气的变化，直到最后的一刹那。”记录下破土前蝉的艰辛和智慧。

狼蛛：“最后，这个庞大的大家庭消失了。……原来背着一群孩子的荣耀的母蛛变成了孤老。……它更加精神焕发地到处觅食，……不久以后它就要做祖母，以后还要做曾祖母，因为一只狼蛛可以活上好几年呢。”一生细致地观察与记录中，洋溢着对生命坚韧的歌颂。

一花一世界，一草一天堂。主理也好，重情也罢，或记叙，或议论，或抒情，或说明，尺幅千里，都是心灵的真实写照。

iv. 诗歌类名著赏析

作为文学作品四大样式之一的诗歌，在文学发展历史上出现最早，在艺术起源时期，诗歌与音乐、舞蹈三者常常融为一体，只是到后来诗歌才逐渐发展成为一种独立的艺术形式。

诗歌是如何产生的？又是如何发展的？我们当代人又应该怎样去读诗？

其实追溯我国诗歌的源头《诗经》，你会发现诗歌的内容与我国古代人民的劳动、生活息息相关。《诗经》按内容分为风、雅、颂，“风”即各地民歌，“雅”即朝廷正乐，“颂”即祭祀歌曲。

但是，当你翻开《诗经》的第一首《关雎》起，却能真切地感受到诗歌绝不是真实生活的“复读机”，它有属于自己的独特的美。那么，我们该如何来欣赏诗歌的美呢？

第一，要巧抓诗歌的“意象”，意象即赋予了诗人主观情感的客观物象，王国维先生曾言“一切景语皆情语”，也就是说意象是一首诗歌中诗人情感的载体，透过它，你才能去窥见隐藏其后的诗人的情感，所以准确把握诗歌形象，对鉴赏诗歌很重要。

有的诗人情感直白，意象比较容易解读，如《蒹葭》这首先民的爱情歌谣，直接就写出了“伊人”求而不得的那种怅惘；有的诗人情感含蓄，如我国浪漫主义诗歌的源头《楚辞》，有大量的比喻、夸张描写，被誉为“香草美人”诗，读这样的诗歌就需要结合诗人所处的时代环境和自身处境，意象的象征意味就明了了。

但还是以《蒹葭》为例，在高中教材中，“伊人”有一种解读是政治理想抱负、贤君的象征。这又是怎么回事呢？原来到了汉武帝时期，他提出“罢黜百家，独尊儒术”的治国思想，于是“伊人”就成了政治理想抱负、贤君的象征了，显然这种解读更具教化功用。

第二，鉴赏诗歌还需入乎其内和出乎其外。入乎其内即细品诗歌本身或直白或含蓄所要表现的内容和情感，这是对诗歌的微观赏析；同时鉴赏诗歌需出乎其外，反观作品所处的时代，知人论世，理解诗歌的时代意义，这是对诗歌的宏观赏析。只有将微观与宏观相结合，才能较全面地把握一首诗歌的原有内涵和衍生含义，并在全面认识的基础上，做出属于自己的独特赏析。

第三，诗歌之美还在于韵律节奏之美。前面提到在艺术起源时期，诗歌与音乐、舞蹈三者常常融为一体，“诗的韵律的重复中有诗的起源，在音调变化中有音乐的起源，在动作的重复与歌唱的同时，有舞蹈的起源”。这种美你在《蒹葭》《采薇》的重章叠句中能感受到，更能在诗歌大发展的唐朝格律诗中感受到。

唐诗是我国诗歌发展的黄金时期，诗歌主要可分为律诗、绝句、古诗三大类。律诗、绝句、古诗又各分为五言、七言。如在格律上区分，可分为古体和近体两类。古体诗用字不讲平仄，句数多寡无定（但须偶数句），押韵可通可转，不受束缚自由地抒写。近体诗（包括绝句、律诗和排律）用字讲平仄，句数有一定，讲究用韵，讲求对仗，有一定的规律。格律的基础在字调的平仄；字调有“平、上、去、入”四声，“上、去、入”是仄声。

律诗：是四联八句，五言的称为五言律诗，简称“五律”；七言的称为七言律诗，简称“七律”。一、二句为“首联”“头联”或“起联”，三、四句为“颔联”或“前联”，五、六句为“颈联”或“后联”，七、八句为“尾联”“末联”或“结联”。二、四、六、八句的末字同韵。颔联、颈联必须对仗。

让我们以“诗圣”杜甫在高中教材中的一首《月夜》为例，来感受这种由格律的限制所形成的美。工整的对仗，整齐的押韵，如梦幻般的意境，唱出了离乱时期被迫分离的天下百姓渴望团圆的共同心声。

随着时间的流逝，唐诗早已成为历史长河中的过往云烟，现代诗歌在形式上与古典诗歌早已有了极大的不同，格律上近乎严格的桎梏也早已消失，但若你去细读诗歌，你会发现“意象”的把握和微观与宏观结合的赏析这两把赏析诗歌的“秘钥”依旧可以解开诗歌这谜一样的锁。

戴望舒的《雨巷》中，那位追求“丁香一样的姑娘”的“我”；舒婷的《双桅船》中，那艘既追求理想的“灯”，又向往爱情的“岸”的“我”，都带着鲜明的个人和时代的烙印。

古今诗歌变的是形式，不变的是诗歌的关照现实与诗人内心的本质，需微观与宏观结合的赏析。

v. 学术类名著赏析

学术类著作的意义在于，其对学科的发展或建设具有重大贡献和推动作用。一般来说，学术类专著都具有观点鲜明新颖、史料翔实严谨等特点。因此，我们在阅读这类作品时需要建立“目标意识”：归纳并记录作者的主要观点及基本倾向；可就阅读中某个感兴趣点展开进一步研究；最终形成个人的阅读见解。如此一来，读者在阅读学术类作品的同时，也增长了个人学术研究的品质。

文学类学术著作按照年代发展划分为： 古代文学及其史论、现代文学及其史论、外国文学、比较文学。

向大家介绍的第一本书是鲁迅著《中国小说史略》。该书内容来自鲁迅 1920 年至 1926 年间在北京几所大学讲授中国小说史的讲义。在撰写《史略》之前，鲁迅做了充分的文献资料准备，脉络清晰地描画出数千年来中国小说的发展线索。本书被胡适誉为“一部开山的创作，搜集甚勤，取材甚精，断制也甚谨严”（《白话文学史》自序），而郭沫若则把它与王国维的《宋元戏曲考》称为“中国文艺史研究上的双璧”（《鲁迅与王国维》）。

喜欢古代文学的读者还可参看其他的学术研究作品。

现代文学及其史论，首推《中国现代小说史》（夏志清著）。夏志清是西方汉学界研究中国现代文学的先行者和权威。英文代表作《中国现代小说史》在中国现代文学研究上具有开创性的意义。该书是中外第一部用英文撰写的《中国现代小说史》。众所周知，林语堂先生从 20 世纪 30 年代中后期就努力向西方介绍中国文化，但是林先生着重介绍的是衣、食、住、行，很少涉及文学。像夏先生这样系统、全面地向西方介绍中国现代小说乃至整个现代文学的，还是破天荒的第一次。作者以其融贯中西的学识，宽广深邃的批评视野，探讨中国新文学小说创作的发展路向，尤其致力于“优美作品之发现和评审”，发掘并论证了张爱玲、张天翼、钱锺书、沈从文等重要作家的文学史地位，使此书成为西方研究中国现代文学史的经典之窗，影响深远。

若要研究外国文学、比较文学我们来认识一下这本书：《十九世纪文学主流》（共六册）（丹麦勃兰兑斯著，张道真译）。

勃兰兑斯是思想家，文学评论家，犹太人，该书原为作者在哥本哈根大学演说的讲稿，集成书后共六册，分别为《流亡文学》《德国的浪漫派》《法国的反动》《英国的自然主义》《法国的浪漫派》《青年德意志》。关于《十九世纪文学主流》的主要内容，勃兰兑斯曾说过："本书目的是通过对欧洲文学中某些主要作家集团和运动的探讨，勾画出19世纪上半叶的心理轮廓。"尼采十分喜欢勃兰兑斯，那是因为勃氏是第一个向欧洲推荐尼采的人。

该书采用传记式的研究方法，对法、德、英等国的浪漫主义、民主主义运动和文学的动向及源泉进行论述，要求作家关心现实和社会问题，用现实主义手法进行创作，推动了丹麦及北欧现实主义文学的发展。这套书几乎已成为举世公认的权威教本。

语言学类学术著作按照内容可分为：文字学、诗律与音韵学、语法修辞与汉语史、辞书与辞书研究、语言学理论。这部分内容对于广大高中生来说比较陌生，我就主推一本唐兰著的《中国文字学》。

唐兰（1901—1979），浙江嘉兴人，著名的古文字学家。先后任教于北京大学、清华大学等，还曾任故宫博物院研究员、学术委员会主任、副院长。唐氏涉及学术领域广泛，在研究古文字学、文字学以及古代史、青铜器方面都有独到的见解，主张将文字学、历史学、考古学等多种学科有机地联系起来，建立一套较为完整和系统的古文字研究方法，如对照法、推勘法、偏旁分析法、历史考证法。《中国文字学》是一本攻研汉字学较好的入门书，也是一部具有一定独创性的文字学通论著作。该书用通俗的语言、严谨的体系，从语言学以及世界各区域文字的宏观视野，阐述中国文字学的范围及新领域，评述了中国文字学的发展过程。重点论述了汉字演化的原因与过程，对文字的变革、新文字的产生等也作了系统的阐释。

学术类作品还有重要的一类，即思想、文化类。我们将其分为：哲学与美学、文化学、社会科学等。

希腊艺术历来引起美学家们的极大兴趣。在尼采之前，德国启蒙运动的代表人物歌德、席勒、温克尔曼均以人与自然、感情与理性的和谐来说明希腊艺术繁荣的原因。

在尼采的《悲剧的诞生》中，他一反传统，认为希腊艺术的繁荣不是源于希腊人内心的和谐，而是源于他们内心的痛苦和冲突：因为过于看清人生的悲剧性质，所以产生日神和酒神两种艺术冲动，要用艺术来拯救人生。在亚里士多德那里已经提及了悲剧与酒神的概念，而在尼采这儿，已将这一概念深化：日神精神告诉人们，就算人生是一场梦，也要有滋有味地做下去；而酒神精神则告诉人们，即便人生是一幕悲剧，也要有声有色地演好这一幕悲剧，不要失去了悲剧的壮丽和快慰。这不仅体现了尼采的文艺观，也体现了他的对于人生，对于生命的思考。

② 对文化现象的评析

文化现象是文化发展中带有典型和标志作用的事情，是人们对现象的感受上升到理性概括的认识产物。比如古人很早就注意到了文风与国家兴衰之间的关系。魏明帝曹丕在《典论 · 论文》中写道：“盖文章，经国之大业，不朽之盛事。”

“文变染乎世情，兴废系乎时序。”古人采诗以观人风。文风，从一个侧面反映了国家的盛衰。一般来说，国运盛则文风昌，国运衰则文风颓。

历史上，一个新的王朝奠基之初，与蒸蒸日上的国势相对应的往往是质朴刚毅、健康清新的文风，譬如初唐之声，呈现出质朴务实的文风，与此相对应的，则是繁荣富强、威震四方的“大唐盛世”。

而到了一个王朝的后期，与穷奢极欲、腐化衰落的时代风气相对应的则往往是辞藻浮华、思想空乏的文风，譬如齐梁之音。

《诗大序》中说："治世之音安以乐，其政和；乱世之音怨以怒，其政乖；亡国之音哀以思，其民困。"这里的"治世""乱世""亡国"，以及与之相对应的"政和""政乖""民困"，说的都是国势，人们常说"国运民瘼"，指的就是国家的盛衰隆替、开基定鼎、兴旺发达，或政纲废弛、瓜剖豆分、舆图换稿等等。而"安以乐""怨以怒""哀以思"，说的就是文风。

文风有高昂，有低迷；有刚健，有颓靡；有俊化，有清新……一个时代的文风，往往折射的是那个时代执政者和社会精英的思想观念、品格、作为和社会风貌，也是社会的风向标和晴雨表。

汉初，尚质朴，文风亦然。这种文风与"文景之治"相呼应，无论是一般政论、奏疏、史传，还是皇帝诏书，大都洋溢着质朴畅达的文风，讲究深厚切实，经世致用。贾谊的《过秦论》《治安策》，晁错的《论贵粟疏》，分析形势，针砭时弊，写得深切晓明，极富说服力和感染力。刘勰评价贾谊、晁错的文章说："理既切至，辞亦通畅，可谓识大体矣。"鲁迅也赞扬说："疏直激切，尽所欲言""沾溉后人，其泽甚远"。东汉班固评价司马迁的文章："辨而不华，质而不俚。"近代林纾评点汉景帝诏书："词既质朴，期望之意甚深……不多词费，而明简可味。"足见汉初文风的淳朴及其影响之深远。

魏晋南北朝时期，喜好浮华文风，讲究对仗工整、华丽奢靡，骈体文得以风靡文坛。南朝文风浮艳颓废，恰与一些统治者纸醉金迷、政治没落相契合。陈后主十分擅长创作辞藻艳丽、内容空洞的宫廷诗，被称为亡国之音的《玉树后庭花》便出自其手。民间文风也绮靡虚浮，当时有谚语嘲讽道："博士买驴，书券三纸，未有驴字。"这就是末世景象。《礼记》所谓"天下无道，则辞有枝叶"，说的就是这种现象。

浮夸绮丽的骈体文曾统治文坛达数百年之久，唐代魏征痛斥梁陈以来的宫体、骈俪作品为“亡国之音”，力倡真切质朴文风，并且以身示范，留下了许多为后人奉为圭臬的奏疏，他写出了许多朴实直言、不加雕饰的奏疏，如《谏太宗十思疏》等，流传百世。为营造“贞观之治”做出了巨大贡献。

唐代中期，被誉为“文起八代之衰”的韩愈等文学大家掀起轰轰烈烈的古文运动，号召“惟陈言之务去”，才一扫六朝以来文坛骄淫浮荡、柔靡轻艳之风的积弊。古文运动大力倡导“文以载道”“辞之所以能鼓天下者，乃道之文也”，倡导言之有物、清新质朴的文风，不作无病呻吟之语，不慕浮华柔媚之风。经过几代人的努力，唐代总体上呈现出辞强理直、质朴务实的文风。

古今中外，历史上不少具有远见卓识的名人，都对文风与国家兴衰之关系有深刻的认识。这些关于文风的认识，时至今日仍不乏真知灼见。

英国著名喜剧作家本·琼生有感于当时社会的腐朽、人性的堕落和文风的奢靡，曾一针见血地指出：“凡世风腐坏之处，语言也如之。滥吃狂饮，奇装异服，是国家生病的标志；语言的烂污，则是精神生病的标志。”

19 世纪美国作家奥利弗·霍尔姆斯分析了伊丽莎白一世时代的一些著名人物的语言风格，尖锐地指出：“语言腐坏了，臭气还熏染了英国的良心。……都铎时代的轻浮文风，到了斯图加特时代，就发展成了弑君与暴乱。”

明初，朱元璋针对“文体日衰，骈丽绮靡而古法荡然”的弊病，下决心禁冗文浮言。据史书记载，刑部主事茹太素曾上呈朱元璋一封一万七千余字的奏折，写至一万六千余字方触及正题。朱元璋读后勃然大怒，将其杖责五十大板。

然而不可回避的是，历史上改革文风的实践，成功者有之，失败者亦有之。历史上一再出现“尚文之风日盛、尚实之意日衰”“诗赋日工、吏治日坏”的悖论，令人嗟叹不已。

文化现象多种多样，它从一定程度上反映了某个历史阶段人们的智力程度、生存方式、生活习惯，以及文化的发展方向，能在一定程度上反映当时的社会风气、经济情况，以及政治局势、宗教文化。我们研究文风与国运之间的关系，也是希望能够通过这一文化现象来窥见时代的面貌。

4. 文化认同

① 汉字的审美价值和文化内涵

汉字是令人敬畏的，汉字也是让人神往的。汉字是中华文化的重要载体，也是世界上富有美感的文字。从甲骨文算起，迄今已有 3 000 多年历史。

世界五大文明发源地中的其他四种文字： 埃及的圣书、两河流域的楔形文字、美洲的玛雅文、印度的梵文，或早早退出人们的视野被历史的浪潮埋没，或高阁于象牙塔之上仅供少数学者研究，只有中华大地上的汉字，随着时代的进步、科学的发展日益显示出其博大精深、魅力无穷。

- **汉字美在音韵**

首先我们来朗读一首耳熟能详的《关雎》：

关关雎鸠，在河之洲。窈窕淑女，君子好逑。

参差荇菜，左右流之。窈窕淑女，寤寐求之。

求之不得，寤寐思服。悠哉悠哉，辗转反侧。

参差荇菜，左右采之。窈窕淑女，琴瑟友之。

参差荇菜，左右芼之。窈窕淑女，钟鼓乐之。

全诗朗朗上口，韵律和谐悦耳，轻、重、缓、疾，抑、扬、顿、挫，让汉字错落有致、极富音乐性。中国古代的韵律文学，从古老的《诗经》开始，到《离骚》，再到唐宋以后的诗词，至今仍经久不衰，创作者和读者对于韵律和谐、平仄有序的音韵之美有着极其执着的审美。这种文化底蕴，不仅有汉语的语音特征作为其物理载体，更体现出人类对于音乐艺术之美的永恒追求，这就是汉字的音韵美。

读《声声慢》："寻寻觅觅，冷冷清清，凄凄惨惨戚戚。乍暖还寒时候，最难将息。三杯两盏淡酒，怎敌他、晚来风急！……"你仿佛听到如泣如诉的声音缠绵不绝，若有若无的哽咽更勾起多情人心灵深处早已尘封的往事。

再读《沁园春·雪》："北国风光，千里冰封，万里雪飘。望长城内外，惟余莽莽；大河上下，顿失滔滔。……"仿佛亲自站在高山之巅，俯瞰壮丽的北国风光，心中激起万千波澜。

汉字音韵之中蕴含着中国千百年来的文化精髓，是祖先留给我们的珍贵遗产。童谣、绕口令、唐诗宋词、歌赋元曲……不仅是学生时期的功课，也不仅是语言学家的专利。作为一个中国人，受惠于祖先的恩赐，我们无时无刻不在使用汉语，在音韵美中进行着日常生活工作。

- **汉字美在形态**

从艺术的角度来讲，世界上还没有哪一种文字像汉字这样升华为一门独立的书法艺术。汉字流畅的线条，和谐的结构，决定了它在书写上可以有很大的创造性。甲骨文字形细瘦，外形差错不齐；金文方正匀称，不失动感；小篆圆起圆收，赏心悦目；楷书字形方正，书写简便；草书形体连绵，变化多端；行书近楷不拘，近草不放。王羲之、欧阳询、柳公权、赵孟頫等书法家的作品让人叹为观止，体现了汉字的美学价值，给人以艺术的享受。

从字形的角度来看，中国的象形字博大精深。比如，"日"字，就像一个太阳，甲骨文在天体形状的圆圈内加一点指事符号，表示发光特性的天体。“网”字则就像一张撒开的网，甲骨文像两根木桩之间绳线交织。有的甲骨文、简化了格状的绳线。“人”字，像两条腿，撑着一截正直的脊梁，撑着一颗向上的头颅，昂然挺立于天地之间，“人”字向下的两条线，似乎是延伸着的，昭示着人们迈动双脚踏实地向前走。

“形神兼备”，便是汉字以物象形的造型特色。书法家在泼墨挥毫之时，天地万物、人心悲欢都可以纳入进去，在狂笔纵墨中，达到精神沉醉和意境超越，以书法线条将笔墨运动升腾为自由精神律动，这便是汉字的形态美所在。

- **汉字美在意蕴**

汉字丰富的内涵和广阔的外延相结合构成了汉字的意蕴美。汉字构词潜力很大，常用汉字五六千个，用这五六千个常用汉字去组成词表达新意，就完全够用了，不必另造新字。

例如：赤，是个会意字。甲骨文像一个人，身体在熊熊大火中。造字本义：火刑，用大火处决罪人。例如扬雄《解嘲》：“客徒欲朱丹吾毂，不知一跌将赤吾之族也。”您只想让我的车马华丽，不知道一失足将使我的家族流血！执行火刑为“赤”；将死囚从火刑中放生为“赦”。

《说文解字·赤部》说道：“赤，南方色也。从大从火。”意思就是：赤，南方的颜色。我们经常说的“赤色”不是“赤”的本义，而是“赤”的引申义，赤为大火色。古人认为人的心脏的颜色是赤色，因此将“赤”看作是心脏之色，引申为赤色。例如姚鼐《登泰山记》：“日上，正赤如丹”等。

经大火焚烧后的，一切将不复存在。所以古人把一无所有或空尽无物称为“赤”。如成语“赤手空拳”。古代称出生的婴儿称为“赤子”。一说小孩挣脱母腹来到人间时，身上一丝不挂，即空静无物，所以称为“赤子”；二说婴儿出世时，全身皮肤呈红色，所以称为“赤子”。

汉字是人类文化中的奇葩，是世界上唯一形、神、意、声皆美的文字，是祖先给我们留下的文化宝库。

② 传统文化的思想发展和价值认同

中华传统文化源远流长，绵延不绝。从总体上看，表现出明显的连贯性，随着朝代的更替、历史的演变，中国传统文化本身也在不断发展变化，因而呈现出一定的阶段性特征。

我们大致将中国传统文化分为四个时期，即：

先秦——中国文化的初创期；

秦汉至隋唐——中国文化的繁荣期；

宋元明清——中国文化的发展期；

鸦片战争至20世纪——中国文化的转型期。

德国存在主义哲学家雅斯贝尔斯在《历史的起源与目标》一书中写道：

“世界历史的轴心似乎是在公元前800年至200年之间发生的精神历程之中。那时出现了时至今日我们与之共同生活的人。……非凡的事都集中在这一时代发生了。在中国生活着孔子和老子，中国哲学的所有派别都产生了，墨翟、庄子、列子以及不可胜数的其他哲学家都在思考着；在印度出现了《奥义书》，生活着佛陀；在巴勒斯坦则出现了先知；在希腊则有荷马，哲学家赫拉克利特、柏拉图，并且几乎是同时在中国、印度和西方相互间并不了解的情况下发生的。”

“这个时代的新的东西比比皆是，人们开始意识到在整体中的存在，自我以及自身的极限。他感觉到了世界的恐怖以及自己对此的无能为力。他提出一些极端的问题，在无底深渊前寻求着解脱和救赎。在清楚意识到自己的极限时，为自己确立了最崇高的目标。在自我存在之深层以及超越之明晰中，他体验到了绝对性。在这个时代产生了我们今天依然要借助于此来思考问题的基本范畴，创立了人们至今仍然生活在其中的世界宗教。”

虽然经过漫长的历史变迁，人类文明轴心时代为中华文明奠定的文化基因，却依然焕发着生机和活力。这其中包括自强不息、厚德载物、居安思危、乐天知足、崇礼重德、中庸和谐、天人合一等特征。在批判继承的基础上，我们会感受到中华传统文化给予我们的珍贵的历史启示，引发我们深刻的价值认同。

一是民胞物与、天人合一的人际自然观。

中华文明根植于东亚大陆一片广袤的土地上，中华民族安土重迁，热爱和平。中华文明本质上是一种“和”的文明，“和”的观念在经典中多次出现，《老子》说：“万物负阴而抱阳，冲气以为和。”（第十二章）这是从哲学的高度解释“和”，用“和”来概括万物之间相互依存的关系。《论语》：“子曰：‘君子和而不同，小人同而不和。’”（《子路》）这虽然是从做人的角度解释“和”，但“和而不同”也可以视为一种维系社会的准则。《论语》：“有子曰：‘礼之用，和为贵。先王之道，斯为美。’”（《学而》）这是从礼的角度解释“和”，“和”不仅是礼之所用，也是为政之道，而且是一种美。《礼记·中庸》以“和”为“天下之达道”，能“和”则能四通八达，无往不利；又说：“致中和，天地位焉，万物育焉。”达到“中和”，天地才得以正，万物才得以育，这就将“和”的意义提到了很高的地位。

宋朝大儒张载说：“民吾同胞，物吾与也。”意思是民为同胞，物为同类，一切为上天所赐，因此要爱人和一切物类。这是对“和”的拓展与深化，反对战争，热爱和平也成为我们民族的共同信仰。

战争对中华文明带来了太多创伤。西晋统一全国后，在文献整理、史书编纂、学术积累，以及文学创作等方面，都已出现繁荣的端倪，是战争，打乱了文明发展的进程，在北方造成多年的文明断裂。宋代是中华文明史上的一座高峰，科技处于世界领先的地位，是战争，打乱了原来的趋势，延迟了文明的发展。

和谐是和平之上的一种更高、更美的境地，包括人与自然的和谐、人与人的和谐，以及个体的人自身的和谐。关于人与自然的和谐，重点在于：既改造自然以适应人的需要，也调整人的生活方式，以适应自然的规律，这就是道家提倡的所谓“天人合一”的要义。当今关于人与人的和谐，重点在于：既尊重自己也尊重别人，既考虑局部的利益更顾全整体的利益，以达到整体的协调发展。关于个体的人自身的和谐，包括身、心两方面的协调，重点在于通过实践和自省以提升自己的人格和道德。中华文明中关于和谐的观念，对于解决当前中国和世界面临的种种问题，无疑具有很大的参考价值。

二是海纳百川，有容乃大的社会文化观。

包容，是中华文明固有的思想，早在《尚书》中就有这样的话：“有容，乃大。”（《周书·君陈》）意思是：有所包容，所成就的功德才能巨大。《老子》也说：“容乃公，公乃王，王乃天，天乃道，道乃久。”（第十六章），意思是：有所包容，就能臻于“公”，进而臻于“王”，臻于“天”，臻于“道”，臻于“久”。这虽然都是针对统治者而言，但在中华文明中具有普遍的意义。中华文明是一种包容性很强的文明，中国人常用“海纳百川”来形容一个人的气度胸襟，这四个字也可以用来形容中华文明的品格。

钱穆先生在《国史新论》中提出：“以中国文化和欧洲文化相比，有两点不同。第一，就时间绵延上讲，中国是由一个人自始至终在作长距离的跑，而欧洲是由多人接力跑。第二，就空间来说，欧洲文化是中心变换，而中国文化是整体发展。”

越来越多的考古资料证明，中华文明的组成，既包括定居于黄河、长江流域的，较早以农耕为主要生活来源的华夏文明，也包括若干以游牧为主要生活来源的少数民族文明。中华文明具有极强的向心力和凝聚力。汉族和55个少数民族都为中华文明做出了重要的贡献。我们引为骄傲的山西应县木塔那样精美的建筑，便是契丹族所建立的辽代的杰作。蒙古族所建立的元朝，首次开辟了南北海运航线。满族所建立的清朝，出现了康乾盛世，为中华文明增添了精彩的一页。更不用说先秦的百家争鸣，汉唐的礼通天下，万国来朝。

三是民贵君轻，选贤与能的开明政治观。

政治开明表现为：一是民为贵，孟子说：“民为贵，社稷次之，君为轻。”（《孟子·尽心章句下》）这已成为经典性的话语。二是广开言路，从谏如流，班彪说：“从谏如顺流”（《文选·王命论》），这是明君的必要条件。三是举贤授能，《礼记》说：“尚有德，尊有道，任有能，举贤而置之。”（《礼器》）这是治理国家的重要举措。四是以法为准，唐太宗说：“法者，非朕一人之法，乃天下之法。”（《贞观政要·公平》），其中包含了一定程度的法治思想。

中国人往往将“盛世”与“开明”联系起来，称之为“开明盛世”。汉代的文景之治，唐代的贞观之治和开元之治，这些盛世都是比较开明的。即以唐代为例，太宗对太子说：“舟所以比人君，水所以比黎庶，水能载舟，亦能覆舟。”（《贞观政要·教戒太子诸王》）

宋代的政治设计也有一定的开明性。宋代健全了一整套文官制度，皇帝和大臣、中央和地方、行政和监察，既相配合也相制约。就以皇帝与大臣的关系而言，陈亮引仁宗的话："措置天下事，正不欲专从朕出。……不若付之公议，令宰相行之。行之而天下不以为便，则台谏公言其失，改之为易。"（《龙川集·论执要之道》）仁宗表示，处理天下事不专由自己一个人决定，便是一种相当开明的态度。

四是周虽旧邦，其命维新的社会发展观。

中华文明在世界四大古老文明中，虽不是最早的，却是唯一没有中断过的。其中的原因很多，最重要的一点就是中华文明中包含着变易的思想，具有自我更新的能力。《诗经》赞美周文王说："周虽旧邦，其命维新。"（《大雅·文王》）便是对"维新"的赞美。《周易》说："日新之谓盛德，生生之谓易。"（《系辞上》）指出不断地变易是事物发展的普遍规律。《周易》又说："穷则变，变则通，通则久。"（《系辞下》）变，是从穷到通的关键。其实，《周易》的这个"易"字，就是变易的意思。

如果就文学体裁这一个局部而言，从古体诗到近体诗，再到词和曲；从文言小说到白话小说；从杂剧到传奇，每一次变革都带来文学的突飞猛进。

毋庸讳言，中华文明中也包含着因循守旧的因素，所谓"祖宗之法具在，务行故事，慎所变改"（《宋史·王旦传》），诸如此类的话不胜枚举。回顾历史，凡是革新的力量占据主导地位的时候，文明就得以健康发展；凡是因循守旧的势力占据上风的时候，文明的发展便受到阻碍。革新是文明发展的必由之路，只有不断革新才能不断前进，只有不断革新才能保持旺盛的生命力。

和谐、包容、开明、变革是中华传统文化的核心价值，遵循这种价值文明就繁荣发展，而当与之背离的时候，文明就会减慢发展的速度甚至停滞不前。这些思想对经济信息全球化、文化多元化的时代的当今中国有着借鉴意义，对世界文明的发展也有重要价值。

三、新课标下的高中语文学习目标体系

（一）语言建构与运用

1. 语言知识阐释与运用

① 语法功能认识与运用

【学习目标描述】

◇ 了解一些基本的语法功能，比如倒装；

◇ 通过实例分析，得出自己的结论，窥见写作者语法背后的情感温度。

② 修辞效果体验与运用

i. 积极修辞

【学习目标描述】

积极修辞是修辞两大手法之一，即积极地随情应景地运用各种表现手法，极尽语言文字的一切可能性，使所说所写呈现出形象性、具体性和体验性。修辞学上各种辞格，都是积极修辞的方法。运用修辞手法能使文章生动有趣，吸引读者的兴趣，增强文章的可读性。说话更准确、生动、鲜明，增强语言的表达效果。

◇ 了解常见修辞格及其作用；

◇ 学会运用相关修辞知识进行赏析；

◇ 在写作中有意识运用修辞技巧提升语言表达效果。

ii. 消极修辞

【学习目标描述】

“消极修辞”是修辞两大手法之一，是与“积极修辞”相对而言的，即不刻意使用修辞格而采用其他语言变换形式达到修辞目的的修辞方式。这些变换的语言形式笼统地说包括词语的选择和搭配，句式的选择和搭配的使用等；稍微进一步说可以包括词语的感情色彩、独词句、语序的变化、不同语境的称谓的变化、人称的调换等；甚至还可以包括轻声、儿话、音变、声调、格律、色彩、语体等角度。中学的许多课文中，消极修辞的语言现象是随处可见的。那种忽视消极修辞教学，认为大量使用修辞格，做到文通字顺就是好的语言的看法是十分片面的。我们应十分重视消极修辞的学习，力争做到语言的清晰、简明、连贯、得体。

◇ 了解常见消极修辞形式及其作用；

◇ 学会运用相关语言知识对消极修辞进行赏析；

◇ 在写作中有意识运用消极修辞技巧提升语言表达效果。

③ 逻辑魅力品味与运用

【学习目标描述】

就语文教学而言，因其学科内容的特点，培养学生的形象思维能力应是主要教学任务之一。但就整个思维科学而言，人要思考问题，必然产生思维，而思维过程不可能是单一的形象思维，只要有思考过程，就必然伴随着逻辑思维。单就语文学科而论，议论文的学习和写作自不必说，一说议论和论证，就和逻辑思维不可分割。就是最讲意境、最讲形象思维的诗词学习和写作，也同样重视逻辑思维的运用。我们应该重视“语文逻辑魅力与品味”学习，培养学生的逻辑思维能力，不论我们将来是从事科学研究，还是从事艺术写作，抑或是搞别的工作，都需要形象思维能力，也都需要逻辑思维能力。时代越发展，也越是需要这样。所以，教师有义务有责任努力挖掘沉睡在学生身上的种种能力，不可疏忽逻辑思维的培养教育。

◇ 了解逻辑含义以及语文中逻辑的作用；

◇ 学会运用语文逻辑进行美文赏析；

◇ 应结合教材实际，从逻辑思维的角度出发，有重点地分析教材布局谋篇、情节结构、组材构思等方面的特点。

2. 文本细读与语言建构

① 实用类文体信息的获取与重组

【学习目标描述】

◇ 能准确概括出文章的段落大意；

◇ 能画出文章的结构示意图；

◇ 能领悟文章的主旨；

◇ 能完成课后的思考题并且能够说出为什么这样思考。

② 文学作品语言个性辨析与转换

【学习目标描述】

◇ 能了解散文的主要特点；

◇ 能学习作者从平凡事物入手抒写自我感受的写法；

◇ 学习用细节刻画人物的方法；

◇ 能品味平淡有味的语言个性；

◇ 能品味文中的关键句。

3. 文言语言学习与提炼

① 汉字构造与溯源

【学习目标描述】

中国的造字法，通常称为“六书”，六书的定义，依据汉朝人许慎的说法，一是象形，二是指事，三是会意，四是形声，五是转注，六是假借。有学者认为，六书中的前四种是造字方法，后两种只是用字的方法；但也有人把六种都看作造字的方法，不过前四种更重要，后两种则是辅助性的。这六种方法，并不是古人造字的时候预先定好的，而是后世的文字学家从各种文字的构造当中归纳出来的。“象形”，是指运用线条把客观事物的外形轮廓大致勾画出来，勾画的方法是随着客观实物形状的不同，字形线条也屈曲婉转而呈现不同，大体上是依样画瓢。“指事”就是用简单抽象的符号组成，或在象形符号上加上指示性的抽象符号的造字法。用这种造字法造的字，就是指事字。“会意”就是将两个或两个以上的字组合在一起，借以表现一个新的意义的造字法。用这种方法造出来的字，叫会意字。用一个表义字和一个标音字组合成一个新字的造字法叫形声。用这种方法造的字就是形声字。转注产生的根本原因在于一个意义用多个词来表示。但这些意义来源于一个词根字，通过对词根字的扩展，不断产生新词。假借字的产生也是语言日益丰富的表现——由于语言的发展，词汇越来越多，但是还没有相应的词来表示，就借用已经存在的字来表示新词的读音；假借字中，通常所借之字都是音同或音近的字。

◇ 了解汉字“六书”的内涵；

◇ 了解“六书”造字的大致背景，了解它们各自的特点和优势；

◇ 注意区分不同造字法之间的差别，并在阅读实践中学会辨析某些常用汉字的造字法。

② 词义把握与辨析

i. 实词积累与运用

【学习目标描述】

学习文言文，要在随文阅读的过程中不断理解和积累实词，重点要掌握积累的方法，在运用过程中能结合具体的语言环境对实词意义进行准确的推断。

通过本单元的学习，初步掌握积累与运用实词的方法。

实词积累方法：课内识记，课外迁移；汇总归结，重点整理；字形推断，引申联想。

实词运用方法：注意词类活用；辨识“古今异义”；辨别通假现象。

ii. 虚词积累与运用

【学习目标描述】

◇ 了解常见文言虚词的种类、数量；

◇ 掌握积累与运用虚词的一般方法；

◇ 体会虚词在表情达意方面的作用；

◇ 学会在具体语言环境中如何判断虚词的用法和含义。

虚词的积累与运用方法：体悟声气，感受情韵；强化固本，迁移致用；特殊现象，强化识记。

③ 句式理解与分析

i. 文言基本句式

【学习目标描述】

◇ 掌握文言四大基本句式——判断句、被动句、省略句、倒装句的界定、内容细则的理解和判别。

◇ 掌握文言四大基本句式的疑难点。如对无标志的判断句的判别，对被动句中意念被动的理解，对省略句中谓语省略的揣摩，对倒装句中主谓倒装的作用和意义的挖掘，对定语后置的细析，对疑问句中宾语前置的分析等。

◇ 深刻理解文言四大基本句式背后的文学张力，熟练运用文言四大基本句式到现代文的翻译中去。

ii. 文言固定句式

【学习目标描述】

◇ 掌握文言固定句式的分类和特点，形成语言积累；

◇ 利用句式感知古文语言特点，强化对文言固定句式的表达作用的理解，形成语感；

◇ 感受文言文和白话文在固定格式表达上的不同，体会文言文的语言特点，帮助提升文言文阅读能力；

◇ 在专题训练中加深对文言句式的掌握与熟练应用，积累语感，提升对古代优秀文言作品的理解。

（二）语感建立与升华

1. 语感表征

【学习目标描述】

◇ 联系语境，品味句中的关键性词语或短语，理解句子的含义；

◇ 体会运用了特殊句式（倒装语序或整散结合等）、修辞手法或写作技巧的表达效果；

◇ 理解句子在结构上的作用（总起、过渡、照应、归结、铺垫、悬念、映衬、逆转）；

◇ 领会句子的丰富内涵（警策句、哲理句、模糊句、看似自相矛盾的句子等）。

2. 语感建立

① 语体风格的辨识

i. 语体和文体

【学习目标描述】

◇ 能够区分语体和文体的细微区别；

◇ 能够梳理文献中语体与文体的差异。

ii. 韵文中的诗词

【学习目标描述】

◇ 知晓诗和词的区别，并能够清晰说出诗词各自的分类；

◇ 能够赏析一些诗词。

iii. 韵文中的辞赋

【学习目标描述】

◇ 了解辞和赋的区别；

◇ 了解辞的分类和赋的格式。

iv. 文学类散文和非文学类散文

【学习目标描述】

◇ 通晓文学类散文和非文学类散文的区别；

◇ 了解文学类散文和非文学类散文各自的分类。

② 阅读的整体感与联系意识

【学习目标描述】

◇ 能识别同义复词、偏义复词，理解语词在语境中的含义及表达效果；

◇ 能识别互文句，理解语句的实际含义及表达效果；

◇ 能通过联系前后文，理解语句在语境中的含义及作用；

◇ 能概括文章各部分内容，并理解各段内容之间的关系及在文中的作用；

◇ 能在理解各部分内容及其关系的基础上，归纳文章主旨或写作意图。

◇ 能在理解文章主旨或写作意图的基础上，赏析关键语句或段落的表达效果。

3. 语感升华

① 知人论世与以意逆志

i. 作家语言风格的体会

【学习目标描述】

文学是一种语言的艺术，语言是文学存在的基础，因而罗兰·巴特指出："语言是文学的生命，是文学生存的世界，文学的全部活动都包括在书写活动中。"由此可看出语言之于文学的决定性意义。正因为如此，古今中外，大凡优秀作家，都会在语言上下苦功夫，一部优秀的文学作品，不仅要有好的立意，更离不开作家对语言的成功组织，所以作品的成功，语言是其关键因素。因为作家对语言的重视，作家本人的语言风格也就逐渐形成了。而作家语言风格的形成对每一名作家创作作品情节的描写、情思的展现以及结果的营构、手法的应用等，都产生了巨大的影响。而作家的语言风格和其单一文学作品之间的关系也是较为复杂的。因此，无论我们解读文学作品或是进行文学作品的赏析，绝不能脱离作品的语言，无视作家的语言风格。作家的语言风格就像是通向文学内核的钥匙，没有钥匙我们也就无法进入文学的艺术殿堂。

◇ 理解文学语言内指性特征，作为一种艺术语言的文学语言不是为了描述作家所观察到的外部世界，而是传达作者对世界的体验和情感。认识到文学语言内指性特征，在文学作品的教学中，才能使读者认识到生活之实与艺术之真的区别，避免用科学的语言来理解和评定作品，用生活之实来考量艺术之美。

◇ 理解文学语言陌生化的特征，文学语言是为了抒发作者情感体验的，而这种复杂的体验不可能用线性语言描述出来，于是作家充分利用语言的表现功能，在语言中蕴含着自己的体验和情感。同时，为了引起读者的注意，他们在语言的形式上，也作了艺术加工，即在运用语言的过程中，故意对语言进行扭曲、变形，作"陌生化"处理。

ii. 作品语言蕴意的体会

【学习目标描述】

◇ 以文本言语为解读的突破口，提升发现问题的能力；

◇ 依托文本言语，并以此展开寻找，寻找问题的线索答案；

◇ 能够将答案整合成一篇逻辑清晰、结构完整、表意准确的小论文。

② 情感的聚敛与表达

i. 演讲欣赏与实践

【学习目标描述】

◇ 领会确定演讲选题的基本原则；

◇ 在演讲实践中较好地确定演讲主题。

ii. 吟诵欣赏与实践

【学习目标描述】

◇ 了解诗歌吟诵的概况，能体会诗歌这种文学体裁与吟诵这种艺术形式的天然联系；

◇ 习得古诗吟诵的基本要领，能够吟诵至少 2 首古诗词；

◇ 能对吟诵流派与历史发展有一定了解。

iii. 辩论欣赏与实践

【学习目标描述】

◇ 能了解辩论语言和普通语言的不同；

◇ 能辨识一些常用的辩论语言表达技巧；

◇ 能领悟到辩论语言及其表达技巧对阐明论点的意义；

◇ 能理解如何欣赏辩论，如何进行辩论实践，从而表达某种观点或态度、揭示某些现象或哲理。

（三）思维发展与创造

1. 思维的形象性

① 想象与联想思维概要及表达

【学习目标描述】

◇ 能把握想象与联想思维方法的特征以及分别包含的几种类型；

◇ 能明确想象与联想思维的区别与联系，认识到使用时这两者像孪生姐妹一样交织的关系；

◇ 能在写作中合理运用想象与联想思维，开拓写作思路，丰富写作素材；

◇ 能激发写作的热情，改变写作窘境，培养创新意识。

② 换位与移情思维概要及表达

【学习目标描述】

◇ 能理解诗人用换位移情将眼前景与心中意融为一体，超感性而又不离感性；

◇ 能把握换位移情思维运用的几种类型和常用的一些手法；

◇ 能辨识出诗文中运用换位移情思维的语句，并能结合作品分析其表达效果；

◇ 能在写作中适当运用换位移情思维，通过环境的移情描写表现人物的内心情感。

2. 思维的逻辑性

① 分析与综合思维概要及表达

【学习目标描述】

◇ 能运用分析和综合思维来形成文章观点或自己的见解；

◇ 会采取“中心句—分析句—结论句”的构架写一个议论文语段；

◇ 学会采用分析与综合思维优化作文结构与行文思路。

② 演绎与归纳思维概要及表达

【学习目标描述】

◇ 能准确通过“大前提”和“小前提”得出某个“结论”，学会用“三段论”进行演绎推理；

◇ 能指出某些错误的“三段论”推理中“大前提”或“小前提”的问题出在哪里，反过来说也就是能够看到“大前提”和“小前提”的特点分别是什么，以免做出错误的推理；

◇ 能正确运用归纳推理思维；

◇ 能利用补充结论、增加限定副词等方式使自己更周全地使用归纳推理思维，避免以偏概全。

③ 判断与推想思维概要及表达

【学习目标描述】

◇ 能准确运用与概念相关或相近的词定义概念，能通过缩小情境的方式判断概念，能运用名言定义概念；

◇ 能用辩证的眼光判断概念、看待问题；

◇ 能通过解决矛盾或悬念推想叙事作品的合理结局；

◇ 能利用推想思维进行议论文写作，增强文章说服力。

3. 思维的批判性

① 质疑与思辨思维概要及表达

【学习目标描述】

◇ 了解批判性思维，学会运用质疑思维使作文立意更为个性独到、深刻创新、周到全面、充实严谨；

◇ 能形成以下几种辩证分析能力：矛盾分析、现象与本质分析、数量与质量分析、普遍性与特殊性分析、因果分析、必然性与偶然性分析、可能性与现实性分析、内容与形式分析、内因与外因分析、纵向与横向分析。

② 自省与反思思维概要及表达

【学习目标描述】

◇ 能把握不同材料的要点，表达对材料的感受和认识；

◇ 能正确把握命题要求，表达自己的真情实感和独立见解；

◇ 能在写作时学会“摆入自我”，学会结合自我经验和价值观构建思路；

◇ 能在学作时学会“反观社会”，养成联系当下背景来看待问题的意识习惯；

◇ 针对社会现象发表自己的见解；

◇ 能综合运用各种表达方式；

◇ 能写一定的评论性的文字。

4. 思维的创新性

① 探究思维概要及表达

【学习目标描述】

◇ 学会运用探究思维来提升高中议论文写作的思维深度；

◇ 掌握引发探究思维的几种重要的思维途径：存疑归因、跨类推理、辨析求异等。

② 创新思维概要及表达

【学习目标描述】

◇ 能认真细致地观察身边的事物，并且准备一本草簿，随时记录你的所思所感；

◇ 能通过不同的文体表达你所观察到的事物；

◇ 能领悟到写作源于生活又高于生活，挖掘更深层的价值观；

◇ 对有关创新思维写作的各种文体进行初步了解（包括写作常见艺术手法等）。

（四）文化积淀与认同

1. 文化积淀

① 名家名篇赏析与评论

【学习目标描述】

◇ 识记中国古代、现当代作品中的作品，了解西方文学史的大致发展变化；

◇ 清楚了解并掌握诗、词、曲的文体知识；

◇ 识记各个阶段的重要作家的名、字、号，了解作家的代表作品以及其主要内容，识记不同流派的代表作家和主要思想。

② 文学理论概要与评析

【学习目标描述】

◇ 大致了解国内、国外著名的文学理论书籍名称；

◇ 学会阅读、提炼文本作者的文学评论观点；

◇ 形成自己的对不同门类文学的理解和态度。

③ 文化思潮与文学流派

【学习目标描述】

◇ 了解中国古代文学中各历史时期具有代表性的文学流派，了解他们的代表人物和文学主张，能够分辨各流派不同风格的代表性作品；

◇ 了解现代西方主要的文化思潮，包括：人本主义、法兰克福学派、后现代主义等，了解其各自代表人物和思想主张，与我国的传统文化思想进行对比思考。

2. 文化视角

① 哲学视角概要

【学习目标描述】

◇ 以基本的哲学问题作为逻辑，探究世界本原，思考人与世界、人与人、人与自己内心的关系；

◇ 对中西哲学史上的主要哲学家、重要流派与经典命题有一定了解；

◇ 构筑基本的哲学思维方式，学习站在哲学视角，运用哲学思维看待自然、社会的发展，解读文学作品。

② 历史学视角概要

【学习目标描述】

◇ 能了解各种历史学理论；

◇ 能辨识一些历史学不同的流派，能在具体的文学作品中运用历史学理论解读作品；

◇ 能批判地继承中外史学遗产；

◇ 能鉴往知来，理解历史对价值判断的影响，从而领悟没有一个历史现象是孤立存在的。

③ 人类学视角概要

【学习目标描述】

◇ 了解文化人类学的主题；

◇ 能利用自我认识来理解他者，能在具体的文学作品中运用人类学理论解读作品；

◇ 能运用人类学思维来解释人类行为；

◇ 掌握人类学研究人类行为和观念的方法，从而把人类学知识融入自身的生命历程。

3. 文化审美

① 不同文类作品的赏析

i. 小说类名著赏析

【学习目标描述】

◇ 能理解小说“三要素”间的关系，并能在阅读小说时用这张关系图去架构你的解读；

◇ 能理解线索的概念与作用，知道线索的一般分类方式，能通过线索去梳理作品的情节；

◇ 能辨别出作品的主人公（即主线人物），并能体会到次要人物在作品中的作用；

◇ 能在识记的基础上感受环境描写的作用，并能结合文本作一定分析；

◇ 对短篇小说的写作特点（悬念、伏笔、结尾等）、作品的语言风格，以及中国古典小说的文学文化常识等有一个大致的了解和认识。

ii. 戏剧类名著赏析

【学习目标描述】

◇ 了解中西戏剧的起源和发展的不同之处和戏剧特点上的异同；

◇ 通过分析人物对矛盾冲突的安排，把握人物特征，领会作品的主旨；

◇ 结合对人物形象的评析和对剧本所折射的社会现实的思考，把握戏剧作品的价值取向和写作意图；

◇ 对有关中西戏剧的常识性知识作一个比较初步的了解（包括戏剧的分类，“三一律”，戏剧冲突等）。

iii. 散文类名著赏析

【学习目标描述】

◇ 学会对散文进行“整体感知”的一些方法和要领；

◇ 学会通过自行提问的方式“读题”，以找到合适的角度，快速切入文章主旨；

◇ 能通过文章关键语句或语段间的逻辑条理去感受作者的深层情感或深层用意；

◇ 能理解一篇好的散文一定是文脉通畅，文气贯穿的，所谓“牵一发而动全身”，作者深刻的情思贯彻于字里行间，外在的语言形式与内在的思想感情密不可分；

◇ 对文章的描写方法、表达方式、修辞方法、写作手法等概念有一个比较规范的了解，对“文化散文”有一个大致的认识。

iv. 诗歌类名著赏析

【学习目标描述】

◇ 通过阅读古诗的经典作品，感知古诗的语言特点和文体特征；

◇ 掌握古诗阅读的基本方法，形成读诗的语感，感受诗歌的韵律美；

◇ 能辨识一些较经典的中国传统意象，能在具体的诗歌作品中解释其内涵及表达作用；

◇ 能理解意象并不只是用来表达情感的，诗歌也可借助意象进行暗示、隐喻、象征，从而表达某种观点或态度、揭示某些现象或哲理；

◇ 体会作品的内容与表现形式之间的关系，感知诗歌语言的表现力；

◇ 抓住赏析现代诗的关键是诗歌的关照现实与诗人内心的本质；

◇ 能联系作品的语言环境，调动知识积累和生活经验，赏析诗歌作品；

◇ 对有关中国古典诗词的常识性知识作一个比较初步的了解（包括中国古典诗词的体裁常识、题材常识、结构常识与常见艺术手法、品读方法常识等）。

v. 学术类名著赏析

【学习目标描述】

◇ 知道学术类著作这一类书籍；

◇ 明白学术类专著都具有观点鲜明新颖、史料翔实严谨等特点；

◇ 如何阅读此类书籍；

◇ 主动去“啃”几本让你今后在文学、艺术、哲学、科学等领域有更大收获的书籍。

② 对文化现象的评析

【学习目标描述】

◇ 回顾中国文学发展过程中文学与社会文化代表性的部分互动联系现象；

◇ 解剖分析文学与文化之间的关联，思考两者之间存在怎样的规律性。

4. 文化认同

① 汉字的审美价值和文化内涵

【学习目标描述】

◇ 体会汉字的美学价值，能举例说出汉字美在何处；

◇ 了解汉字的变化历程，从而了解汉字的文化背景；

◇ 掌握汉字的文化特征，可以从不同的文化角度对汉字进行解读。

② 传统文化的思想发展和价值认同

【学习目标描述】

◇ 能够对中国传统文化的核心思想及其发展有一个基本的认识；

◇ 能够探究、辨析与认同中国传统文化的思想发展。

第四部分

实践聚焦

第九章　高中语文学习障碍点诊断策略的实践研究

一、以缺乏“主动思维”为症结的语文学习障碍点分布

中学生“语文学习障碍点”，是指影响学生语文学业水平发展的主要因素和关键问题，它受学生个体智力与非智力因素发展影响，**以缺乏“主动思维”为症结，**分布于学生语文素养的各个方面（如图）。

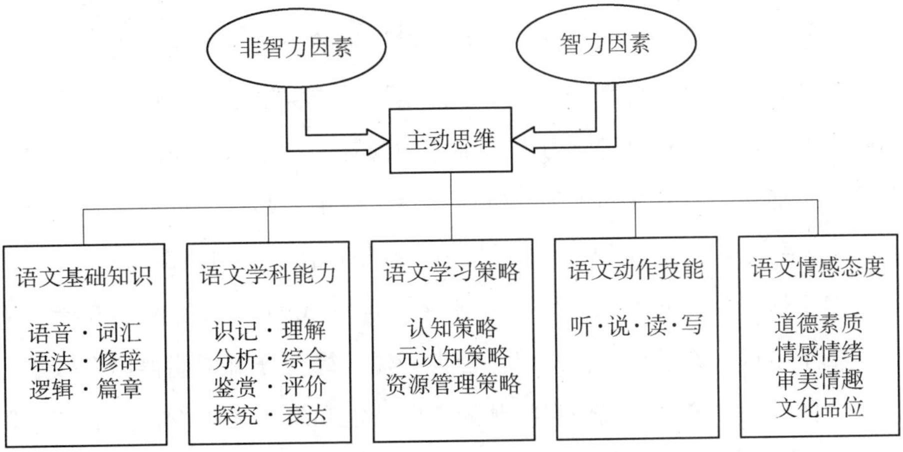

高中学生语文学习障碍点分布图

二、高中语文学习障碍点诊断策略

高中语文学习障碍点诊断需要做好学情分析，包括知识基础、生活经

验、学习动机与兴趣点、学习能力、差异状况。

（一）诊断策略一：基于学习内容的预估诊断策略

本课题强调站在“学”的视角去细化课程目标，把教学问题转化为学习问题，把教学目标转化为学习目标，把教学内容转化为学习内容。因此在转化学习内容、架构课堂流程的时候，第一步就是要预估学生的学习障碍。这是基于教师对学生的了解，以及对于学科基本问题的把握。问题是课堂实施的载体，如果只了解学生知道什么，不知道什么，可能对什么有兴趣，却想象不出他会提什么问题，从哪个角度提出问题，那么对课堂的准备还是不充分的。通常情况下，教师对学生的分析可能更多的是从知识角度而非认知角度去思考的。“三位一体”预估学生学习障碍点的方式，从某种意义上来说解决了学习内容确定的问题，在学科教学中，它更直接的表述可能是“以学科知识为基础，以学生疑难为起点，以教学意图为导向”，从而构成了基于教材、基于学情、基于目标的学习障碍点诊断。

对于这三点，分别来看，并不陌生，但是我们的创新价值在于：第一，揭示了这三点必须放在一起、合为一体、综合分析才能得出有效学习障碍点的规律。第二，我们将问题的定向功能和组织功能发挥了出来。以学情分析为例，一般的老师也许只做到去了解学生知道什么，不知道什么，却想象不出也不会去想象学生会提什么问题，从哪个角度提出问题。其实，这样的学情分析是不到位的，因为教师只是从知识角度而非认知角度去思考，所以无法精确定位学生学习的起点与障碍点。问题比一个陈述更具有定向功能，因此，了解或预估学生的学习障碍点比笼统的学情分析更有价值。

※【课例一】《想北平》

学习目标

1. 能理清文章结构脉络；能站在整体把握层面解读作者从平凡事物入手，通过对比、类比等手法表达自我感受的写法；能理解作者平淡质朴的语言风格。

2. 能通过“自我追问”深度解析作者对北平刻骨铭心眷恋之情的丰富内涵。

3. 能产生对“理解六维度”的感性认识，拓展对文本进行深度解读的思路。

教学流程

【预习任务】

小M，请你认真阅读“走近理解”一单（工约号：1－2－2－2－1）“学习目标描述”的具体内容，站在理解力的六个维度，思考你所认为的读懂《想北平》这篇文章需要解决的重点问题、难点问题，并作简要回答，同时请提出你的疑难问题。

第一天（1课时）

【学习形式】自学、小组讨论。

【学习任务】通过小组讨论，基本解决“重点问题”，对“难点问题”有初步结论，并最终确定要在课堂上提出的“疑难问题”。

第二天（1课时）

【课前分析】

※学生认知起点分析（基本能读出）：

1. 作者对北平的爱深沉而特别，所选的景物都是平常事物，充满生活气息，充满着对家、对故乡特有的那份依恋与深情，也流露出对故乡命运的担忧。

2. 作者将自己对母亲的爱与对北平的爱进行类比，突出对北平亲如母子，无限眷恋；将欧洲四大历史名都与北平作对比，从城市整体结构、建筑格局、环境气氛、生活情趣等方面历数北平的好处，突出北平的闲适、平和与自然。

3. 老舍的语言极富“京味儿”特色。

※学生学习障碍点分析：

1. 对文本内容与语言形式的内在逻辑关系认识不到位。

2. 对作者之于北平刻骨铭心眷恋之情的丰富内涵解读不到位。

3. 对现有参考资料（如“百度百科”）的批判性思考不到位。

【课堂流程】

1. 导入： 朗读课文，沉浸文本。

2. “重点问题”解决

★代表问题：对北平的爱为什么“说不出来”？最后说了吗？用什么方式说的？说了什么？

①“说不出”正是爱到极点的表现；反复强调，表明爱得非常深厚。

② 最后还是说了，用了类比与对比手法，聚焦日常事务，突出“家”的感觉。

③ 写了北平的环境、格局、物产，写出了它的宁静安适，古朴自然，物产丰富，文化内蕴丰厚，生活气息浓郁等特点。

● 补充问题：文章语言的特点，与文章中心又有什么联系？

① 老舍的语言“京味儿”十足，具有浓郁的北京地域文化特色，又有其鲜明的个性特征，本文的语言通俗、纯净，舒缓、平淡，而又简洁、亲切，其语言风格与文章的平民色彩极其契合，抒写了对故土北平的深深眷恋。**（平民视角）**

②《想北平》的语言通俗、纯净而又简洁、亲切。通白是为了加强作品的生活气息，使它亲切感人，也是锤炼语言的结果。作者曾说：“我的文章写得那样白，那样俗，好像毫不费力，实际上，那不定改了多少遍。”（《关于文学的语言问题》）**纯净、简洁同样也需千锤百炼**。

比如文章写积水潭：“面向着积水滩，背后是城墙，坐在石上看水中的小蝌蚪或苇叶上的嫩蜻蜓，我可以快乐地坐一天，心中完全安适，无所求也无可怕，像小儿安睡在摇篮里。”短短几句，文字不多，但写景、状物，营造气氛，表现情感，都笔笔到位，如同天成。**又如**“那长着红酸枣的老城墙”：①表明北平“有个边际”；②北平特有的历史文化内涵；③表达我对北平的亲切感和依恋感。

3. “难点问题”探究

问题1：“北平”与“北京”之辨。

北平，1928年前称“北京”，老舍“廿七岁才离开”，查老舍生平后得知，老舍1924年秋季离开北京赴英国，在伦敦大学东方学院华语学系任华语讲师，而此时，北京是“北京”而非“北平”，为什么题为《想北平》，而非《想北京》？为什么题为《想北平》，而非《爱北平》？

回答： 1928年北伐军队进入北京，改北京为北平。本文写于1936年，所以称“北平”。老舍笔下的“北平”是家乡，是故土。彼时，老舍身处青岛的山东大学，“想”字有一种空间的距离感。因此，作者是站在**平民视角，以游子身份，** 在寻常事物中感受亲切，从琐碎细节中流露真情。如此称呼恰能反映文章中心，与写作背景、文章主旨相统一。

问题2：文本内容真实与否？

为什么在老舍笔下，1936年的北平没有“硝烟味”？其实，从北京到北平再到北京的几度易名，就能看出北平的不太平，但是老舍笔下的北平为什么充满了自然安稳的气息？是否不真实？

同样是20世纪30年代的北平，为什么鲁迅笔下“四十多个青年的血洋溢在我的周围，使我艰于呼吸视听……”，充满了白色恐怖，而老舍笔下的北平却是如此宁静美好，是否不真实？

为什么《想北平》里没有人？写这样的大城市怎么能离开人？是否不真实？

回答：

(1)“想”为“心中之相”，是游子魂牵梦萦中的故土，是心灵的家园，因此《想北平》里出现的是作者的回忆，而回忆会滤去丑恶（重组、过滤、美化），回归宁静自然，也代表对故乡前景的美好愿望。(**游子身份**)

(2) 文学作品不是纪录片，其真实不是材料的写实，而是情感的真实。

(3)《想北平》或许是寄寓着作者对理想中的北平的憧憬和向往。

4. “疑难问题”讨论

问题1：本文的语言真的是“舒缓而平淡”的？“哼！”何解？

回答： 不仅此处。在对比之后语气都不“平缓亲切”，反而有点“偏激”。

(1) 因为作者笔下的是“老舍的巴黎”，也是“我的北平”。(**偏爱之情**)

(2) 作者将北平看作母亲，在母亲的怀抱里可以如小孩子般任性，如小孩子般随性，娇嗔。(**赤子之心**)

问题2：文章最后一段好不好？以“要落泪了”收尾，好不好？

回答： 好！作者将北平比作自己母亲，此句**呼应**第2节“在我想到她的健康而不放心的时候，我欲落泪”。本文写于1936年，日本帝国主义已经加紧了对中国的侵略，华北危急，北平危急，作者作为一名**爱国知识分**

子忧心如焚，思念家乡之情较平日更为强烈，充满着对北平刻骨铭心的眷恋和担忧之情。所以此处的泪，是“英雄泪”。(**赤子之心**)

追问：不好！以落泪收场？是否太窝囊，软弱？向命运低头？一味沉浸在对家乡的思念中？这样的性格导致他于“文革”初期自杀？！

回答：老舍在写于1943年的散文《诗人》里，透露出自己的生死观。老舍形容诗人平常狂放不羁，不修边幅，嘻嘻哈哈，但一遇到大悲痛、大祸患时，他会“**投水、殉难、身谏**”，这无疑是给老舍之死的最好注解。就在1966年8月23日前几日，老舍对他儿子舒乙说，欧洲历史上的“文化革命”实际上是对文化和文物的大破坏。他预感到又要死人啦，特别是**烈性的人和清白的人**，并提到两位在前几次运动中不堪侮辱一头扎进什刹海的人的例子。

有时候，人会表现脆弱，这不是一贯的懦弱。

老师总结：建议去读《太平湖的记忆》一书（作者：傅光明，系老舍之子舒乙的博士生），舒乙曾说：“没有答案的本身就是答案。”）

并不是每个问题都有标准答案，甚至并非每个问题都有答案，能看到问题，本身就是给了这个问题一个答案；有很多问题，发现就是解决。

【拓展阅读】《我的母亲》《济南的冬天》《太平湖的记忆》

5. “引申问题”众思

问题：读这篇文章对现代的我们有何意义？老舍的行为和思想对我并无启迪，我不认可他在当时形势下所持有的态度和选择。我会重新去思考“我与故土”的关系问题。

阅读的本质：读文、读人、读己。

“从来没人为了读书而读书，只有在书中读自己，在书中发现自己，或检查自己。”——罗曼·罗兰

※【课例二】《〈宽容〉序言》

学习目标

1. 能独立梳理文章结构，能站在整体把握的层面解读“无知山谷”“知识小溪”“守旧老人”“村民们”“漫游者”等事物和典型形象的象征意义，并能用简单凝练的语言较精准地加以表述。

2. 能通过自我追问、文献查询、交流研讨等方式解析“宽容”精神的深刻含义，解读出“宽容”之于人类文明发展、幸福追寻的重要性；能将对自己人生的思考与人类文明史的发展建立联系。

3. 对于隐喻象征类作品的理解与赏析能力能有一定的提升；能初步树立“评论视角”的概念。

课前分析

※学生认知起点分析：

① 能看出这是一个充满隐喻象征色彩的寓言故事；能基本理解出“无知山谷”“知识小溪”“守旧老人”“村民们”“漫游者”等事物和典型形象的象征意义。

② 能唤起一定的阅读经验与文史哲积累，并能结合文本产生一些思考与认识。

※学生学习障碍分析：

① 对于“宽容”内涵的理解不够深刻；更不容易理解作者为何将“宽容”设定为体会、感悟、理解西方文明史变迁的视角；对于基于某个视角对作品展开解读与评论的思维演绎过程比较陌生。

② 对于作者采用寓言这种语言形式撰写序言的用意，及整部作品通俗化的语言风格有所困惑。

③ 对于心中有所了悟的认识与见解，要做到精准而有条理地表述，尚有困难。

课前导学

学习任务： 1. 借助设问工具，参阅相关资料，独立完成工约表单。

2. 小组讨论，基本解决重点问题，对难点问题达成一定共识，初步思考疑难问题。

- **资料推荐：**

（1）百度百科“房龙”与“《宽容》”

（2）《宽容》原著阅读（天涯在线书库 http：//www. tianyabook. com/）

（3）林精华《认识文明史变迁的一种有趣方法——评房龙》（http：//www. china. com. cn/firbry/1-19/2001-1-19-2. htm）

（4）赵一凡《真实的房龙——序言〈房龙小引〉》（豆瓣读书 http：//book. douban. com/subject/3410753/discussion/19453794/）

课堂实录

一、暖场：全班分角色诵读课文。

二、导入

“这样的事情发生在过去，也发生在现在，不过将来（我们希望）这样的事不再发生了。”

这真是一个有意思的，费人琢磨的结尾句啊。谁能告诉我，这句话中的“现在”是指什么时候？（生：1925 年）是啊，房龙的《宽容》1925 年出版，距今 90 多年了。此刻的我们，正是生活在他遥想的“将来”，那么他的这则寓言还有意义吗？他的“希望”实现了吗？

我们先来听一听同学们的研读成果。

三、重点问题探讨

重点问题 1：对典型事物与关键形象的象征意义的解读

提问： 这是一篇寓言故事，充满着象征意义。在文章中出现的这些典型事物与关键形象分别象征了什么？

典型事物与关键形象的象征意义：

无知山谷： 封闭、保守、陈旧、没有生气、没有希望的所在，被保守的思想、观念、意识，封闭的制度、秩序，僵死的传统、法则、法律统治的地方。

知识小溪： “缓缓地流着”象征文明发展非常缓慢，社会停滞不前。

守旧老人： 象征旧的社会势力，处处阻碍着新事物的发展。

村民们： 象征从愚昧、无知走向悔悟、寻求幸福的人。

漫游者： 敢为天下先的人，敢于反叛旧世界，开辟新天地，有坚定的信念、无畏的精神、坚忍不拔的意志、从容赴死的气概。

重点问题 2：对前后“幸福生活”的理解

提问： 文章第一节“在宁静的无知山谷里，人们过着幸福的生活”。既然已经是幸福生活了，为什么还有漫游者的争斗，要离开这里，去寻找“疆界那边的生活”。这里的幸福生活与第 82 节的“幸福生活”有什么区别？

回答： “知识的小溪”流经的溪谷是“深邃破败”的，可见其文明生态是多么恶劣；“缓缓地流着”，可见其文明的进展是多么的缓慢。**由于随遇而安、安贫知足，人们没有不满，没有激动，有的只是“宁静”。** 如《胡同文化》的“忍”：“穷忍着，富耐着，睡不着眯着。”“有窝头，就知足了。大腌萝卜，就不错。小酱萝卜，那还有什么说的。臭豆腐滴几滴香油，可以待姑奶奶。虾米皮配白菜，嘿！”北京胡同文化的精义是“忍”。安分守己、逆来顺受。老舍《茶馆》里的王利发说，“我当了一辈子的顺民。”在这里，所谓“宁静”，是死水般的停滞；**所谓“幸福”，是麻木不仁的满足。**

追问： 萨特说过，存在的就是合理的。那么原初在山谷中的这种幸福生活为什么会存在那么多年？为什么“守旧老人”如此受人尊重？为什么大家在竭力维持这样的生活，不想突破？

回答： 他又在《宽容》的第一章《无知施虐》中告诫说：“我们仍处于一种低级社会形态。其特点是：人们以为现状完美无瑕，没必要再做什么改进。这是因为他们没有见过别的世界。”

补充回答： 在原始部落中，一切其他的想法都要为高于一切的要求——生存而牺牲。个人微不足道，集体至高无上；一个部落就是一座流动的堡垒，一个部落要靠自己，依靠群力，为己谋利，只有独立排他才有安全感……为了取得成功，人们不得不将他们的个性融于部落的共性之中。“一切现代的发现之中最伟大的是承认个性。”

补充回答： 由此发明了“禁忌”一词（守旧老人出现和存在的原因），“与不可见的世界相比，可见世界不值一提”……对于胆敢违背祖先魂灵的意愿的人要毫不怜惜地加以诅咒。“恐惧”由此滋生，“安分守己”由此滋生，“幸福”由此滋生。因此，不宽容不过是人们自卫本能的一种表现。

重点问题3：对寓言和通俗化语言形式的讨论

提问： 1920年房龙发表的《古人类》（1927年林徽因译本《古代的人》，上海开明书店出版），颇受中国学界关注，该书由郁达夫作序。在林译本序言中，郁达夫发表高见：房龙文笔生动，擅长讲故事。“他的这种方法，实在巧妙不过。干燥无味的科学常识，经他那么一写，无论大人小孩，都觉得娓娓忘倦了。”他又道：房龙魔力，并非独创。说到底，此人不过是“将文学家的手法，拿来讲述科学而已”。

追问： 在当时不少美国人看来：房龙成批发表通俗历史书，大赚其钱，沽名钓誉，委实令人侧目。

回答： 房龙死后，美国《星期日快报》刊登讣告，称他“善于将历史通俗化，又能把深奥晦涩的史书，变成普通读者的一大乐趣”。房龙的儿子，也在给他爸撰写的传记中表示：“美国文学史、史学史都不会留下房龙的名字。他虽然背着通俗作家的名声，却能让老百姓愉快地感受历史、地理和艺术。”对比美国人的评语，郁达夫之见不但中肯，而且老到。允许多样的艺术形式出现，这也是一种宽容。

补充回答： 类比司马迁，当时也为班固看不起。“究天人之际，成一家之言”正是其特色。所以这可能不是一般的历史学著作，而是房龙的历史，有着他的“一家之言”，即用“宽容/不宽容”去解构和重构历史，从古希腊、中世纪到启蒙运动——房龙不厌其烦，将一部“思想解放史”，刻意改写成一部“不宽容历史”：其间有种族屠杀，有十字军远征，有教会对异端的迫害，有宗教裁判所对科学家的折磨。当然，还有文艺复兴倡导的人本主义，启蒙运动鼓吹的思想自由。一句话，房龙笔下的欧洲文明史，始终贯穿着“宽容与专横”的搏斗：犹如一双捉对儿厮杀的角斗士，它俩分别代表了善与恶、黑暗与光明、进步与反动。

补充回答： 有个性有观点的表达，必定要用有个性的语言形式。同时，平易也不失为一种惠及大众的文风。如易中天《品三国》。《红楼梦》中林黛玉教香菱学诗，她说：“若是果有了奇句，连平仄虚实不对都使得的。若意趣真了，自是好的，这叫作“不以词害意”。

补充回答： 作为寓言形式出现，其“空筐效应”更为鲜明：

（1） 能唤起对某些形象的敬仰与激愤，由文本世界到现实世界迁移。

《过客》《门槛》（屠格涅夫）、《药》《为了忘却的记念》《我有一个梦想》《我所认识的蔡子民先生》（春风化雨，兼容并包）、《世间最美的坟墓》（托尔斯泰主义）、布鲁诺、谭嗣同（临刑前，他慷慨陈词：“各国变法，无不从流血而成，有之，请自嗣同始”“我自横刀向天笑，去留肝胆两昆仑”）。

（2）**可以基于各种视角作多元解读，立足文化视角的解读。**

无知山谷： 一种封闭、落后、专制的恶劣的文化生态，充满着愚昧、守旧、野蛮的不宽容的文化语境。

守旧老人： 顽固、冷酷、凶残、虚伪的旧文化的卫道士。

村民们： 保守、迷信、盲从、偏狭、固执的不宽容的文化心态。

爆发了叛乱： 一次面对文化困境的集体突围。

漫游者： 具有新思想、新观念，敢于怀疑、勇于牺牲、坚持真理的新文化的先驱。

※立足哲学视角的解读（教师补充）

无知山谷： 为欲望所驱遣的充斥着繁荣假象的表象世界。

守旧老人： 教会、理性、资本等所谓的“信仰”。

村民们： 受意志的本性支配，始终处于痛苦与无聊间的生存状态。

漫游者：“超人”：拥有“强力意志”的最勇敢的破坏者＋最伟大的创造者。

否定传统、蔑视权贵、不甘颓废、不断超越。正是尼采这种强力意志、批判精神，极大地鼓舞了鲁迅、郭沫若、茅盾等作家。他们采用尼采倡导的批判精神向封建旧传统、旧道德发起猛烈进攻。超人理论还启发我们：人的追求不能等待、依赖任何外力，必须独立自主地行动起来，自己拯救自己。

艺术： **暂时忘却，出离烦恼**

宽容： **吐故纳新，精神解放（宽容的实质就是解放思想，**任何的专制，包括狂热的信仰都是不宽容。）

PPT： **附：** **作为文体的教学**

寓言： 理的塑造，道理寄托在故事中，有倾向性观点和意见。

小说： 形象的塑造，反映社会现实，发现社会现象和问题，但没有答案。

序言： 一般是介绍、推荐某一著作，说明它的内容、写作目的和写作过程，有时也交代一些有关的背景材料，帮助读者理解著作。

四、疑惑问题讨论

我们到底怎样看待“宽容”？该不该“宽容”？

提问： 鲁迅的杂文《死》，写于鲁迅去世前44天。文中披露了鲁迅重病时拟定的七条遗嘱。其中第七条是：**“损着别人的牙眼，却反对报复，主张宽容的人，万勿和他接近。”** 鲁迅补充道，“欧洲人临死时，往往有一种仪式，是请别人宽恕，自己也宽恕了别人。我的怨敌可谓多矣，倘有新式的人问起我来，怎么回答呢？我想了一想，决定的是：**让他们怨恨去，我也一个都不宽恕。”**

初步回答：关键在于守旧者与先驱者是否是敌对关系，如果不是坚持错误立场，或为一己之私欲，严重阻碍了前进的步伐，犯下滔天罪行，就不是敌对关系，而是认知关系，认知容许有先后，这也是宽容。比如，对守旧老人（要求上车）**认识事物有过程，**也要宽容。

宽容：同一个阵营，非敌对关系，而是认知关系。
不宽容：敌我矛盾，敌对关系，不同阵营（敌人）。

回答： 对传统势力的宽容就是对真理的不宽容，这是原则问题。

1940年《宽容》再版，房龙写下后记《这个世界并不幸福》。为什么不幸福？只因“宽容理想惨淡地破灭了。我们的时代仍未超脱仇恨、残忍与偏执”。非但如此，“最近六年来，法西斯主义与各种意识形态大行其道，开始让最乐观的人相信：我们已经回到了不折不扣的中世纪。”他的结论：“宽容并非一味纵容。如今我们提倡宽容，即意味抵抗那些不宽容的势力。”

补充回答： 要分清行为层面和观念层面，在行为层面要讲人道主义，但在思想观念层面，影响到人类文明的进程、人类思想的发展，绝不能妥协！

《不列颠大百科全书》对宽容（tolerance）的定义：容许别人有行动和判断的自由，对不同于自己或传统观点的见解有**耐心公正的**容忍。

中国哲学中的“中庸之道”，“过”犹“不及”的前提是有一个度（底线）。

为了宽容的斗争：**不能宽容不宽容**（动宾结构）。

五、作业

引申问题：“不过将来（我们希望）”为什么要加括号内容，现在是否就是“将来”？

（二）诊断策略二：基于学分评价的日常诊断策略

基于学分评价的日常诊断策略，也是一种过程性的评价手段，引导学生进入主体性学习状态，帮助学生调整学习预期、学习态度，转变学习方式，提高自我效能，以此适应学生的发展水平和个性化的学习。

1. 基于学分评价的日常诊断策略操作步骤

步骤一：师生结合各学科具体情况，通过协商根据课程标准与各学科教学基本要求设计日常学习任务。

步骤二：师生通过协商制定“评价条例”、操作流程与“违约”处理措施，并形成文字，审议通过，开始实行。

步骤三：利用“评价条例”实施过程中种类丰富的“学分”记录，对学生的语文学习障碍点开展诊断，并对学生的学习状态进行干预。

步骤四：加强师生间的交流，结合具体学生的不同性格特点、学习状态和学习风格类型，对评价条例作出个别化的微调，订立个性化约定，促使每一个学生都能维持积极的学习动机，完成学习任务。

学生在学科学习中所做的几乎每一点“工”都有相应的“分”来回应，将语文学习各个层面的障碍点整合在一份诊断方案中，且将学习成绩与学习态度紧密挂钩，通过诊断评价，鼓励学生既能走向前台展示自己，又能守在后台支持他人；既注重独立思考，又强调团队合作，使学生在学科学习的同时，也学会展现自我，融入集体，引导学生在多渠道的学习活动中提高语言感受、运用能力和思想认识水平，将诊断的评价、激励和导引三个层面的功能有机地统一了起来。

2. 日常诊断学分设置方案

① **“工约”学习**：在“工约单”提示与指导下的自学；工约单必须妥善保存。

② **“堂课”功能**：解释、辅导、讲评、提升、综合。

③ **“检测”种类**：每单一检，每程一测（年级统测不在此列）。

④ **“个人发布”**：

- 形式：演讲、演出（包括课本剧等）、辩论、论坛、创作谈等；
- 要求：以一学期计，每人至少有一次担当“主角”的“个人发布”经历。

⑤ **“评价”条例**：

- 评价方式：学分计算制（以班级排名计）。
- 评价内容：共十类。

ⅰ. 年级统测（包括月考、中考和终考）：

- 第一名：30 分；
- 第二名：25 分；
- 第三名：20 分；
- 平均分以上（含）：15 分；
- 低于平均分：5 分；
- 最后三名：0 分。

ⅱ. 每单（程）检测：

- 第一名：10 分；
- 第二名：8 分；
- 第三名：6 分；
- 过关：5 分；
- 不过关：0 分；
- 二次过关：3 分。

ⅲ. “工约”完成情况：

- 优秀：20 分/单；
- 按时完成：10 分/单；
- 未完成：0 分；
- 经督促后完成的：质量高：10 分/单；普通：5 分/单。

ⅳ. “小作文”完成情况：

- 优秀：8 分/篇；
- 良好：6 分/篇；
- 合格：4 分/篇；
- 未完成：0 分/篇；
- 经督促后完成的：质量高：5 分/篇；普通：2 分/篇；
- 抄袭者：扣 8 分/篇。

ⅴ. “大作文”完成情况：

- 优秀：10 分/篇；
- 进步大：10 分/篇；
- 有特点：8 分/篇；
- 有起色：6 分/篇；
- 无起色：3 分/篇；
- 未完成：0 分。

ⅵ. “发布”表现：

- “发布”1 次：10 分；
- “发布”2 次：15 分；
- “发布”3 次及以上：20 分；
- 表现出色：每次加 5 分；
- 额外嘉奖：每次加 10 分。

ⅶ. 每日背默情况（以一学期计）：

每天都是一次过关的：加 30 分；

有 1—3 天需要二次过关的：加 20 分；

有 4—7 天需要二次过关的：加 10 分；

有 15—20 天需要二次过关的：扣 10 分；

有 21—25 天需要二次过关的：扣 20 分；

有 26—30 天需要二次过关的：扣 30 分；

31天以上需要二次过关的：扣50分；

未过关者，每一次扣20分，上不封顶。

ⅷ. 贡献奖：为班级或老师、同学做出特殊贡献的，经师生商议后酌情嘉奖5—50分。

ⅸ. 自励奖：经自荐及8人以上共同推荐，在学习态度、学习兴趣、学习成绩或学习领域、学习方法上有重大转变或重大突破的，可酌情嘉奖5—50分。

ⅹ. 机动奖：其他未曾列举到的临时性学习任务，可在师生协商后即时添加。

（三）诊断策略三：基于学科标准的评估诊断策略

高中语文的学习，最集中的评价考核是高考。随着语文高考评价改革的深入推进，基于语文核心素养，围绕新版语文课程标准的考试评价也有了一定的变化。我们依据语文高考评价改革的趋势，制订出了基于学科标准的诊断评估编码方案，并研制出诊断套题，形成了基于学科标准的评估诊断策略。

1. 基于高中语文学科标准的诊断评估编码方案

1. 积累应用

1.1 识记

1.1.1 掌握课文涉及的重要作家、作品及与之相关的文学常识、文化常识。

1.1.2 再现古诗文中的名篇、名句。

1.2 运用

1.2.1 在提供的新情境中使用名篇、名句等。

1.2.2　根据语境，使用语文知识进行识别、判断、归类、纠正等。

2. 阅读社科类现代文

2.1　理解

2.1.1　理解词语在文中的意思。

2.1.2　理解句子在文中的意思。

2.1.3　理解文中重要概念的含义。

2.1.4　理解图表，用文字解释图表，完成图文转换。

2.1.5　提取、筛选、整合文中信息。

2.1.6　概括部分或整体的文章内容。

2.1.7　概括说明对象的特征或规律。

2.1.8　概括文章中心、作者观点。

2.1.9　概括结构特点，梳理行文思路。

2.2　运用

2.2.1　运用语文知识，依据语境、内容，进行排序、补充、判断等。

2.2.2　分析词、句、段在文中的作用。

2.2.3　分析所用材料的作用。

2.2.4　分析所用方法的作用。

2.2.5　分析文章各部分间的逻辑关系。

2.2.6　分析作者态度、写作意图。

2.2.7　分析文章的语言特点。

2.2.8　分析文章的表达方式、写作手法的作用和效果。

2.3　综合

2.3.1　评价文章所运用的材料、方法以及语言表达的逻辑性。

2.3.2　评析文章内容、观点的意义和价值取向。

2.3.3　根据文章内容进行调整、补充、判断或推断、推想。

2.3.4　对指定问题进行探究，形成自己的见解。

3. 阅读文学类现代文

3.1　理解

3.1.1　理解词语在文中的含义。

3.1.2　理解句子在文中的含义。

3.1.3　概括部分或整体的作品内容。

3.1.4　概括对象特点、作品主旨、核心思想。

3.1.5　概括结构特点，梳理行文的线索和思路。

3.2　运用

3.2.1　分析词、句、段在文中的作用。

3.2.2　分析选材、组材的特点。

3.2.3　分析作品各部分间的联系。

3.2.4　分析作品中所表现的人、事、景、物与情、志、理的关系。

3.2.5　分析作品的修辞手法、表达方式、表达技巧的作用。

3.2.6　分析作者的情感、写作的背景和意图。

3.3　综合

3.3.1　赏析作品的语言运用。

3.3.2　赏析作品的构思特点、叙述视角、细节运用等。

3.3.3　赏析作品使用的表现手法的特点及其表达效果。

3.3.4　赏析词句的表现力及其修辞效果。

3.3.5　评价作品塑造的艺术形象。

3.3.6　评价作品使用的表现手法、表达方式等。

3.3.7　评价作品内容、思想的意义和价值取向。

3.3.8　根据作品的思想内容与表现形式，评析其审美价值与文化内涵。

3.3.9　根据作品内容进行联想、想象。

3.3.10　根据作品内容进行辨析、推断，探究作品内涵，形成自己的见解。

4. 阅读古代诗文

4.1　理解

4.1.1　解释常见文言实词和虚词的在文中的意义与用法。

4.1.2　理解与现代汉语不同的句式和用法。

4.1.3　用现代汉语翻译句子。

4.1.4　理解词语、句子在诗文中的含义。

4.1.5　筛选、整合文中信息。

4.1.6　概括部分或整体的文章内容。

4.1.7　概括对象特点、文章主旨、思想观点。

4.1.8　概括结构特点，梳理行文思路。

4.2　运用

4.2.1　运用语文知识，依据语境、内容，进行断句、排序、判断、纠正等。

4.2.2　分析词、句、段在文中的作用。

4.2.3　分析所用材料、方法的作用。

4.2.4　分析作品各部分间的关系，把握行文思路。

4.2.5　分析作者的情感、写作背景和意图，以及文化内涵。

4.2.6　分析常见的表现手法及其表达效果。

4.3　综合

4.3.1　赏析作品中富有表现力的词语和句子。

4.3.2　赏析作品使用的手法。

4.3.3　赏析作品的意象、意境。

4.3.4 赏析作品的语言运用、逻辑条理与文体特点。

4.3.5 评价作品的思想意义和社会价值。

4.3.6 评价作品的艺术特色。

4.3.7 探究作品内涵，形成自己的见解。

5. 写作

5.1 思想内容

5.1.1 准确把握题意。

5.1.2 主旨明确，思想健康，感情真实。

5.1.3 选材恰当，内容充实。

5.1.4 力求有新意。

5.2 结构布局

5.2.1 结构完整，布局合理。

5.2.2 层次分明，条理清晰。

5.3 语言表达

5.3.1 语言通顺、准确、得体。

5.3.2 合理运用表达方式。

5.3.3 书写规范，标点符号使用正确。

2. 基于高中语文学科标准的诊断评估套题示例

- **按要求填空。(2 分)**

__________，金石可镂。（________《劝学》）

【答案】锲而不舍　荀子

【测量目标】1.1.1　掌握课文涉及的重要作家、作品及与之相关的文学常识、文化常识。4

- **阅读下文，完成题目。**

静流

李丽娟

① 弟弟迷恋音乐，不仅迷恋流行歌曲，也迷恋中国古典乐器。他常常在夜里吹奏笛子，声音清越，吹出月光、竹林、沙滩、仙鹤……升入高中以后，弟与另两个男孩一起组成了一个“红蜻蜓”歌唱组合。我喜欢那些在晚霞中飞舞的小精灵，弟也喜欢，我们都记得捉放蜻蜓是儿时最喜欢的游戏。红蜻蜓组合在春日夕阳中翻唱着一些小虎队的歌曲，唱得投入而动情，虽然只有我一个观众。弟说，他要考艺术院校。这当然没有成功，父亲认为那是不务正业，严厉禁止。弟在那年高考中落榜了。为了实现愿望，弟又转向别的途径，准备去当文艺兵，这最后也没实现。弟心灰意冷，对音乐的追求就此止步。他常常迷茫地望向远方——人生浩瀚，哪条才是他要走的路？

② 对于父亲的横加干涉，弟是心怀怨怼的。他整日整日地不回家，在外面游荡，抽烟，喝酒，看录像，甚至赌博。父亲对于弟的不成器是彻底失望的，竟日摆着一副恨铁不成钢的表情，看也不看弟一眼。他们犹如宿敌，冷战，僵持，中间横亘着大片大片的沉默，黑夜般深不可测，没有光亮。

③ 那些坚硬的、暗含敌意的、荒原一般的沉默，是什么时候开始消融，最后随风化为流水的，我不得而知。

④ 我那时已在江南。弟有时写信，有时打电话，内容里渐渐多了关于父亲的信息。初涉尘世的弟弟被浮世的炎风吹刮后，终于体会到了现实巷间烟火的不易。弟才知道，父亲对于他的要求，并非仅仅是为了自己的脸面，那要求，也是生活本身对他的要求。

⑤ 相应的，在经历过我的一些波折后，父亲对弟也渐渐有了释然。父亲终于明白，子女的人生是无法由他来设计的，我们都不过是千万人中最

普通的那一个。

⑥ 柔软悄悄而来，来自两个血脉相连的男人，如静海深流。

⑦ 在四处求人碰壁后，父亲拿出积蓄，为弟买了出租车。弟把自己安顿在皖北那个小城，结婚，生子，开始了平淡的人生。

⑧ 尘埃随之落定。

⑨ 一年的秋日，我自江南回去探亲，家人聚在一张饭桌上，吃着饭菜，说着闲话。屋外，秋阳融融。饭后，父亲递一支烟给弟，弟点火，两人抽一口，吐出，对望。烟圈上旋，被风吹着，袅袅散去。一切都在不言中，生活似乎在和解与体恤中，平静地向前流去，父亲展望着他含饴弄孙的晚景。

⑩ 如果，生活仅仅如此按部就班地向前走去，父亲与弟弟都不会看到他们各自的另一面。

⑪ 波澜总在不经意间降临人间。

⑫ 弟的孩子，我的侄儿，在出生一年后，被诊断为孤独症患者。不能接受现实的是父亲。他，在一夜间，叶落萧萧，只剩下虬枝无言地指向天空。弟第一次发现了父亲的软弱，那貌似强大的外表下，也有不堪一击的所在。他一边安慰父亲，鼓励妻子，一边筹款，四处求医。竭尽人事，要为侄儿打开那扇自闭的门。弟开始不停地讲话，虽然他讲得口干舌燥，侄儿一点反应也没有，弟说，他不会放弃。父亲第一次知道了弟是执着的，像蒲草，看似柔弱，实质有坚韧自持的力量。

⑬ 在弟的从容面前，父亲到底接受了现实，他什么也没说，拍拍弟的肩膀，把退休工资卡交给了弟。弟不要，父亲露出怒目的本色，喝令他收下。然后挺直脊背，走出大门。

⑭ 此后，父亲就是那个随传随到的人，只要弟需要，他总在那里，并一直守在那里。

⑮ 弟临走时，悄悄叮嘱我：爸老了，有时犯糊涂，在你这里，你精心点。我说，你放心吧。

⑯ 弟走后，父亲说，看看，你弟变能干了，我说，是，弟一直都很能干。父亲对弟的赞许是在他走后才说出来的。

1. 第①段中的“吹出”一词用得很巧妙，请简要赏析。（3分）

【答案】“吹出”与“月光、竹林、沙滩、仙鹤……”搭配，借助通感，化无形为有形，生动形象地写出了弟弟笛子吹得好，笛声优美动人，富有表现力。

【测量目标】3.3.4　赏析词句的表现力及其修辞效果。4

2. 文章以“静流”为题，有何深意？请简要说明。（5分）

【答案】从第⑥段可以看出，本文把父子之情比作了平静的大海，但静海之中有深流，这深流就是父亲对儿子、儿子对父亲这两个男人之间深到极致却未曾说出口的关爱和牵挂，就是题目所说的“静流”。但“静流”之中也有“波澜”，“我”家的波澜就是侄子的孤独症，然而在波澜之中更显示出这股“静流”的深沉与厚重。以“静流”为题，含蓄深沉，耐人寻味。

【测量目标】3.2.6　分析作者的情感、写作的背景和意图。5

▸ **阅读下面诗歌，完成题目。**

送何遁山人归蜀

【宋】梅尧臣

春风入树绿，童稚望柴扉。

远壑杜鹃响，前山蜀客归。

到家逢社燕，下马浣征衣。

终日自临水，应知已息机[①]。

【注】①息机：摆脱琐事杂务，停止世俗活动。

对本诗分析不恰当的一项是（　　）（3 分）

A.“绿”字极具动感，形象地写出了春天的勃勃生机。

B.“童稚”句通过想象写家人热切盼望何遁山人归蜀。

C.“远壑杜鹃响”为送别友人增添了浓重的悲伤色彩。

D. 前人评价梅诗“工于平淡”，本诗与此评价相吻合。

【答案】C

【测量目标】4.2.2　分析词、句、段在文中的作用。3

▸ **阅读下文，完成题目。**

① 敬恒，讳宏任，别字思诚，杭之钱塘人也。姚氏，故杭之右姓。敬恒少孤，其母贤妇也。敬恒不应科举，隐于市廛[①]，稍营十一之息以养家。其母一日见敬恒贸丝，银色下劣，愠甚，曰：“汝亦为此恶行乎？吾无望矣。”敬恒皇恐，长跪谢，愿得改行。

② 乃受业于应先生潜斋，每日朗诵《大学》一过，潜斋雅爱之。一言一行，服膺师说，洎然自晦，凡事必归于厚。沈匍华之卒也，潜斋不食二日，敬恒问曰：“朋友之丧而若此，无乃过欤？”潜斋喟然叹曰：“为其无以为丧也。”敬恒曰：“请为先生任之。”殡葬皆出其手。潜斋不肯轻受人物，惟于敬恒之馈不辞，曰：“吾知其非不义中来也。”然敬恒不敢多有所将，每时其乏而致之，终其身无倦。潜斋之殁，敬恒执丧如古师弟子之礼。姚江黄先生晦木于人鲜可其意者，独见敬恒而许之，曰：“是独行传中人物也。”

③ 尝游于闽，闽督姚公盛延之，访以海上事[②]。敬恒对曰：“游魂[③]不日底定矣。但闽中民力已竭，公当何以培之？”闽督肃然颔之，然敬恒以学道故，所营十一之息无甚增益而勤施，渐不可支，遂以此落其家。

④ 晚年以非罪陷缧绁。宪使阅囚入狱，敬恒方朗诵《大学》，宪使异之，入其室，见其案上皆程、张之书也，呼与坐而语之，大惊，即日释

之。然敬恒卒以贫死。其平生但事躬行，不著书，故鲜知者。

（选自［清］全祖望《姚敬恒先生事略》，有删改）

【注】①市廛（chán）：店铺集中的地方。 ②海上事：清政府平定台湾之事。 ③ 游魂：指当时据守台湾的郑氏政权。

为下列句中加点词选择释义正确的一项。（2 分）

（1）敬恒皇恐，长跪谢（ ）

A. 感谢 B. 认错 C. 告辞 D. 衰落

【答案】B

【测量目标】4. 1. 1 解释常见文言实词和虚词的在文中的意义与用法。3

（2）潜斋雅爱之（ ）

A. 非常 B. 平常 C. 文雅 D. 高尚

【答案】A

【测量目标】4. 1. 1 解释常见文言实词和虚词的在文中的意义与用法。3

（四）诊断策略四：基于观察询问的分析诊断策略

基于观察与询问的分析诊断策略，是指运用讲述、表演、演讲、朗诵、交流、个别访谈等方式，凭借教师的经验对学生的情况开展诊断，分析其学习障碍点。

1. 通过本班同学形成诊断分析

（1）“询问法”，即找学生本人或其同学询问，看看他们的学习困难、障碍点在哪里。

（2）“问题纸法”，即老师在上课前一天要求学生预习学习内容，并将自己的疑问与学习障碍点写在小纸条上；如果学生写不出问题，教师可以通过检查学生概括课文主要内容等方式来发现学生的问题在哪里，第二天上课前，老师将学生的问题收上来进行分类筛选，分析学生的学习障碍点。

(3)“问题指南卡法”，就是在一个学习主题开始之前运用“问题指南卡”，引导学生尽可能地从不同方面提出疑问，在学生提出各种问题的基础上，教师对问题进行整理、分类，分析学生的学习障碍点。

(4)“观察法”，通过组织语文综合实践活动，以及对学生表现的观察，分析其学习障碍点。

2. 通过别班同学形成诊断分析

如果是同样的学习内容，上一届学生曾经出现的学习障碍点就可以成为本届学生的障碍点预估，前一个授课班学生的障碍点就可以成为下一个班的分析资源。

3. 通过同事或家长形成诊断分析

与有经验的同行交流也是一种很好的方法，可以问问在他们的班级里学生会有哪些问题；同时，与家长沟通也是发现学生学习障碍点的好途径，特别是学生非智力因素方面的学习障碍点，家长往往能提供第一手信息。

第十章　个人学习环境建构及图谱化给养资源开发

一、基于“主动思维”的语文个人学习环境模型构建

此模型以个性化教学与自主学习理论为基础，据学生自身特点与需求，在具备**导航**与**给养**功能的学习支持下，构建了学生通过目标设定进行自我导向，选择学习资源与工具，设计、实施、控制和管理自己的学习，并与其他学习者交流合作的闭环**系统**。在这个过程中，学生能够自我组织、制订并执行学习计划，自主选择学习策略，并能控制整个学习过程，对学习进行自我评估，它充分地考虑到教学行为的个人化与学习行为的个

基于“主动思维”的中学语文个人学习环境模型（PLE）

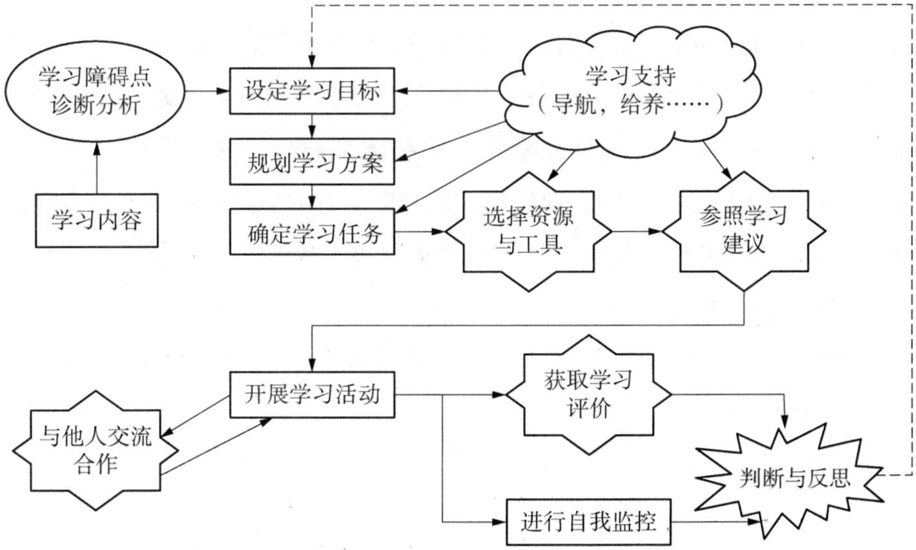

人化特征，打破了传统学习群体的结构，把学生作为一个个体，置于一个更为个性化的情景之中。

二、 高中语文图谱化资源给养系统开发与运用

“上海市高中语文图谱化资源”（www. gaozhongyuwen. com. cn）资源系统主要包含了资源库、学习工具、我的收藏、系统设置等功能。资源库的内容按照教育部新版《高中语文课程标准》作总体架构，分成“语言建构与运用”“语感建立与升华”“思维发展与创造”“文化积淀与认同”四个板块。所有资源以结构化、系统化、图谱化呈现，各类型与各板块资源之间具有呼应关系。

资源库提供了具备导航与给养功能的支持性资源，以及一些智能化教学小工具。资源类型包括导学单、诊断题、习题、微课、优课、课件和其他相关学习资料、学习工具及辅助资料等。资源库中的导学单按照“结构化问题”的思路编制，学习目标设置清晰，内容科学，逻辑性强。诊断测试题综合覆盖了资源框架中的每一个知识点与学生的学习障碍点。微课基于单个知识点、能力点或学习障碍点的突破来制作，内容准确，过程清晰，时长约为 3 至 10 分钟。课件和优课类资源有完整的教学环节，内容科学准确，具有示范性。其中课件为图文类资源；优课类资源包括课堂实录和专家点评两个部分。

（编辑注：该资源系统为课题成果之一，由外网访问时暂未对外开放，具体运营情况以作者给出数据为准）

登录界面：

系统首页：

资源库界面：

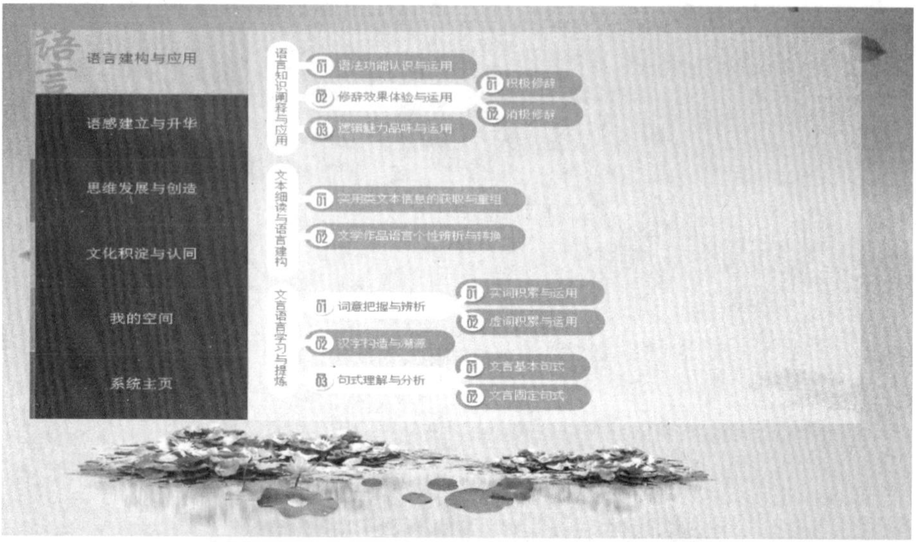

学习工具界面：

微课视频界面：

自学空间界面：

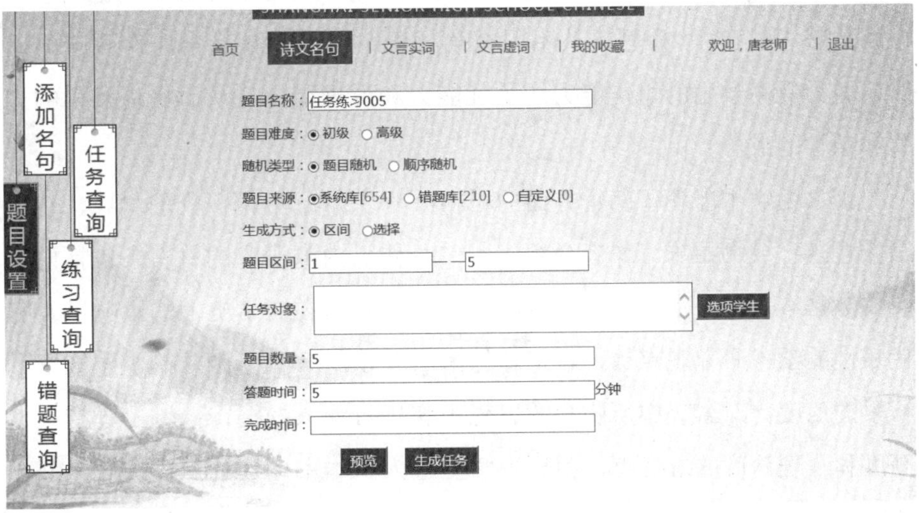

目前，在“上海市高中语文图谱化资源”系统中，有导学单85单、微课55节、优课21节、诊断题255道、习题1 310道、课件85个、文本资料99个、视频资料10个、图片资料10个、记忆工具3个。该系统覆盖了课前、课中、课后、课外的教与学全流程，课前帮助学生自己练习、帮助老师了解学生对习题掌握情况、协助管理者做目标设定；课中帮助老师进行教学分析；课后给学生提供课堂复习及学习体验。

在语文学科全国“一本一纲”的背景下，此系统也为全国语文课程与评价改革的推行做了先行尝试。

三、 基于“整本书阅读”的名著导读给养资源建设

2016年5月，学林出版社出版了本项目的阶段性成果《中学生作文视域中的名著品析》，受到了师生广泛好评。该书以提升中学生阅读境界为宗旨，精心挑选13部名著，结合近年中高考作文命题思路和话题范畴引导学生思考49个哲学命题，从不同视角切分、品评，在品尝原作原味的同时，着力提高学生的思辨能力、质疑能力和说理能力，从而实现阅读的进阶和精神的成长。

该书为学生准备了两个方面的材料：一是作品外部研究的材料，包括写作背景、成书始末、作者介绍等；二是作品内部研究的材料，包括内容概要、基本主题、主要艺术特点的赏析，还有它在文学史上的影响以及有代表性的学术研究观点等。在每篇的第二部分，13位老师从“主题知识”积累的角度，对名著中所隐含的思想内容进行深入挖掘，提炼出具有人性高度和哲理深度的思考点，引导中学生进入整本书阅读的深度理解，开创了一条引领学生走向名著的阶梯。

1. 基本体例

该书共用13篇品读论文构成，每一篇都遵循一定的体例搭建结构。包括两大部分，简介如下：

第一部分：经典扫描（包括三个方面内容）

- 写作背景及成书始末：涉及该名著成书的时代背景、社会背景，成书经过，作者介绍等。
- 内容概要及基本主题：包括该名著的缩写，以及对故事人物、主题思想的分析，对主要艺术特点的赏析等。
- 在文学史上的影响及各种解读掠影：介绍该名著在文学史上的独特地位，提供具有代表性的学术研究观点或学术争鸣焦点等。

第二部分：中学生作文视域中的名著品析

主要结合近年高考作文命题思路，对名著中所隐含的思想内容进行深入挖掘，提炼出具有人性高度和哲理深度的主题性知识，引导中学生进入深度理解。

2. 选题定点

（1）《理想与现实——再读〈红与黑〉》

① 理想与野心仅一步之遥

② 人生就是摆脱对“他者”的表演

③ 善必须通过恶的考验

④ 幸福的归宿是宁静

⑤ 直面现实，实现自我

（2）《高贵与平凡——再读〈简·爱〉》

① 自爱自强，造就强大内心

② 宽容别人，就是善待自己

③ 追求平等，收获美好爱情

（3）《一种对“活着”与“死亡”的哲学领悟——再读〈活着〉》

① “福贵式活着”——与命运言和

- “隐忍坚韧”的性格承受
- “悲悯仁厚”的温情救赎
- “向死而生”的通达超脱

② “福贵精神”——比较视野和辨析思维下的再读

- 阿Q与福贵
- 格里高尔与福贵
- 桑提亚哥与福贵

（4）《坚守与超越——读〈苏东坡传〉》

① 伟大的人物永远真挚、恳切、忠于自我

② 能超越才能坚持

③ 自然与人文才能带给人类恒久的慰藉

④ 通达，是雨骤风狂后的晴朗

（5）《天地不仁与天地大德——再读〈边城〉》

① 命运无常，人可确定的唯有必到的死与必经的生

② 当文明与教化在教育且阉割人时，自然却在长养与教育人

③ 从被启蒙者那里获得的启蒙：我们的民族自有其硬扎、结实与伟大

（6）《生的价值与死的意义——解读〈生死场〉》

① 生命的历程是挣扎的历程

② 反抗命运就是打破自己

③ 拒绝如蝼蚁般的生命，不要让灵魂的麻木成为本能

④ 苟延残喘不是生，“向生而死”却是活

（7）《平凡与不平凡的世界——再读〈平凡的世界〉》

① 在苦难的人生中奋起，在平凡的世界中超越

② 仁者情怀，大爱无疆

③ 坚守信仰，不忘初心

(8) 《假作真时真亦假——〈变形记〉解读》

① “自我”迷失导致“存在感”危机

② 人际关系是一张什么网

③ 是责任，还是压迫——这是个问题

④ “孤独”是福，“孤立”是祸

(9) 《人生并不是一场浮于空中的冒险——再读〈堂·吉诃德〉》

① 改变世界的同时，还要适应这个世界

② 走错时代的骑士，盗梦空间里的英雄

③ 人的天性如果被理性文明压抑，就会变成疯狂

④ 冒险是对自我探索的一个过程

(10) 《逃离与自我认同——读毛姆〈月亮与六便士〉》

① 群体与焦虑

② 湮没与逃离

③ 自我与认同

(11) 《桑提亚哥的“奇幻漂流”——〈老人与海〉经典再读》

① 尊重对手，敬畏对手，感谢对手

② 个人英雄主义无法成功，人处于群体中才会进步

③ 人可以被打败，但不可以被消灭

(12) 《关于理智与情感的思考——再读〈傲慢与偏见〉》

① 固守第一印象会导致偏见

② “错过”交流易引发错误结果

③ 互敬和尊重是关系长久的关键

④ 幸福是精神和物质的融合

(13)《穿越时代的重重乌云——再读〈呼啸山庄〉》

① 直面灵魂深处最真实的自我

② 关于人性的永恒探讨

③ 复杂叙事背后隐藏的真相

④ 正视那些与时代格格不入的天才

3. 语篇示例

理想与现实——再读《红与黑》

一、经典扫描

1.《红与黑》的写作背景及成书始末

● 鸿文巨篇，出世遇冷

1830 年 11 月 15 日，司汤达的长篇小说《红与黑》在法国巴黎问世，引起了德国文学巨匠歌德的高度评价，认为它是司汤达的“最好作品”，并且极其推崇此书“周密的观察和对心理方面的深刻见解”。

然而在本国，《红与黑》却遭到了令人匪夷所思的截然相反的待遇，公众对这部小说的反应十分冷淡，初版只印了 750 册，后来依据合同又勉强加印了几百册，梓版便被束之高阁。其后 10 年间，仅卖掉了 100 册，其余的便只能堆在角落里蒙尘。这在以小说为主要消遣方式的 200 年前的法国（当时每一位法国妇女，每月对小说的需求量是五六本以上），是多么的不可思议！

对此，司汤达本人似乎早有预料，但他始终坚信自己作品的价值，他说，时间能揭示任何隐秘的东西，也会掩盖现在最辉煌的东西。因此，他一再申明：

“我将在一八八〇年为人理解。”

“我所看重的仅仅是在一九〇〇年被重新印刷。”

“我所想的是另一场抽彩，在那里最大的彩注是：做一个在一九三五年为人阅读的作家。”

……

历史是公正的，它以惯常的面无表情演绎了对司汤达的热情辩护，用将近200年的时间，兑现了作者所有的预言，甚至，这部作品的价值与影响，还远远超出了亨利·贝尔的最丰富的想象……

50年后，《红与黑》以掩盖不住的锋芒，震烁欧洲；80—100年后，读者遍及全世界。20世纪初，作为首部实践现实主义创作原则的欧洲小说传入中国后，《红与黑》很快成为统治中国文学界近百年的“主流标准”，光译本就接近40种；即便是在现代主义思潮大盛的20世纪最后20年的中国，以《红与黑》为代表的一批欧洲现实主义小说仍然备受中国读者的欢迎，直至21世纪的今天。

- **从《于连》到《红与黑》**

让我们追溯一下，应该是1827年12月28日至31日的几期《法庭公报》，触动了作者创作的引擎，小说的故事框架和人物雏形突然如此清晰地呈现在了作者眼前（详见“资源链接1”），借以填充与徜徉司汤达无比庞大的内心的热忱、烦闷、困惑、激情、矛盾与信仰的世界，终于出现了！

※资源链接1：

对有助于了解和研究社会的各种文献嗜之为癖的司汤达，是《法庭公报》的热情读者。一八二八年初的一天，上述几期《法庭公报》对伊泽尔省重罪法院正在审理的一桩刑事案件的报道映入他的眼帘。那案情大致是这样的：现年二十五岁的安托万·贝尔德是布朗格村一个马掌匠的儿子。

他身体孱弱，不适合体力劳动，但在学习方面却颇有天分，村里好几位头面人物便设法帮助他进身教会。当地的本堂神父收留了他，教他学文化。

一八一八年，他进入了格勒诺布尔市的小修院。一八二二年，他因患病而中断学习，经那位本堂神父介绍，受雇为米肖先生的一个儿子的家庭教师。我们从报道中看到，年轻的家庭教师在法庭上一口咬定和比他年长十一岁的米肖夫人发生恋情。因而米肖先生把他扫地出门。此后，他两次找到工作，可是不久都被辞退。他重又寻求走教会的道路，也均遭拒绝。他把自己的厄运归罪于米肖夫妇。一八二七年七月的一个星期日，他潜入布朗格村的教堂，先向米肖夫人，后向自己，连开两枪，两人都重伤倒在血泊中。（张英伦，1986）

发生在家乡的这桩未遂事件，引起了司汤达浓厚的兴趣。但是，拥有着丰富的社会政治阅历，抱定了明确的文学创作原则，经历过长期的实践思考发酵的司汤达，并未将此事件简单地构思成一部言情小说。他首先在主人公的爱情挣扎中糅进了一个平民青年的奋斗历程，想在小说里描写于连短短一生的爱情悲剧与个人奋斗悲剧，因此，作品的名字最初被定为《于连》。

此后，作者的另一种见解又开拓了作品的内涵："社会好像一根竹竿，分成若干节。一个人的伟大事业，就是爬上比他自己的阶级更高的阶级去，而上面那个阶级则利用一切力量阻止他爬上去。"这个精辟的比喻凝聚了作者多年的阅历与思考，于是，司汤达又把创作的重心转向于连一生受地位、金钱的诱惑如何向上爬，以及最终被上流社会推向死亡时的悔悟，把书名改为《诱惑与忏悔》。

然而，时代的风暴如此猛烈（详见"资源链接 2"），冲破了作者仅着眼于一人一生的窠臼。有一天，正与友人闲聊，司汤达的言语中突然蹦出了三个字："红与黑"。他若有所思而喃喃自语："红意味着，假如于连早出生一个时代，那一定是当兵的；然而他所处的那个时代，他不得不当教士，这便是黑的来历……”

就这样，似乎是瞬时的灵光一现，这部作品的主题便达到了这样的一个历史的高度：通过于连的故事，“他要写出十九世纪最初三十年间压在法国人头上的历届政府所带来的社会风气，一八三〇年前夕教会和国家的欺骗、厚颜无耻和虚伪，从而抒发他心中对革命岁月的怀念与向往，对复辟王朝的愤怒与仇恨，以及对自由、平等的渴望。”由此，司汤达把作品的社会背景设定为1825年至1829年间的法国，即波旁复辟王朝的第二个国王查理十世上台的第二年，到这个王朝覆灭前一年的法国，并最终把小说定名为《红与黑》，加上了“1830年纪事”的副标题。

※资源链接2：

18世纪资本主义在法国部分地区已相当发达，资产阶级已成为经济上最富有的阶级，但在政治上仍处于无权地位。农村绝大部分地区保留着封建土地所有制，并实行严格的封建等级制度。由天主教教士组成的第一等级和贵族组成的第二等级，是居于统治地位的特权阶级。资产阶级、农民和城市平民组成第三等级，处于被统治地位。特权阶级的最高代表是波旁王朝国王路易十六。18世纪末第三等级同特权阶级的矛盾日益加剧。特权阶级顽固维护其特权地位。在第三等级中，农民和城市平民是基本群众，是后来革命中的主力。资产阶级则凭借其经济实力、政治才能和文化知识处于领导地位。

1789年5月由于财政困难国王被迫召集三级会议，路易十六企图向第三等级征收新税，但第三等级纷纷要求限制王权、实行改革。6月，他们毅然决定将三级会议改为国民议会。路易十六准备用武力解散议会，巴黎人民于1789年7月14日起义，攻占了法国象征封建统治的巴士底狱，法国大革命爆发。

1791 年 6 月 20 日路易十六乔装出逃，企图勾结外国力量扑灭革命，中途被识破押回巴黎。广大群众要求废除王政，实行共和，但君主立宪派则主张维持现状，保留王政。第一、二等级和大资产阶级取得了妥协，但和占法国人口大多数的农民和城市平民的矛盾依然没有缓和，相反，人民在斗争中看到了自己的力量。

1792 年 8 月 10 日，巴黎人民再次起义，推翻君主立宪派统治，逮捕路易十六。9 月 21 日召开国民公会，次日宣布成立法兰西共和国，1793 年 1 月处死路易十六。

此后，国外围剿革命的势力浊浪滔天，督政府中，一个新的政治明星应运而生，他就是拿破仑。1799 年 11 月 9 日（共和八年五月十八日）拿破仑·波拿巴发动雾月政变，结束了督政府的统治，建立起临时执政府，自任执政，担负起了扫荡欧洲封建势力、最后巩固大革命成果的重任。1804 年 3 月建立法兰西第一帝国，12 月 2 日加冕，称拿破仑一世。

1814 年 3 月 31 日反法盟军、路易十八进入巴黎，4 月 4 日拿破仑在巴黎枫丹白露宫签署退位诏书，被放逐厄尔巴岛。1815 年 3 月 1 日，拿破仑登陆法国，3 月 20 日重登皇位。6 月 18 日滑铁卢兵败，6 月 22 日拿破仑退位，不久被流放圣赫勒拿岛（1821 年病死该岛），法兰西第一帝国最终覆灭。路易十八在外国军队保护下复辟了波旁王朝。

1824 年查理十世继位，1830 年 7 月 25 日查理十世颁布敕令：修改出版法，限制新闻出版自由；解散新选出的议会；修改选举制度。激起了法国人民的愤怒，由此点燃了“七月革命”的导火线。7 月 28 日黎明，巴黎人民发动“七月革命”，经过 3 天战斗，攻下王宫，国王查理十世逃往英国，建立了以路易·菲利浦为首的金融资产阶级统治的七月王朝，至此法国大革命彻底结束。（百度百科）

高尔基曾经这样说，司汤达的才能的力量在于，他把一件十分平凡的刑事案件提到对十九世纪资产阶级社会制度进行历史的、哲学的研究的境界。的确如此，从一纸简单的刑事案件拓展到那个特殊时代的广阔社会画面，从一个普通的刑事罪行上升到对当时日益尖锐的法国社会矛盾的敏锐拷问，从一个浅薄的暧昧事件深入到围绕爱情本质展开的人性剖析，这一切，使《红与黑》成为一部经得起时间考验的永不褪色的鸿文巨作！

- **“人类心灵的观察者”自传**

司汤达开始写作《红与黑》时，已四十五岁。这四十多年的人生历程，恰一路伴随着1789年法国资产阶级大革命爆发以来曲折坎坷的历史岁月；这段人生历程，与资产阶级和封建阶级的两种思想、两种制度在法国和欧洲范围的大搏斗紧紧相连。《红与黑》这部巨作的产生，可以说是作者此前走过的漫长生活道路与时代风暴导向的必然结果。（详见“资源链接3”）

※资源链接3：

司汤达（1783—1842），原名亨利·贝尔，1783年1月23日诞生于法国南部的格勒诺布尔市。父亲是律师世家的中产阶级，思想极其保守。母亲早逝后，一向对他冷漠的父亲再婚，索性把他交给一个神父教管。而他却乐于接受外祖父——一个信仰启蒙运动思想的老医生的影响。在资产阶级革命时期，他和家庭的矛盾发展为政治上的对立。当父亲因革命的胜利而惊恐万状的时候，他却欢欣鼓舞。小贝尔举着自制的小三色旗在自家的空房子里庆祝共和党人的胜利的情景，感人至深。

1799年11月10日，即拿破仑发动雾月政变的第二天，司汤达来到巴黎，任陆军部秘书长的表兄达律将军安排他在部里工作。1800年、1806年和1812年，他三次跟随拿破仑大军南征北战。

他，一个近乎孤儿的青年，能够充分施展自己的热情、精力和才华，这在任何封建时代都不可想象。他从不讳言对拿破仑的崇敬。1814年波旁王朝在法国复辟以后，司汤达深感“像我这样一个到过莫斯科的人，在波旁王朝的法国除了屈辱以外不会再有别的”，于是前往意大利米兰侨居。在那里，表面看他潜心于写作，实际上他并未脱离政治，他始终关注着封建复辟后的法国阶级斗争的新形势。1821 年奥地利警察当局把他作为烧炭党人驱逐出境，他不得不返回复辟政权当政的法国。1829 年秋天，他提笔写下了《红与黑》的第一页手稿。（张英伦，1986）

司汤达惯于“表现自我”，他用了十多年的时间酝酿着一部能“把自己整个放进去的书，把久蓄于胸中的生活感受、政治热情来一次总发泄的书”，于是他塑造了与自己相仿的“世纪儿”于连。

于连的心灵底色中，或者说正是司汤达的思想深处，重重印刻着两个影像，一个是启蒙主义者的集体塑形，一个是拿破仑·波拿巴的傲世神像。

司汤达的思想深受外祖父的影响，很小就开始阅读伏尔泰、卢梭和孟德斯鸠等启蒙思想家的作品，后来又跟随拿破仑大军征战欧洲，亲身经历了拿破仑时代的辉煌与激情。这重叠交织的两个影像，有一个共同的本质，那就是对独立的人的尊重与肯定。在拿破仑时代，任何一个平民青年，只要凭借自己的才华与勇气，就能够赢得属于自己的地位与尊荣。这正是启蒙主义“天赋人权”，人“生而平等”的现实版演绎。法语中，“启蒙”的本意是“光明”，“理性之光，驱散黑暗”，就是要把人们引向“自由、平等和民主”的光明世界。在司汤达眼中，拿破仑时代就是这样一个充满希望、充满机会、充满无限可能的“光明世界”。终其一生，司汤达对拿破仑时代都满怀着留恋。

在巴黎时，曾有人问司汤达从事什么职业，他半开玩笑半认真地回答说：“人类心灵的观察者。”这是一个有着丰富的内心世界的人，对同样丰富却封闭的他人内心世界的观察；当然，他更注意观察自己，他的日记、笔记和书简中有很多对自我的审视。其间，他深谙生活的各种滋味，深味青年人无地位的苦闷、求出路的焦灼、遭背叛的愤恨……因此，在他的构思中所呈现的这部作品，充斥着奔放而又阴郁的色彩，在这个世界里，无论一个平民青年有多高的才干，社会都绝不容许他表现自己的个性，于是我们的于连，身负“良好的教育、热烈的想象和极度的贫穷”，不得不以虚伪取代某些生而有之的优秀品质。司汤达成功地使他笔下的这个人物，成为那个特殊年代时代精神的高度概括，成为纠缠自己一生的内心矛盾的深刻显现，在生动地反映着法国社会新旧交替时期的观念更新的同时，也辐射着作者所观察到的淹没在时代风云中的人灵魂深处的苦闷与挣扎！

2. 《红与黑》的内容概要及基本主题

- **让我们一起走进这个世界：1825年，法国的一个小城，维里埃尔……**

与瑞士接壤的法国小城维里埃尔，坐落在山坡上，美丽的杜伯河绕城而过，红瓦尖顶的白房屋散布在斜坡上。北面隐隐有一带远山，从十月初寒的日子起，就会盖上皑皑白雪……

读到这里，你一定觉得这是一处宁静安然的世外桃源，但是，不好意思，你错了!!

首先，它并不宁静。

一进城，你立刻就会被一架看起来十分可怕的机器轰隆轰隆的巨响震得头昏脑涨。二十个沉重的铁锤落下去，那声音震得石块铺的路面都跟着抖动。每个铁锤据说一天可以制造几千枚钉子。当然，这座漂亮的制钉厂的主人正是这个小城的市长，德·雷纳尔先生。

瞧，他向你走来了。臂弯上挽着他的夫人，一个三十岁上下，如绵羊般纯净、温婉的女人，容颜姣好，纯朴自然的神情、天真娴静的目光为她笼上了一层夺目的光辉。然而，对于这样一种美丽，她自己却是浑然不觉的，她紧紧跟着丈夫的步速，怯生生地回应着他的话题，是的，她看上去似乎并不快乐。

对于这位比自己年轻近 20 岁的美妻——当然，前提条件是富有：德·雷纳尔夫人是一笔可观财产的唯一继承人——市长先生还是相当满意的。他神情严肃地让妻子挽着自己的胳膊在忠诚大道上散步，倨傲而礼貌地接受着路人的致敬。

从德·雷纳尔先生今天的表情上，我们或许能看出，这个小城，也绝不安然！

他正谋划着，要替三个儿子找一个家庭教师，当然，真实的原因绝对不是出于什么父爱，或是别的，而是因为同一个人较劲，那就是这座城市的另一个重要人物，贫民收容所所长——瓦尔诺先生。“瓦尔诺刚刚给他的敞篷四轮马车买下两匹诺曼底马，正得意着哪，可他没有给孩子请家庭教师，”市长先生晃过一念。

于是，他对他可爱的妻子说：“我倒很喜欢让这些人看看德·雷纳尔先生的孩子怎样在他们的家庭教师带领下散步。不由他们不肃然起敬。我的祖父常对我说，他小时候就有一个家庭教师。这大概要花我一百个埃居，不过应该把这笔开支看作为了保持我们的身份所必需的。”市长先生十分看重他的贵族出身，特别是面对暴富的瓦尔诺。

家庭教师的人选已经确定了，那就是木匠索雷尔的儿子于连。他精通拉丁文，仗着惊人的好记性把一本拉丁文《圣经》倒背如流，轰动全城。

当然，同索雷尔老爹的讨价还价还是让市长先生伤了点脑筋的。是呀，不知从什么时候开始，“带来收益”，成了维里埃尔决定一切的至理名言，单单这个词就代表了四分之三的居民的习惯性思想。

一连几天，德·雷纳尔夫人都在心烦意乱中度过，一想到有个外人将经常处在她和孩子们之间，她就感到惶惶不可终日。她给自己想象出了一个极其令人厌恶的家伙，相貌粗鲁，头发蓬乱，只是因为会拉丁文，就被雇来训斥她的孩子们，说不定她的儿子们还会挨他的鞭子呢。

然而，面对站在大门口的这个年轻人，她愣住了。他们互相望着，离得很近。于连从未见过穿得这么好的人，尤其是一个容颜如此娇艳的女人，而且还用一种温柔的口吻跟他说话。德·雷纳尔夫人呢，她完全被于连苍白而清秀的面色，羞怯而温柔的眼睛迷惑住了，当然，还有他那漂亮的鬈曲的头发。突然，她嘲笑自己，这就是她曾经惧怕的家庭教师吗？她不能想象自己有多么快乐！

可是，又有谁能够想到呢，在这个只有19岁的年轻人秀美羞怯如少女般的文弱外貌下，竟藏着宁可死上一千次也要飞黄腾达的不可动摇的决心呢！

他崇拜拿破仑，由一个既卑微又穷困的下级军官，只靠身佩的长剑，便做了世界的主人。但是，他又必须在外人面前完全掩饰住对拿破仑的热爱，因为拿破仑时代已经过去了，如今一些四十岁的教士就有十万法郎的年俸，相当拿破仑的那些著名将领收入的三倍。所以，平民出身的他要想出人头地，必须穿上黑袍，成为一名“虔诚”的教士。年纪不大的他，在父兄的嫌弃和虐待中长大，太多的委屈与欺辱，令他早早就学会了伪装。两只又大又黑的眼睛，在宁静时，眼中射出火一般的光辉，又像是熟思和探寻的样子，但一瞬间，又流露出可怕的仇恨。

来到市长先生家中，于连以庄重的神情、极流利娴熟的拉丁文征服了所有的人，德·雷纳尔夫人的女仆埃莉莎很快就爱上了于连。当然，德·雷纳尔夫人自己也发现，对于连产生了一种从未有过的一种感情……

我们的市长先生很注意模仿宫廷人士的习惯，春天的晴好日子一到，就举家住进乡村别墅维尔吉。在这里，德·雷纳尔先生拥有一座四个塔楼的古堡和一个花园，花园里有茂密的黄杨树墙，和每年修剪两次的栗树覆盖成荫的小径。附近的一片小果树林，是散步的好场所，尽头还有近十棵雄伟的大胡桃树，枝叶扶疏如巨盖，高达八九丈。德·雷纳尔夫人天天和孩子们在果园里奔跑，扑蝴蝶，同于连终日说个不停，而且兴趣极浓，她仿佛从未如此快乐和年轻过。

大热天来了。房子几步外有一株大椴树，到了晚上，大家就坐在树下，那里光线很暗。一天晚上，于连侃侃而谈，说得兴起，指手画脚间，碰到了德·雷纳尔夫人的手。然而，这只手很快抽了回去。于连的快乐顿时烟消云散。他想，要让这只手在他碰到时不抽回去，这乃是他的职责，否则就会成为笑柄。他给自己的期限是第二天晚上的十点。他做到了。

这一晚，德·雷纳尔夫人陶醉在爱的幸福中，而于连的感受则是“他已尽到了他的职责，而且是一个英勇的职责”，他同样感到幸福，但不是因为爱情，而是他的自尊心得到了满足，他完成了他的英雄壮举。

不久，皇帝驾临维里埃尔，在痴情的德·雷纳尔夫人的安排下，于连被聘当上了仪仗队队员，使他有在公众面前大出风头的机会。迎驾期间，于连作为陪祭教士参加瞻拜圣骸典礼。他对德·拉莫尔侯爵的侄子、年轻的阿格德主教十分崇敬，暗下决心“宁愿受宗教的制裁，也要达到令美人羡慕的境界”。

出于妒忌，埃莉莎把德·雷纳尔夫人与于连的秘密关系暗中告诉了瓦尔诺先生。瓦尔诺早先曾贪恋德·雷纳尔夫人的美色，碰了一鼻子灰，便趁机给市长先生写了一封匿名信。德·雷纳尔夫人为了保护于连，精心谋划，令市长先生半信半疑，他也担心如果把妻子赶出家门，自己将失去一大笔遗产，而且也有损于自己的名誉，于是采取了“只怀疑而不证实”的办法。

然而，由于埃莉莎的到处散播，街谈巷议对德·雷纳尔夫人和于连越来越不利。关心于连的谢朗神父，不愿看到这个年轻人毁了前程，于是，便介绍他到省城的贝藏松神学院进修，“我要求您必须三日内前往贝藏松神学院，一年以内不要回维里埃尔”。

贝藏松是法国的一座古城，城墙高大。初到神学院，那门上的铁十字架，修士的黑色道袍，和他们麻木不仁的面孔使于连感到恐怖。院长皮拉尔神父是谢朗神父的老相识，初次见面，对于连的神学才华和拉丁文功底十分惊叹，因此对于连特别关照。他对于连说：“笑脸是谎言的真正舞台，而真理是严峻的。”

在321个学生中，绝大部分是贫穷而平庸的青年，幸福，对于神学院的这些学生说来，主要在于吃得好，比如在重大节日里能吃到的加腌酸菜的红肠，他们把教士看成是一个能吃好穿暖的职业。在同学们之间进行的侦察和揭发在这儿受到鼓励。于是，于连的伪善在这里得到了充分的锻炼。

由于学习成绩名列前茅，院长竟让他当新旧约全书课程的辅导教师。他终于拥有了可以独处的时间，甚至还拿到了一把通向花园散步的钥匙，得到了只要“循规蹈矩”就能去教区内最好的堂区做本堂神父的承诺，然而，于连还是很快就堕入了忧郁之中！他厌倦这里的一切，尤其是厌恶这身黑衣服，“我这一生要干什么呢?”他想，“我将向信徒们出售天堂里的位子。这位子如何能让他们看见呢？通过我的外表和一个俗人的外表之间的区别？……不会再有将来，这等于死亡。”

当然，命运，绝不会带给于连一个如此平坦而沉闷的结局——

很快，皮拉尔院长由于德·拉莫尔侯爵与德·弗里莱尔神父这两位大人物间的诉讼官司而受到排挤，被迫辞职。他推荐于连去做侯爵的私人秘书。于是，我们的于连，终于有机会来到巴黎，进入他向往已久的上流社会：“巴黎的客厅”。

德·拉莫尔侯爵是个极端保皇党人，法国大革命时，他逃亡国外，王朝复辟后，他在朝中取得了显赫的地位。于连每天的工作就是为他抄写稿件和公文，侯爵对于连十分满意，派他去管理自己两个省的田庄，还让他负责自己与贝藏松代理主教德·弗里莱尔神父之间的诉讼通讯，后又派他去伦敦搞外交，赠给他一枚十字勋章，这使于连感到获得了极大的成功。在贵族社会的熏陶下，他很快学会了巴黎上流社会的处世之道，成了一个衣冠楚楚、做派奢华的花花公子，甚至在德·拉莫尔小姐的眼里，他也已脱了外省青年的土气。

德·拉莫尔小姐名叫玛蒂尔德，是一个有极浅的金黄色头发，相貌出众，神情高傲的侯府小姐，她有一双十分美丽的眼睛，但“这双眼睛透露出一种内心可怕的冷酷”。每年 4 月 30 日，她都坚持穿一身黑色丧服，用此纪念其祖先博尼法斯·德·拉莫尔与皇后玛嘉瑞特的那段浪漫悲壮的爱情，她十分崇拜皇后为爱情而敢冒大不韪的精神。

于连故意表现出的对玛蒂德的冷淡与漠视，引起了她的注意，于连的低微出身，更激起了她“敢于爱一个社会地位离我那样遥远的人，已算是伟大和勇敢了”的豪情。在两个人的爱情较量与纠葛中，玛蒂尔德对浪漫爱情的渴望与于连的虚荣心同时得到了满足。不久，玛蒂尔德发现自己怀孕了，侯爵在爱女的坚持下，一再让步。先是给了他们一份田产，随后，又给于连寄去一张骠骑兵中尉的委任状，授予贵族称号。

于连在骠骑兵驻地穿上军官制服，陶醉在个人野心满足的快乐中。才刚刚当了两天中尉，他已经在盘算，要像所有的那些伟大的将军一样，最迟在三十岁上，就能做到司令。他脑子里光想着他的荣誉和他的儿子。

突然，于连收到了玛蒂尔德寄来的急信。信中说：一切都完了。于连急忙回去，原来德·雷纳尔夫人给德·拉莫尔侯爵写信，揭露了他们原先的关系。恼羞成怒的于连立即跳上去维里埃尔的马车，买了一支手枪，随即赶到教堂，向正在祷告的德·雷纳尔夫人连发两枪，夫人当场中枪倒地。于连被捕。

入狱后的于连显得特别的平静，特别是当他获悉德·雷纳尔夫人只是受了并不十分严重的枪伤，并没有死，他感到无比庆幸，甚至是愉悦。玛蒂尔德从巴黎赶来，为营救于连使出浑身解数，四处奔走，但于连对此并不感动，反而感到相当厌烦。他觉得他的案子再简单没有了："我图谋杀人，我应该处死。"令人费解的是，于连居然非常享受在监狱里的生活，虽暗无天日，但无比宁静，能真正独处。公审的时候，于连当众宣称他不祈求任何人的恩赐，他说："我没有这个荣幸属于你们的阶级，在你们眼里，我只是一个反抗自己卑贱命运的农民……我绝不是被我的同等的人审判，我在陪审官的席上，没有看见一个变富裕的农民，而只是些令人气愤的资产阶级。"结果，法庭宣布于连犯了蓄谋杀人罪，判处死刑。于连拒绝上诉，也拒绝做临终祷告，以示对不公正社会的抗议。

德·雷纳尔夫人不顾一切前去探监。于连这才知道，她给侯爵的那封信，是由听她忏悔的教士起草并强迫她写的。于连和德·雷纳尔夫人彼此饶恕了，他们在黑暗的死牢里重新开启了真挚的爱情之门。

在一个晴和的日子里，于连走上了断头台。玛蒂尔德买下了他的头颅，按照她敬仰的玛嘉瑞特皇后的方式，亲自埋葬了自己的情人。至于德·雷纳尔夫人，亦忠于她的诺言，丝毫没有企图自杀，但是在于连死后的第三天，抱吻着她的孩子们，离开了人间。（主要参考版本：[法] 司汤达著，郝运译．红与黑 [M]．上海：上海译文出版社，2010）

● 让我们一起潜入这个世界的深处：交织着矛盾，酝酿着风暴……

貌似风景如画的小城维里埃尔，地狱一般的贝藏松神学院，位于"阴谋和伪善的中心"巴黎的拉莫尔侯爵府，是支撑起"这个世界"的三个舞台。作者把这个艺术世界构筑成了王政复辟时期，法国社会的一个缩影。缩影的意义大概就在于，能借此把复杂的社会关系和社会矛盾理得更清楚，使读者更敏感于正在或将要发生的时代变革。当然，其中也蕴含着作者的价值判断与创作意图。简单来说，在《红与黑》的世界深处，或隐或显地交织着当时尖锐社会矛盾的三个因素。

一是伴随着资本主义生产力和生产关系的深入发展，实用主义、功利主义、拜金主义开始像瘟疫一样笼罩着维里埃尔小城。“提供收入”这句话，决定了维里埃尔的一切，左右着这个小城中大多数人的价值取向。于连的父亲，锯木厂主索雷尔，就是这样一个典型，他庆幸于连当上市长家的家庭教师，仅仅是因为可以向儿子讨回养育费；而于连从小受到父兄的打骂，也仅仅是因为他长得瘦弱，不适合干体力活。或许这一点，也正是封建贵族向大资产阶级妥协的本质原因。

同时，不管是市长先生同瓦尔诺的明争暗斗，还是时时萦绕在拉莫尔侯爵府客厅里的“山雨欲来风满楼”的惶恐情绪，都是法国复辟王朝后期政治斗争的真实而深刻的写照。“贵族同教士们，都希望时间倒流，再回到古老的时代”，获得了大部分政治权力的封建阶级，总妄图恢复对国家的绝对统治和昔日的全部特权；随着资本主义生产不断发展而日益壮大的资产阶级，在政治上雄心勃勃。这两个阶级以争夺统治权为重心的政治斗争在1824年查理十世登台后，达到了白热化程度，社会矛盾快速激化，革命风暴一触即发。

而对反动教会的揭露，是《红与黑》这幅政治画卷的另一个重要的组成部分。教会在封建复辟中扮演着罪恶的角色。维里埃尔的本堂神父谢朗因为带领《狱情报》编辑阿佩尔了解贫民收容所和监狱的真相，便被教会撤销教职。通过听取忏悔，教会掌握着每个人的秘密，影响甚至控制着人的理智与情感，德·雷纳尔夫人写的那封揭发于连的信就是一个极端的例子。最阴森可怕的是圣会，这个教会的秘密政治组织，网罗了各色各样心怀叵测的人，“他的那些送往巴黎的密报使法官、省长，甚至驻防军队的高级军官都感到胆战心惊”。在这个世界里，神学院的丑恶内幕被揭露无遗，那里，宗派相煎，密探猖獗，虚伪排挤正直，欺诈胜过善良……于连在这里，扔掉了最后一点人性的温情。

高尔基曾说过：于连·索雷尔是十九世纪欧洲文学中一系列反叛资本主义社会的英雄人物的“始祖”。的确如此，于连命运悲剧的深刻原因、《红与黑》世界的矛盾本质，都指向了“复辟时代整个社会制度已经成为社会发展的严重障碍”这一根本性问题。

在这样的社会现实面前，只能有两种选择：退避或反抗。于连的儿时好友富凯奉行的是前一种态度，他洁身自好，在深山里离群索居，卖木柴。小商人的生活虽然平庸，却可以少做许多虚伪的事。于连则迥然不同，他拒绝像富凯那样处世，因为他追求的不是“保证他生活舒适的碌碌无为”，而是“青年时代的所有英雄的梦想”。他决心实现这些英雄的梦想，并和阻碍他达到目的的社会展开了斗争。正如司汤达所说的，这是个“在和整个社会作战的不幸的人”。

于连认为，“在我们称为生活的这片自私自利的沙漠里，人人都为自己!”处于这个金钱和权势联合统治的社会，他以伪善对伪善、蔑视对蔑视的方式来保护自己，然而最后，却用“死”这样一种行为选择否定了自己一生信守的法则。这就是被司汤达和盘托出的于连，带着全部善与恶、罪与罚、爱与恨的于连，被时代所压制、所仇视、所同化，终又挣脱了时代封印的“世纪儿”于连!

3.《红与黑》在文学史上的影响及各种解读掠影

《红与黑》是19世纪欧洲批判现实主义的奠基之作。作者将爱情与时代政治完美地结合在一起，反映社会现象，揭示社会矛盾，被誉为19世纪卓越的政治小说。小说发表后，当时的社会流传“不读《红与黑》，就无法在政界混”的谚语，被许多国家列为禁书。它是美国作家海明威开列的必读书；被英国小说家毛姆认为是“真正的杰作”；是1986年法国《读书》杂志推荐的个人理想藏书之一；1999年入选“中国读者理想藏书”书目。

《红与黑》在心理深度的挖掘上远远超出了同时代作家所能及的层次。美国教授费迪曼认为，“司汤达的《红与黑》已显示了20世纪小说的方向，进入这本书中，我们就会感受到只有第一流的心理小说家才能给予的震撼，因为它带给我们的是更富有真实感的精神内涵。”小说以深刻细腻的笔调充分展示了主人公的心灵空间，广泛运用了独白和自由联想等多种艺术手法挖掘出了于连深层意识的活动，是一首“灵魂的哲学诗”，它开创了后世“意识流小说”“心理小说”的先河。后来者竞相仿效这种“司汤达文体”，使小说创作“向内转”，发展到重心理刻画、重情绪抒发的现代形态，人们因此称司汤达为“现代小说之父”。

《红与黑》在今天仍被公认为“欧洲文学皇冠上一枚最为璀璨精致的艺术宝石”，是文学史上描写政治黑暗最经典的著作之一。法国有专门研究司汤达和《红与黑》的学问——“司汤达学”和“红学”，还有专门研究该书的“司汤达俱乐部”。近200年来，《红与黑》被译成多种文字广为流传，并被多次改编为戏剧、电影，在文学史上影响深远。

对《红与黑》思想内容的解读，可谓异彩纷呈，许多学者还喜欢借助各种文学批评理论，站在不同的视角对这部作品作独特的剖析。比如，运用精神分析法的解读、阶级论视角的解读、原型批判法的解读、作为心理小说的解读、女性视角的解读等等。（详见“资源链接4”）

※资源链接4：

（1）李迎丰．《红与黑》：一个隐喻——作为女性的阅读［J］．解放军外语学院学报，1991（3）：86.

（2）李晓东．《红与黑》：一种原型读法［J］．山东教育学院学报，2005（1）：135.

(3) 马荣骧．论《红与黑》中的恋情和殉情［J］．清华大学学报：哲学社会科学版，1987（2）：103.

(4) 贺晓梅．理想我与真实我的撞击——《红与黑》中于连悲剧形象的精神分析［J］．宁波大学学报：人文科学版，2004（1）：66.

(5) 林双泉．奴役与自由——对《红与黑》主人公于连人格的精神分析［J］．福建师范大学学报：哲学社会科学版，1999（3）：78.

(6) 梁亚茹．自卑与超越——《红与黑》中于连形象的个体心理学分析［J］．郑州航空工业管理学院学报：社会科学版，2006（8）：25.

围绕《红与黑》的学术争鸣也相当热烈，争议主要聚焦于两点，一是对于连形象的不同评价，一是由《红与黑》书名内涵引发的讨论。

对于于连形象的分析，文学理论界始终说法不一，有人认为他虚伪、阴险，踩着女人的肩膀向上爬，是一个地地道道的阴谋家、野心家、投机小人；也有人认为他是当时反封建权贵的勇士，资产阶级个人奋斗的典型代表；更有人认为他是拿破仑时代的悲剧英雄，是一个良心未完全泯灭的新一代青年。

其实，于连的性格中具有多重矛盾对立的要素，比如反抗与妥协、自尊与自卑、雄心与野心、虚伪与正直……由此，同一个人物产生了不同的审美效果。我们应当突破“野心家”等过于单一和表层的“标签”，突破于连形象“是与非”“好与坏”等纯二元论的辨析，去关注他众多矛盾面中的内在主导性格，看到始终左右着他思想和行为的，哪怕是极端地对现实的反抗，看到在一个不能实现自我理想的社会中，渴望凭借个人才华获得较高的社会地位的，哪怕是灰色的个性追求。或许，这能让我们更好地去欣赏这部优秀的文学作品，收获人生的启示。

至于“红”与“黑”的真正寓意究竟是什么？对于这个问题，一百年来文艺研究家进行了无休止的争论，人们都想突破司汤达本人过于简单的解释，即“红”指红色的军装，代表军队，“黑”指教士的道袍，代表教会，都试图挖掘出作品本身所赋予它的更深刻的内涵，但一直没有一致的看法。有人认为“红”是指法国大革命和拿破仑战争的英雄时代，“黑”是指复辟王朝的反动统治；有人认为“红”指以特殊方式反抗复辟制度的小资产阶级叛逆者于连，“黑”指包揽反动教会、贵族阶级和资产阶级在内的黑暗势力；有人认为“红与黑”象征着法国社会两种思想，即资产阶级新思潮和没落的封建教会思想之间的交锋；还有人利用拉康的精神分析理论对《红与黑》中欲望主体和叙述结构的关系进行剖析，认为小说的主人公始终徘徊在“想象界”和“象征界”之间；也有人认为“红与黑”揭示了于连的个人理想与当时法国社会现实之间的冲突与纠葛……

正如半部“红楼”，有人读出了革命，有人读出了政治，有人读出了爱情，有人读出了人生，这就是所有可以被称为“伟大”的文学作品的共同品格，即所谓的“空筐效应”。《红与黑》这个象征性的书名，正如“面纱后面的美丽的双眼”，若隐若现，更增加了它的魅力。既然是象征义，人人都尽可以通过自己的体会，作出自己的选择或判断，提出自己的思考与见解。

二、中学生作文视域中的《红与黑》解读

1. 理想与野心仅一步之遥

“理想” 是中学生作文一个十分宏大的“母题”。从2010年北京卷的“仰望星空”到2012年上海卷的“微光”，我们可以看出，对于“理想”的探讨是高考作文命题在当前的一个热点。经济社会的高速运行、多元文化与价值多元化的日益交汇扩展、现代科技的迅猛发展，对当代人的思想观念产生了强大的冲击，而在某些年轻人身上出现的“理想缺位”，正是这一种冲击的直接后果。作文命题，一定是与时俱进的，所针对的，恰恰是当前社会发展状况对中学生思想成长的映射，由此来考察学生思想认识的深度和语言表达的成熟度。为此，我们可以从平日的时文阅读和深入的经典品鉴中去汲取思想的养分，提高自己的认识水平。

那么，关于“理想”，从《红与黑》这部经典著作中我们可以读到什么？从于连身上，我们又可以有哪些思考？于连是一个向着理想奋进的有志青年，还是一个任欲望驱使而迷失本心的野心家？

其实，理想与野心仅一步之遥。如果说，“红”代表理想，“黑”代表现实，“与”中包含着理想与现实共存的无奈与挣扎的升华，那么于连的悲剧就应当是**在倒退的时代中的进取心的悲剧**。人应当有奋斗之心，因时代而生并顺应时代，与时俱进；为环境砥砺而融于环境，相得益彰。然而如果这个时代是倒退的，这个环境是扭曲的，奋斗就失去了倚靠与土壤，而于连的悲剧即在此。因为是在这个“逆流”的时代奋斗，“理想”也就变质成了“野心”，因逐利而扭曲的时代、扭曲的环境，扭曲了正常的人性，形成了“被扭曲”的年轻人的上进心。

在司汤达笔下，着力要凸显的，就是这样一个历史倒退的时代。经过1789年的法国资产阶级大革命，到1830年7月革命前，40年来，法国封建贵族与资产阶级之间复辟与反复辟的斗争始终很激烈，封建贵族势力在垂死挣扎，大资产阶级向保皇党频频发动进攻，同时又和复辟了的封建贵族和天主教会沆瀣一气，全社会所有的聚焦就是两个字“利益”。财富可以买到贵族身份，权势可以换来大笔的金钱，而“平民”青年想要在这个“金三角”中谋得一席之位，靠的当然不可能是单纯的才华，而是对本心的压制和对“理想”的售卖。

于连就是这样一个“被养育在英雄的时代，却不得不在门第和金钱主宰的时代里生活”的平民青年的典型。在拿破仑时代，平民青年尽可以披挂上阵，“一个石匠可以变成军官，可以变成将军……那时候一个像我这样的人，不是阵亡，就是三十六岁当上将军”。但是在复辟时代，没有财富、没有高贵的出身，就没有出头之日。于是，财富和高贵的出身便成了个人奋斗的终点，而这个终点，就是横亘在“理想”和“野心”间不可逾越的天堑；这道天堑，也成为于连内心矛盾和迷惘的症结。

于连最初的理想，由一部卢梭的《忏悔录》和一部拿破仑的《圣赫勒拿岛回忆录》画就。受启蒙主义思想的影响，他热爱自由和进取，希望得到别人平等的对待。在去德·雷纳尔市长家做家庭教师时，他所关心的并不是薪酬，而是“我跟谁同桌吃饭呢”，他不愿做低人一等的仆人，他把高贵出身的人投给他的平等目光看得高过一切。因此，对自由和平等的追求，成了这个时期于连的“理想”，他甚至把这一理想的实现，当成了自己的“职责”。由此，才有在维吉尔庄园的椴树下，握住德·雷纳尔夫人的手的那一幕，在“尽到了他的英勇的职责”后，他对自己说：“她以前对我所表现的轻蔑，现在我可以说是报复了。”当德·雷纳尔夫人主动要给他钱时，于连认为这是对他的施舍，他告诉市长夫人：“我出身卑微，但我不卑鄙。”于连也曾多次幻想自己成为维里埃尔市的市长，届时，“公理将在维里埃尔大行其道”。

但是，波旁王朝复辟时期等级森严的现实彻底粉碎了这个平民子弟原初的梦想。于连对平等自由的渴望追求与现实环境不断地发生着冲突，他的个人理想与当时法国社会现实之间充斥着太多的隔阂。当看到阿格德主教的威仪以后，他也不再憧憬拿破仑和战斗的荣耀了，“三十岁成为主教”成为他此时的人生理想。由此，我们的主人公于连选择了向现实妥协，高升成了最终的目标，而不是实现理想的手段。由反抗蔑视、追求公平中滋生出的一系列不择手段，令他将自己出卖给了贵族阶级，彻底背叛了他所崇拜的拿破仑，背叛了高贵的理想，于是，理想“变质”成了野心。

当他在德·拉莫尔侯爵府初尝“成功”，风光得意时，居然还会自欺欺人地自忖：“我便是可怕的拿破仑放逐在山里的某贵人的私生子啊！”这时，他曾经崇拜的英雄成为他“可怕的”敌人了。甚至当他听说侯爵要提拔瓦列诺做省长时，竟打算替自己的父亲请求他曾十分憎恶的贫民收容所所长的位置；当他从德·拉莫尔侯爵手中拿过那枚十字勋章时，他居然表示“我当遵照给我这勋章的政府的意旨而行动”。为了求得自己的发展，“在狼的社会里，必须先把自己变成狼”，或许，唯有扭曲了的“自我”，才能在那个黑暗的时代存在下去，理想被抹杀在倒退的时代中，“在这最热情的灵魂上，已经刻下了一道深深的伤痕”。

清高的本性，对平等、独立与自由的向往，使得理想主义一直都是于连精神领域中的不死鸟。这暗伏的激流在于连进入监狱后，重新又奔涌进到他的心田，他最终勘破了一切：在这个畸形的年代里，人不可能拥有高贵的理想，黑暗的社会窒息了美好的追求，在这个平民青年眼前的，只有两个选择，**要么是理想的破灭，要么是生命的终结**！于连最终的选择，造成了他悲剧的结局，也造就了他不朽的形象！

的确，理想与野心仅一步之遥，决定这“一步”的，就是这个时代、这个社会的主流价值观。其实，从一开始，于连就不是一个利欲熏心之徒，他将他的“事业”与“荣誉”看得高于一切，“他争的是骨气而非虚荣，正是为了雄心和骨气，他才给自己规定了反抗上层社会的责任”。司汤达说，于连所考虑的是“自己的荣誉和人类的自由”，他立志要像拿破仑一样凭一己之力担负起拯救社会和人类的责任。然而，复辟时期的价值观念否定了这份壮志豪情，这个荒唐的年代抹杀了所有正义的奋斗目标，于是，理想的位置被挤占，年轻人想要有所作为，想要改变命运，就只能沦为野心家，因为他们所谓的“奋斗”和“进取”，实质上都只是逆历史潮流的助推。而人只有在推进时代发展、社会进步的伟大事业中成就自己，才是真正意义上的为理想而奋斗。

于连一生的遭遇，有着超越时代的特征，于连式的悲剧也具有永恒的意义，能引起青年人内心的共鸣。从于连的整个奋斗过程来看，他为实现自己的追求，靠的是自己出众的才能和顽强的斗志，而不是他人的施舍。于连悲剧的根源，在于他所处的时代，最终扼杀了他的理想，剥夺了他的志向。然而，当今社会，时代正在飞速向前发展，面对经济社会中激烈的利益冲突和强大的物质诱惑，有的人也开始迷失了。如果说，于连的理想是被时代剥夺的，那么当今社会中，很多人原初的崇高理想，却是自己丢失的；如果说，于连的野心是时代赋予的，那么当今社会中，很多人却会在自我迷失的状态下，成为野心的傀儡。

时代的主流价值观，是个人理想的根基，而崇高远大的理想，又是人灵魂的归依。**理想与野心仅一步之遥，在没有健康的精神信仰支撑的状态下，物质就会反过来支配人，野心便会趁机滋生。**当私欲膨胀，野心勃勃之日，便是内心痛苦，举步维艰之时，这种矛盾心态，恰是造就现代人生存困境的根源。因此，只有为理想信仰拼搏，才能体现人生的价值，向崇高理想奋进，是人自我实现唯一正确的出发点和诉诸点，也将成为伟大人生的永恒支点！

2. 人生就是摆脱对“他者”的表演

如果说“人生是一场修炼”，那么作为一名中学生，你对“修炼”二字的理解是什么？你的“修炼”到了第几层呢？

让我们先来看看构成中国传统文化核心思想的“儒、释、道”三家对“修炼”的阐释吧。儒家开宗明义“修身齐家治国平天下”，其“修身”的坐标系是“四十不惑、五十知天命、六十耳顺、七十从心所欲不逾矩”；道家倡导通过“心斋”“坐忘”的方式来达到“以道观物，无碍无待，逍遥自在”的境界；佛家则主张凭借“顿悟”破除“法我两执”，以进入“诸行无常，诸法无我，涅槃寂静”的境地。儒、释、道三家，虽各自有着不同的思想主张和话语系统，但是，无论是儒家的“天下”，还是道家的“外物”，抑或佛家的“法相”，都有一个对应于“自我”而存在的“他者”世界，这个世界包括除“我”之外的一切人、事、景、物。而人生“修炼”的本质便是勘破“自我”与“他者”的联系，处理好两者间的关系。于此，便有了儒家的“以礼相待”，道家的“物我两忘”，佛家的“慧在定中”。而人生成熟的过程，从这个意义上而言，就是摆脱对“他者”表演的过程，即明了与“他者”的关系，赢得独立而自由的“自我”的过程。换句话来说，人的成熟就是能正确对待外部纷繁世界的影响，认识自己，把握自己，做回自己！

考察中学生人生观、世界观、价值观的成熟度，亦是高考作文的一个初衷。通过历年考题我们可以看到，“向内转”，即叩问中学生对自我的认识，也是常见的一个高考母题。从2009年春季考的“四盏灯”，到2012年秋季考的关键词“只因为这是自己的东西”，都体现出了对处于“他者”观照下的“自我”状态的思考。

《红与黑》主人公于连的成长，完整演绎了这一场“修炼”的过程，即摆脱对“他者”的表演，做回真正的自己的过程。“他者”在这部作品中主要聚焦于那个荒唐年代中的所有，可以是“他人”，可以是欲望、物念，可以是仇恨，也可以是一种执拗，或是一种职责，一种虚荣。

早期的不良经验，使于连产生了严重的自卑感、不安全感与焦虑感。“从童年起，他的极端沉思的神情和苍白的脸色，就使他的父亲认为他活不长，即使勉强活下来，也要成为家里的一个累赘。家里人谁都鄙视他。星期日在广场上玩耍，他总是挨打。”这段经历深深地埋进了于连的潜意识，因此，他的一生几乎都是伴随着“战胜蔑视”这个“他者”而存在的，不管是仕途，还是爱情，在于连的意识框架中，这个“他者”发挥着决定一切的作用。

为了摆脱“蔑视”，他产生了“宁可死上一千次也要飞黄腾达”的疯狂欲望。即使崇拜拿破仑，但是“他看得清楚，他未来的命运全靠老本堂神父谢朗，为了赢得老本堂神父谢朗的欢心，他把拉丁文的《新约》熟记在心”，虽然“他并不相信上帝的存在”，但是“他突然闭口不再谈起拿破仑，他宣布他打算当教士，开始研究神学”。特别是当他作为陪祭教士参加瞻拜圣骸典礼，看到“门前聚集着二十四个跪倒在地的年轻姑娘，她们属于维里埃尔的那些最显贵的人家。在打开门以前，年轻的阿格德主教在这些全都长得很漂亮的年轻姑娘中间跪下。在他高声祈祷的时候，她们欣赏他的美丽的花边、他的动人的风采、他如此年轻而又如此温和的相貌，好像怎么欣赏也不嫌够似的。这个场面使我们的主人公把他剩下的那一点理智也丧失殆尽”。

在大多数人认为于连是为了名声、地位、财产、权势而不断向上攀爬的时候，我们却应当看到潜伏在这低俗的虚荣心背后的，恰恰是“战胜蔑视”这个“他者”对于连的煽动和干扰。

包括于连的两次爱情，最初也都是从“战胜蔑视”出发的。面对温柔善良的德·雷纳尔夫人，于连的想法却是，“如果不去采取一个可能对我有用的行动，来减轻这位美丽的夫人对一个刚离开锯木厂的可怜工人十之八九会有的蔑视，那我这个人就未免太怯懦了”。当他赢得了德·雷纳尔夫人痴情热烈的爱情时，所想的竟是“他真希望所有那些如此高傲的贵族都能亲眼看到”德·雷纳尔夫人对他的亲昵举动，因为“吃饭的时候他跟孩子们奉陪末座，那些高傲的贵族总是带着一种屈尊俯就的笑容望着他”，他的幸福仅仅在于“这个女人不可能再蔑视我了”。

对于玛蒂尔德的爱情也是一样，她引起于连注意的原因只是，“她既然在这些玩偶的眼里是那么了不起，值得我好好对她研究研究”。当于连赢得了玛蒂尔德的好感后，他的感受是“自尊心得到了满足。一个处处受人敬重的，照院士说来，牵着全家鼻子走的女人，居然肯用一种几乎可以说是与友谊相差无几的态度跟他说话”。“不管怎样，她漂亮！……我要得到她，然后远走高飞，谁想阻止我逃走，那就活该他倒霉了！”当然，牵制着于连的“他者”，此时已经悄悄地从“战胜蔑视”转变成了“巴黎的客厅”。换句话说，玛蒂尔德“对他说来是巴黎的典型”，俘获了玛蒂尔德的爱情，就是战胜了巴黎上流社会的挑战。因此，当玛蒂尔德拜倒在于连膝下，求他成为她的主人之时，于连满脑子想着的是“这个骄傲的女人，她跪倒在我的脚下了！我能够保持我的性格的尊严。我从来没有说过我爱她……我战胜了德·克鲁瓦泽努瓦侯爵，他是那么英俊！他蓄着唇髭，穿着一套迷人的军装；他总能在恰当时机找到一句聪明机智的话来说”。在这场激烈的感情波动中，“他们在摹仿恋爱，而不是真正地在恋爱”，于连感到的主要是惊奇，而不是幸福，就像一个年轻少尉在什么惊人的行动以后，一下子被司令提升为上校所感到的那种快乐。当玛蒂尔德怀上了于连的孩子，德·拉莫尔侯爵为爱女步步后退，几乎要承认这个女婿时，于连竟然是这样评价这个结果的，“我的小说已经结束，而这一切完全归功于我一个人，我能够让自己被这个骄傲的怪物爱上……”手段和目的完全颠倒了，于连体验不到爱情带给他的幸福安宁，“他者”促使他永无止境地追求，却永不满足。

很明显，于连受到“他者”的驱策，实际上丧失了把自己当成自身的主体性，他只能在虚假的追求中认识自己、肯定自己，使自己成为自身欲望的奴隶。实质上是一种异化了的人格，也就是说，这种人格是不健全的。这种不健全的人格左右了于连一生中大部分时间的思想、行为，包括爱情。不是为了得到爱情而去追求爱情，不是为了得到金钱而去谋得权势，很多时候，他所要获得的仅仅是“他者”的承认！在“成功”的喧哗中，于连这一个体生命的独立与自由消失在“他者”的胁迫中，所以，入狱前的于连步步高升，却不是一个幸福的人。

当然，《红与黑》中的其他人物几乎也离不开对“他者”的病态的依赖。由“他者”引发的欲望使“自我”分裂，造成了当时社会荒唐的本源，以及人不幸的根源。

德·雷纳尔先生叫于连做儿子的家庭教师，不是因为疼爱儿子，也不是因为热爱知识，而是因为瓦尔诺这个“他者”的影子一直在他眼前；在收到关于妻子和于连暧昧关系的匿名信后，他选择不追究，是因为，“如果我不杀死我的妻子，只是把她赶出去，让她丢人现眼，她的姑母在贝藏松，会亲手把财产全部交给她。我的妻子会带着于连到巴黎去生活，维里埃尔的人会知道，我还是会被看成一个受骗者”。很多人忍受着难以压抑的烦闷，坚持每晚来到侯爵夫人的客厅献殷勤，只是因为受到“有一个王朝复辟以来一直当专区区长的可怜的勒布尔基尼翁男爵，不到半年以前，德·拉莫尔侯爵夫人让他升了省长，作为对他二十多年的经常陪伴的酬劳”等事件的刺激；玛蒂尔德不惜一切代价对于连的营救，不是玛蒂尔德对于连爱得死去活来，而是“公众”为她的这种壮举提供了精神支持：“然而在所有的焦急不安和担忧中间，她还有着一种暗怀在心中的需要，要用她过度的爱情和崇高的行动来轰动整个社会……”这就是孕育出一生都在为“他者”表演的于连的社会土壤。

与世隔绝的监狱，使于连丧失了所有，也包括滋养“他者”的养分，他不再去想念他在巴黎的成功，他已经对它感到厌倦了。德·雷纳尔夫人真诚热烈的爱情消除了他内心对于“蔑视”的芥蒂，此时的于连终于超越了“他者”的驱策和奴役，成为他自身了！这就意味着在“自我”的层面上，于连获得了自由，他认识了真实的自己，并把握住了自己。死亡便是于连出于独立“自我”的一种选择，“我哪，我只愿意按照我的方式去想死亡。别人跟我有什么关系？我和别人的关系就要一刀两断了，直到我看见了生命的终点这样靠近我，我才知道了享受生活的艺术”。至此，于连彻底摆脱了对“他者”的表演，达到了自由和独立的境界，走完了人生成熟的历程。

总之，**人不能封闭在“自我”里，但也不能活在“他者”的判断中，**于连的过度自尊，以及对于“蔑视”的过分敏感，导引着他的人生选择，也是读者对“他是一个典型的野心家”的误解的根源。我们要正确认识“他者”与“自我”的统一，因为成功处于平衡中，契合里。奋斗的成果供他人分享，这叫作奉献，叫作付出，但是奋斗的动力是为了得到他人的艳羡或赞赏，为了围观者的喝彩，这就叫作虚荣，是不自信的表现。我们要学会“做自己”，“修炼”出强大的内心，**做一个成熟的独立于“他者”的存在**。

3. 善必须通过恶的考验

“人性本善？人性本恶？”围绕这个辩题曾经有过一场非常精彩非常有名的辩论赛。但是，无论这场辩论赛是如何的精彩，都无法媲美这个命题本身的光辉；因为这个辩题，需要人用一生的时间去阐释，甚或，需要整个人类文明用它的整个历史来辨明！

对真善美的永无止境的追求，是人性的一种本能的趋向。“大学之道，在明明德，在亲民，在止于至善”，《大学》开篇的这一句话点明了人类追寻“至善”境界的美好理想。但是，人性中的“假丑恶”却又如同影子一般紧紧跟随，如藤蔓般纠缠在“至善之境”的追求路途中。孟子的“人皆可为尧舜”，是如此让人振奋；然而，荀子的“人性恶，其善者伪也”，又把我们打入了现实的泥淖中，丧失了信心。善与恶，到底哪个才是人的本性？或许，康德的理论更为理性客观。康德认为，人性不是一种确定的实在，而是一种有无限可能的“生成”，亦即人在一步一步地远离“兽性”趋向“神性”的过程中不断生成的，而人的德行的意义便体现在这种“去恶向善”的价值旨趣上。

目前高考盛行的众多社会现象类作文，基本上都是聚焦一些关乎社会道德的热点问题，考察中学生对人之本性的思辨，对道德信仰的认识，对社会问题的分析。其实道德的本质就是人性的善恶，在这个问题上，《红与黑》也借助主人公于连“善性”的湮没与回归给了我们一个重要的启示：原来，在人性“生成”的历程中，善必须通过恶的考验才能永驻光辉！

“伪善”是司汤达在于连一出场就给他的界定，作品上卷的第五章里，作者用了大量的篇幅专门叙述了主人公“伪善”的成长史。“伪善这个词儿使您感到惊奇吗？在达到这个可怕的词儿以前，年轻农民的心灵曾经走过很长的一段路程呢……”可以说，为了追求飞黄腾达、出人头地而不择手段的那个于连，时时在提防着自身善的本性的流露。为了伪装成一名虔诚于神学的准教士，他将自己对拿破仑疯狂的崇拜深深地压制起来。然而在谢朗神父家的一次有许多教士参加的晚餐上，于连竟然狂热地颂赞起拿破仑来了。对于这一次“错误”，于连狠狠地惩罚了自己，“他把自己的右胳膊绑在胸前，假说是在搬动一段枞树时脱了臼，连着两个月他一直让胳膊保持这个不舒服的姿势。经受这次折磨后，他才原谅了自己”。这就是于连“伪善”最初的一次修行经历。

“为达目的不择手段”的思维方式使于连具备了“虚伪”与“真实”的双重性格。他说，“一个人有两个我”，虽然他每每惩罚自己，压制“真实我”的爆发，但是，这个真实的善良的“我”却不会轻易消失，特别是在“恶”的强烈刺激下。圣路易节那一天，贫民收容所所长瓦尔诺在德·雷纳尔先生家里夸夸其谈，于连又差点儿暴露了自己的真实思想；他借口去看看孩子们，逃到花园。他高声嚷道，“……我敢打赌说，他甚至连专供弃儿用的费用都要赚！而弃儿这种穷苦人的困难比别的穷苦人还要神圣得多。啊！这些恶魔！恶魔！……”

对于于连这个善良真实的“我”的显露，在瓦尔诺家晚餐的那一次表现得最为彻底。“于连心情已经非常不好，想到了在饭厅墙壁的那一边就是那些可怜的被收容者。购买所有这些打算向他炫耀的、庸俗不堪的奢侈品所花费的钱，也许就是从他们一人一份的肉食上揩油来的。‘他们这时候也许正在挨饿，’他对自己说，他的嗓子眼发紧，难以下咽，几乎连说话都感到困难。”当听到瓦尔诺先生吩咐下人“禁止这些叫花子唱歌”时，于连善良的本性完全暴露了。“这句话对于连说来太过分了；他已经有了适应他的职业的风度，却还没有适应他的职业的心肠。尽管他的伪善态度经常不断得到锻炼，他还是感到一颗很大的泪珠沿着他的脸颊滚下来。”他对自己说，“这就是你可能达到的富贵地位，而且你只能在这种情况下，跟这样的一些人在一起享受它！你也许会有一个两万法郎收入的职业，但是在你狼吞虎咽地吃肉时，你必须禁止可怜的被收容者唱歌；你举行宴会用的钱是你从他少得可怜的口粮中窃取来的，在你的宴会进行时他将更加不幸！”“怎样的一伙人啊！即使把他们搜刮来的钱分一半给我，我也不愿意跟他们生活在一起。总有一天我会暴露自己的看法；他们在我心中引起的蔑视，我不可能克制住不让它流露出来。”或许，此时，奢华的生活与高贵的权柄还只是于连遥不可及的梦想，因为隔得遥远，所以他的善性是如此强烈地抵御着他的恶意，“良心”在这样一个场合的这样一个于连身上，仍然占据着主人的位置。

但是很快，于连“猛然间被拉回到他扮演的角色来”，这个“暴露自己的看法”的时机离此时的他还甚是遥远呢！为了在上层社会立足，他原初的善性已在野心的重扼和唯利是图、弱肉强食的社会现实双重压迫下，变得模糊难寻！

在正直的皮拉尔神父被迫离开贝藏松神学院时，于连再一次真情流露，善良的那个他鼓起勇气找到皮拉尔神父，“‘因为我听人说，先生，’于连战战兢兢地说，‘您主管神学院时间这么长，却什么也没有攒下。我有六百法郎。’泪水阻止他继续说下去……”这份真诚和善良感动了皮拉尔神父，于是他推荐于连去了侯爵府，使“一个新的世界在他面前展开”。

来到了这个曾经是于连的梦想的花花世界，他才大吃一惊，“我自以为是在生活，其实我仅仅是在为生活做准备；现在我终于来到社会上，我将发现它始终都是这样，直到我的角色演毕，始终为真正的敌人所包围。每一分钟都得表现出这种虚伪”。在“被称为生活的这片自私的沙漠里”，于连越陷越深。“从这一瞬间起，他觉得能够控制住自己，这个转变很容易做到。”“于连现在已经成了一个花花公子，懂得了巴黎的处世之道。”他甚至接受了已通过权钱交易而获得贵族称号的“德·瓦尔诺男爵”的拜访，并冷静地向德·拉莫尔侯爵提出“我为我父亲要求贫民收容所所长的职位”。此时的于连啊，他已经完全忘记了在瓦尔诺家晚餐的那一夜的憎恶与誓言！

然而，一种奇怪的感觉在慢慢地滋生，“他一放下工作，就陷在极度的厌倦中……”他厌倦什么？又是谁在厌倦？此时的于连虽然春风得意，步步高升，但是他没有从中体会到预期的快乐和满足，相反，在那个善良的本真的“我”的隐隐的呜咽声中，于连的心中充满了矛盾和迷惘……在于连身上，“两个我”的冲撞引起了人格的扭曲，使他陷入了无休无止的精神磨难中，而这份磨难，正是善经受着恶的考验的必然。

终于，这种矛盾和迷惘终结在了监狱里，终结在了死刑判决下。在黑牢里，当他抛弃一切杂念、抹去灵魂的污秽以后，显得格外真诚和自在。“离死亡近了，他变得比他一生中任何时候都正直。野心已经在他心里死去，另外一种热情从它的遗骸里产生出来；他把它称之为悔恨。”“他热泪滚滚，跪了下来。在这最后的时刻，他成了有宗教信仰的人。教士们的伪善有什么关系？难道它能贬低一丝一毫天主形象的真实和崇高吗？他的眼泪是从一个高尚的源头流出来的……”此时此地，我们的天涯浪子于连，终于清醒地回归到了善良的本性中来。

于连尽管“伪善”，但并没有完全堕落。在他“伪善”的面罩下，有一颗敏感而火热的心。在黑暗现实的蛊惑下，在恶的考验中，于连最终还是选择了善和真。荒唐的是，当他湮灭善念，掩饰同情，觉得自己是那么无耻的时候，却能被社会所认可；当他想重新找回人性、找回自我的时候，尽管是那么的真诚，走上的却是不归之路。面对种种获救的方式、生的希望，他选择放弃，选择忠实于自己的“职责”，选择在法庭上义正词严地控诉出“心里蕴藏了好久的话语”，选择人格的完善，选择走出恶的陷阱、回归本真回归善性！正如他在狱中所反思的：“我动摇过，我受过颠簸……但是并没有被风暴卷去！”“走上断头台”，渗透着作者对主人公善性回归的肯定，表达了作家对美好人性的企盼。

行刑的那天“阳光灿烂，大自然喜气洋洋……在露天里走路对他说来有一种美妙的感觉”，这与其说是去受刑，倒不如说更像是重生，虽然这意味着死亡，但亦是人类“善”的最后胜利！至此，我们的于连，以牺牲生命为代价，最终辨明了人性善恶的真谛：**人性向善，而善必须通过恶的考验，才更能焕发出光辉！**

4. 幸福的归宿是宁静

“你幸福吗?”这个问题被认为是2012年由“末世情结”催生出来的国人最热话题。当然，要回答这个问题首先要解决的是对“幸福”概念的界定。那么到底什么是“幸福”呢? 这场“全民大讨论”热闹非凡！有人从经济数据中去寻找，有人从先哲的智慧中去寻找，有人从一份份调查问卷、一次次访谈实录中去寻找，有人从道德信仰、理想信念中去寻找，有人从与“快乐”的比对中去寻找……答案当然莫衷一是，但是从这些看似不同的答案中，却可以找到不少共识。比如大家都认同，幸福是属于“个人”的一种“心理体验”，而且一定是基于“自我肯定”之上的一种独特的“心理体验”；人“追求”什么，才会“肯定”什么，于是，“幸福”又同每人各异的“人生追求”挂起钩来。

然而，人生似乎充满着悖论，如果我们细想下去，最终或许还是找不到一个确切的答案：有人追求成名成家，那么功成名就了，他就幸福了吗？有人追求高官厚禄，那么位高权重了，他就幸福了吗？有人追求金钱财富，那么腰缠万贯了，他就幸福了吗？有人追求自我价值，那么实现自我了，他就幸福了吗？有人追求奉献他人，那么无私付出了，他就幸福了吗？有人追求平常生活，那么柴米油盐中，他就幸福了吗？……这样的追问似乎可以无穷无尽！其实，人类文明的发展史，可以说就是一部苦苦追寻着幸福真谛的奋斗史。什么是幸福？如何才能获得真正的幸福？这个问题早已成为一个现实的人终其一生不断思索的难题。而我们的高考命题，自然也会把这个“终极追问”作为一个单列的母题加以考察，因为高中教材里，托尔斯泰的那个“幸福的所在”，始终萦绕在我们的心头。“什么是幸福？如何才能获得真正的幸福？”对于这个问题的理解和思考，在人生刚刚起航的十八九岁的年轻人身上，难道不是最重要的吗？

《红与黑》的主人公，19岁的于连，我们的同龄人，正在用他短暂而传奇的一生向我们演绎着这个问题的答案，或许，跟随着于连的人生体验，我们能得到一点宝贵的启示。

毋庸置疑，在索雷尔老爹的锯木厂里，那个饱受父兄拳脚和歧视的孱弱孤僻的于连是不会幸福的，因为他一直“像个弱者那样受到人人的鄙视”，他心中充满着对这种鄙视的仇恨。然而，当他把一本拉丁文《圣经》倒背如流，引起全城轰动的时候，他幸福吗？也没有，因为他正苦苦压抑着对拿破仑的狂热崇拜，在受到别人赞赏的时候，他并没有对这份“惊人的记忆力”有丝毫的“自我肯定”。

于连的第一次“幸福”体验，是跟随德·雷纳尔一家搬到维尔吉别墅的最初的那段时光，“于连自从住到乡下来以后，过的是一个真正的孩子生活，像他的学生们一样兴高采烈地追捕蝴蝶。他过去要对自己经常进行克制，要耍许多非常狡猾的手腕，如今他单独一个人，……因此他沉湎在生活的快乐之中；在他这个年纪，而且是在世界上那些最美丽的大山中间，这种快乐是那么强烈”。

我们留意到，对于连这段心理体验的描述，司汤达并未采用“幸福”这个字眼。是他对这个词语太过审慎，不愿轻易使用吗？不是！“幸福”这个词在整部《红与黑》中共出现了 189 次，可见，对于这个词语本身，作者并无偏讳。那么，对于连的这第一次幸福体验，作者为什么如此吝啬于“幸福”二字呢？或许，这正是作者要通过整部作品带领我们探讨的问题——在主人公曲折而细腻的心路历程中，**“幸福”是怎样艰难地还原它的真实面目的？**

这部伟大作品的结束语，相当耐人寻味，是司汤达写的一句英文题词：“TO THE HAPPY FEW”，意即“献给少数幸福的人”。这就带给了我们一个太大的疑问，在《红与黑》中到底有没有“幸福的人”？我们的主人公于连，属于这些“少数幸福的人”之列吗？让我们来看看作者对于连死时的描绘：

“这颗脑袋从来没有像它即将落地的时刻这么富有诗意。他从前在维尔吉的树林里度过的那些甜美的时刻纷纷地，而且极其有力地涌回到他的思想里来。”看来，在最后的时刻，于连的内心是充溢着幸福的，或者，换句话说，于连在临死时真正成为一个幸福的人，因为他终于找到了幸福的真谛，完成了**还原幸福**的艰难历程。

是的，或许于连的经历告诉我们，幸福并不是通过艰苦奋斗或是聪明才智就能获得的，很多时候，幸福只需要我们洗去心灵上“金银的蒙尘”，从点滴的回忆中，从当下的经历里去提取、去思悟、去唤醒。

让我们来看看主人公在监狱里的这段内心独白："平平静静地生活在一个像维尔吉那样的山区里……当时的我是幸福的……只不过我并不知道我有多么幸福!"可悲啊，监狱，竟然成了于连参悟幸福的圣地！然而此时此地，当于连回顾在维尔吉的那段生活，回忆起那最初的一次"幸福体验"的时候，作者终于用上了"幸福"二字，我们从中得出的判断是，此时，作者才认可，在维尔吉时的懵懂的"快乐"，终于在主人公的人生历练与灵魂成长下变成了清醒的"幸福"。

在监狱中的于连，回到了连他自己都已经忘却了的那个没有野心、没有虚荣、没有仇恨的简单宁静的自我；特别是当于连同德·雷纳尔夫人冰释前嫌之时，"他的高兴和幸福向她证明了他已经完全原谅她。他从前不曾为爱情这般疯狂过"，他只祈求能"快快乐乐地在一起度过两个月"，他对德·雷纳尔夫人说，"如果您不到这个监狱里来看我，我到死也不会知道什么是幸福"……通过这番强烈的对比，于连突然间那样清醒地认识到，"他从来没有想到过他在巴黎获得的胜利，他对它感到厌倦。"

不错，在最后的时刻，当回忆在巴黎的生活，于连的感受竟然是"厌倦"！这很突然吗？其实，当我们把书本翻回那些篇章，寻找那些语句时，会发现，伏笔早就已经埋下来。当于连煞费苦心、机关算尽，终于征服了被誉为"巴黎的典型"的侯府小姐玛蒂尔德时，他的真实内心居然是这样的："这种没有温柔声调的用'你'而不用'您'的称呼法，使于连感觉不到一点快乐；他对缺乏幸福感到惊讶；最后为了去感觉它，他求助于他的理智。他看到自己受到这个年轻姑娘的敬重，她是多么高傲，从来不会毫无保留地称赞人。这样一推论，他得到了自尊心满足以后的幸福。说真的，这不是他有时在德·雷纳尔夫人身边得到的那种心灵的陶醉。在这最初时刻，他的感情里没有一点温柔的成分。他感到的是野心得到满足后的强烈的幸福。"虽然作者频频用到"幸福"二字，但读者一目了然，此时的于连并不幸福，甚至不感到快乐。对于连而言，玛蒂尔德的形象竟然是："在这儿，我制服的是一个恶魔，因此必须制服。"

于连同玛蒂尔德的相处，其实就是他混迹巴黎上流社会的缩影，我们几乎找不到一点爱情的甜蜜，相反，这段感情更像是一场较量，一种征服。作者用了一个比喻来描述于连与玛蒂尔德的关系，"一位英国旅行者谈起他和一只老虎亲密相处；他把它养大，抚爱它，但是桌子上始终放着一把子弹上膛的手枪。"没有一丝沉醉，没有一刻安宁，这是多么可怕的"相爱"，多么可怕的"胜利"！

获得了侯府千金的青睐，平步青云指日可待，但是于连的内心却感到越来越苍白，越来越忧郁。叔本华的"生存意志"说尽了于连此时的状态：整个人生因为欲求而处于痛苦和无聊之间，或为欲求的不满足而痛苦，或在欲求短暂满足后而处于空虚无聊之中。这些回忆，让于连"厌倦得要死"。

只是，此时的于连，是否想起了那一次的内心抉择呢？在维里埃尔，德·雷纳尔先生的那所房子里度过的那孤独的几个星期，对于连说来，是一个幸福的时期。他只有在别人邀请他参加的宴会上才感到厌恶，才有不愉快的想法。在这所寂静的房子里，他可以读，可以写，可以思考，而又不受到打扰，他真实地感受到，"幸福离着我会这么近吗?"然而，旋即，另一种想法却如乌云般覆盖了于连最初美好的心理体验，"旅行的人刚爬上一座陡峭的山峰，在山顶坐下来，觉得休息是一件十分愉快的事，如果强迫他永远休息下去，他还会幸福吗?"正是这种想法，让他放弃了继续在维里埃尔的宁静自由，让他任由"狂热的野心"把自己"拖入想象的国土"，由此，最终获得的是在"巴黎客厅"里的深深"厌倦"。

安静的监狱里，于连陷入了深深的反思中，他觉悟到，社会成功从未给他带来过幸福，反而淹没了他的真实的自我。于连的心在死牢中终于回归到自然的状态，往日的野心、幻想、奋斗，在自由、安宁、平和的心境面前，统统失去了迷人的光彩。醒悟了的于连是幸福的，而“少数幸福的人”，正是入狱后大彻大悟的回归自由和宁静的于连！

对幸福的追求是人类共同的理想，但是幸福的归宿不在天国，而在人间，是现实中最普通的存在：真正幸福的于连是隐藏在弗朗什—孔泰地区山洞里的那个于连，“我有面包，我有自由……待在这个山洞里，沉醉在他的梦想和他得到的自由的快乐中，比他一生中任何时候都幸福”；真正幸福的于连是在囚室里深思的那个于连，“我现在觉得活着很愉快；我的屋子安安静静，没有一个讨厌的人来打扰我”；真正幸福的于连也是那个安静地陪伴在德·雷纳尔夫人身边的于连，“从前，当我们在维尔吉的树林里散步的时候，我本来可以是非常幸福的……”

卸下了长期以来的人格面具，于连终于找到了自己幸福的所在——黑牢、洞穴、小树林——**原来纯真与宁静才是幸福的归宿**。在大踏步走向刑场的路途中，于连终于产生了这种基于“自我肯定”之上的独特的“心理体验”，以幸福的回归结束了自己的奋斗历程，安然地选择死亡！朱光潜认为“悲剧在哀悼肉体失败的同时，庆祝精神的胜利”，这正是司汤达所谓“幸福的少数人”的最鲜明的写照！幸福的归宿是宁静，净化了心灵，才能找到宁静的幸福和满足，这也是人性的回归！庆幸于连，终于走入了宁静，还原了幸福！

5. 直面现实，实现自我

虽然，我们清醒地意识到，于连的死，意味着他最终摆脱了“他者”，捍卫了理想，还原了幸福，走向了至善，赢得了尊严，做回了自己……然而，每每掩卷，仍然会沉浸到一种深深的感伤之中！于连毕竟是死了，无论这个“死”附带着多少意义与价值，但实实在在仍旧是一出悲剧：一个年轻的生命，消逝在了灿烂的阳光里，这样的阳光是多么的讽刺！一个年轻的生命，终“向善而死”——因向善而致死，这样的现实是多么的可怕！

在于连的现实世界里，似乎只有“残酷的真实”，面对这扭曲的现实世界，反抗伴随了于连的一生。正如司汤达对他所创造的这个人物的评价，这是一个“在和整个社会作战的不幸的人”！是的，从战胜“蔑视”而给自己规定的“职责”开始，于连自觉不自觉地采用了许多不同的方式，试图挣脱社会、家庭、命运强加给他的枷锁。

即便只是德·雷纳尔先生雇用的一名家庭教师，但是在维尔吉庄园与德·雷纳尔先生的首次冲突，于连并未有半点让步，“没有您，我照样能活下去，先生”。于连的强硬，再加上假想敌瓦尔诺的阴影，迫使德·雷纳尔先生接连让步，最后，不仅将薪酬增加到每月五十法郎，而且还给了于连一整天的休假。于连对自己说：“我打了一个胜仗。”他爬上了维尔吉的大树林，“他在树林中间走着，有一瞬间他几乎对树林中迷人的美景有了感觉。……很快地发现自己站立在一块巨大无比的岩石上，而且确信自己跟世上所有的人都分开了。这个物质世界的位置使他露出了微笑，它向他描绘出了他渴望达到的精神世界的位置。高山上的洁净空气把平静，甚至把快乐注入了他的心田。……一只雄鹰从他头顶的那些巨大岩石间飞起来，他看见它画着一个个巨大的圆圈，静悄悄地盘旋着。于连的眼睛不由自主地跟着这只猛禽转动。它的动作平稳、有力，深深地打动了他，他羡慕它的这种力量，他羡慕它的这种孤独。”

在于连精神世界的制高点，这只雄鹰留下了深深的烙印，“力量”伴随着“孤独”，这似乎就是于连的宿命：反抗—孤独—失败。

来到巴黎，进入华贵的侯爵府，于连仍然是带着他的那份独特的倔强和疏离。他留给人们的印象是“一个新来乍到，由于性格高傲而又从来不询问的人”，而侯府的中心人物玛蒂尔德小姐对他的评论居然是：“他会是一个丹东。”

※资源链接5：

丹东（1759—1794），18世纪法国资产阶级革命时期活动家。革命初期参加雅各宾俱乐部。在外敌入侵时，发表“为了战胜敌人，必须勇敢，勇敢，再勇敢！”的著名演说。后为山岳派领袖之一，公开反对雅各宾派政府的革命恐怖政策。1794年4月被处死。

如果说，于连毫不屈服的顶撞权贵是一种反抗，于连冷漠淡然的待人处世是一种反抗，那么，于连似是而非的表面服从也是一种反抗，因为，只有将自己的内心世界隐藏起来，表面服从这个社会，才能保持灵魂的自由和精神的独立。甚至，于连还会沉入某种幻想中，用如阿Q般自欺欺人的手法反抗命运的不公。

“我亲爱的索雷尔，请允许我送您一件蓝色的礼服作为礼物。当您高兴穿上它来看我时，您在我的眼里将是德·肖纳伯爵的弟弟，也就是说，我的朋友老公爵的儿子。”在痛风病发作期间，德·拉莫尔侯爵突发奇想，发出了一个奇怪的提议。于连顺从。当天晚上，于连试着穿蓝礼服去见侯爵。侯爵待他像待一个平等的人。第二天上午，于连穿着黑礼服，带着文件夹和需要签字的信件去见侯爵。他受到了以前的待遇。晚上换上蓝礼服，接待他的口气又完全不同，跟前一天晚上一样客气。“于连穿着蓝礼服出现时，他们从来不谈事务。侯爵的亲切，是那样迎合我们主人公一直苦痛着的自尊心，以至于他很快就对这个可爱的老人不由自主地感到了一种眷恋之情……”于连陶醉在这场游戏中，与其说是对侯爵产生了眷恋之情，不如说是对这种“平等”待遇的眷恋和陶醉。于连终其一生想要追求的，就是这种平等、公正和自由的感觉。虽然，穿着“蓝礼服”的于连是一个虚拟的角色，但是，这足以让他满足。现实的反抗是这样的艰难，而这种幻觉，是这样的真实，令人沉醉……

当然，幻觉很快就会被打碎，自欺欺人的手法既不代表妥协，也不代表主动彻底的反抗。在于连身上，最能突显其反抗精神的一幕，便是终审法庭上的这次“自杀式”陈词。

公审的时候，于连当众宣称他不祈求任何人的恩赐，他说：“我没有这个荣幸属于你们的阶级，在你们眼里，我只是一个反抗自己卑贱命运的农民……我绝不是被我的同等的人审判，我在陪审官的席上，没有看见一个变富裕的农民，而只是些令人气愤的资产阶级。”结果，法庭宣布于连犯了蓄谋杀人罪，判处死刑。于连拒绝上诉，也拒绝做临终祷告，以示对不公正社会的抗议！

在死牢中，他自省，“我在这儿，这间黑牢里，是孤独的；但是我过去在世上，并不是生活在孤独中；我有过强有力的职责观念。我为自己规定的职责，不管对不对……曾经像一棵结实的大树的树干，在暴风雨中我依靠在它上面。我有过动摇，站立不稳。我毕竟是一个凡人……但是我并没有被卷走。”

而这“强有力的职责”，说到底就是于连不懈的抗争！正如玛蒂尔德对于连敬意的开始：“这一个不是生来下跪的”，最终，于连选择了死亡。雅斯贝尔斯说过，人不能证明自由，但他却能通过自身的意志行为实现自由，而“做出选择”就是自由的体现方式，应当把“自由”置于人的自我实现的中心。因此，于连通过对死亡的选择实现了自己的“自由意志”。

我们必须承认，于连的死，对于他而言、对于当时的社会而言，确实是一种已然达到极致的反抗。但是，当理想不堪现实的重负，当现实无情地冲撞理想，如何能坚持真实的自我，步出消极与混沌，走一条正确的自我实现之路？这个问题，于连的死并不是最好的答案。**于连的反抗是“激情的”，但却不是“积极的”**，于连的悲剧在于，就算不停地进行自我意识的探究与灵魂拷问，仍然找不到出路；**就算选择死，也是一种逃避**。

司汤达为于连设计的最终的葬身之处——群山之中那个荒凉而超然的山洞，“就这样在半夜里，来到了汝拉山脉的一座山峰的最高点附近；在点着无数蜡烛，显得非常富丽堂皇的小山洞里，二十名教士做着安灵的弥撒”。但是，在这里，于连是否真能“安灵”？这是否真的是他想要的结局？如果他魂兮归来，是否会带着某些遗恨？

其实，死也是一种消极的反抗，悄然死亡就是意味着正义力量的自我消亡，从客观而言，就是一种妥协。尼采在《查拉图斯特拉如是说》中提出了“超人”学说，在“超人”身上，我们强烈地感受到这样的精神：否定传统的批判精神、蔑视权威的自立精神、不甘颓废的自强精神、不断超越的进取精神。人的追求不能等待、依赖任何外力，必须独立自主地行动起来，**自己拯救自己**。是的，或许在于连身上，并不缺乏批判、自立、自强和进取，但是他并没有达到“超越时代、拯救自己”的境界。于连把自己送上了断头台，以了结自己生命的方式与命运抗争、同社会决裂，当然无法真正实现自我，他的遗恨大概就在此吧！其实，在生不逢时的世道下，单枪匹马，任何的正义和进步都注定会失败，“于连们”应该团结起来，**以革新者的姿态出现，直面现实，超越时代，实现自我**，才能最终突破这份遗恨！

幸好，于连的时代已经过去了，我们幸运地出生在这样一个进步发展的时期，美好的理想、光明的现实正等待着你，召唤着你！人生如一块香料，只有在理想的烈火中才能发出最浓郁的芬芳，我们应当满怀热情，直面人生，从社会现实、个人际遇出发，给生命多一分历练，对社会多一分责任，予世界多一分贡献，在直面现实中，实现自我，使珍贵的人生迸发光彩！

于连生活在一个倒退的时代，所以他的反抗没有更积极的路可以走，他的命运也不可能有更好的结局，但是于连一生的遭遇，他富有激情的生命选择对我们仍有很多启迪。无论现实如何，我们的身上都负有那沉甸甸的灵魂，是理想的力量使我们抬起头——“一个深刻的灵魂，即使痛苦，也是美的”，将黑格尔的这句话，献给于连，献给司汤达，也献给你，与我！

第十一章　基于学习障碍点突破的 PLE 实施路径创设

一、基于学生“自我追问”的学习支持导航系统

1.“问题系统”架构课堂流程

对于学生学习障碍点的突破，首先要解决学生“主动思维”的问题。“问题”是思维的外显，孔子说“切问而近思”，朱熹说“审问而明辨”，因此在语文课堂上，教师们正逐渐地意识到对学生问题意识培养在操作层面进行研究的重要性；意识到从有效性角度对课堂问题进行筛选，并对类型丰富、品质优良的有效教学问题进行系统建构与整体优化研究的重要性；意识到对教师在教学中的角色定位、功能界定和能力突破点等进行研究的重要性。问题充斥着我们的课堂，杂乱的问题群甚至会打乱课堂的逻辑顺序，误导学生的思维。于是以“追问”为抓手的“问题系统”的架构为组织课堂教学搭设了框架，为教学内容在课堂上的有效实施，从而促进学生的**“主动思维”进行了路径“导航”**（见下图）。“追问”就是由一点发动的问的过程，由一点出发不断的追问，追在探寻，追在深化，追在拓展。通过学生的疑问找到追问的起点，通过推进的问题、引申的问题、迁

基于学生“主动思维”的课堂流程架构

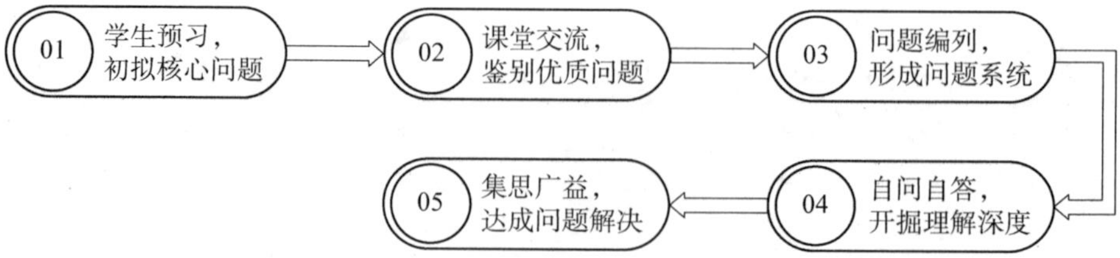

移的问题等等形成追问的过程，达到深化思考、拨动心弦的目的。

“问题系统”包括了导入学习状态的驱动性问题，统领本单元的核心问题，以及为了解决这个核心问题所铺设的支架问题，所跟进的推动问题，和其他一些具有内在联系的功能各异的问题。可见下图。

“问题系统” 图示

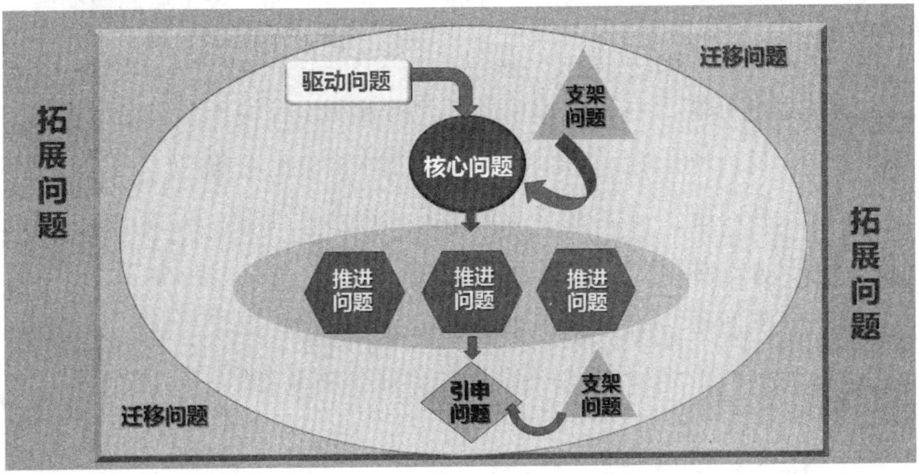

“问题系统”包括了导入学习状态的驱动性问题，统领本单元的核心问题，以及为了解决这个核心问题所铺设的支架问题，所跟进的推动问题，和其他一些具有内在联系的功能各异的问题，**具体包括：**

※ **“驱动问题”**　指在学习导入或某一个环节开始之时启动思考的问题，通常它需要具体的问题情境，以谋求与学生的经验产生联结，并能激发他们的兴趣、动机与自主学习的愿望。驱动问题一般也是教师启发学生发现问题的问题。

※ **“核心问题”**　指在学科基本问题和学科思维的关照下，依据本单学习目标，在充分考虑学生的学习起点（生活经验、知识基础与认知冲突、学习动机与兴趣点）后产生的本单工约的统领性问题。

※**“推进问题”** 指围绕核心问题不断聚焦与深化的问题，往往以追问的形式呈现，它反映了对核心问题的分阶段、多层次、多角度的演绎、归纳的思考。在具体实践中，推进问题通常有分解的问题、扩展的问题、聚焦的问题、转化的问题、促进反思的问题等。一单工约中的推进问题可以出现一个，也可出现多个。

※**“支架问题”** 指为“核心问题”、“推进问题”等主要问题的解决搭设阶梯、启发引导的问题，是帮助学生从表层思维走向深入的桥梁。

※**“引申问题”** 指围绕本单的学习目标所设计的具有一定难度挑战的问题，以适合具有较高认知水平和学习需求的学生思考。

※**“迁移问题”** 指跨越学程或单元的综合性问题，以利于学生对已学内容的巩固，对新学内容的整体性把握。

※**“拓展问题”** 指跨越基础学科学习要求的，更深入学科专业领域或生活经验的问题，以利于培养学生对学科本身的兴趣，提升学以致用的能力。

※**“识记问题”** 指本单工约中涉及的需要识记掌握的问题。

在课堂学习实施的初始状态，“系统问题”主要由教师设计构筑，但随着实施的深入推进，学生自学能力的提高，其设计主体也会发生变化，很多外显的问题，将成为问题系统，成为学生思维中的“自动化”环节，学生的思维也随之优化了。

2. “系统优化”促成主体参与

从学生自主发问的角度看，学生在没有任何指导下提出的问题一定是呈“弥散状”的，而且如果不加以指点，他们今后所提的问题也不会有太大改观。**“问题”的背后是学科思维**，也就是说光放手让学生自问自答、互问互答，或小组讨论，都不会触及其学科思维的发展，由此，教学方式、学习方式的改变也只可能浮于表层。但是，如果我们以“系统优化”

的方式给他们一些指导，那么学生的“自我追问”便将逐渐往“系统、动态与发展”的方向进步，如此，他们也将逐渐形成自己的思维方式，从而学会学习。

步骤一： 搭建问题维度，拓展思考面

将范围缩小到文本解读上，理解力不仅指对文本语句、结构等表层意义的理解，也包括对隐藏在字面之后的深层含义或内在逻辑关系的理解，还包括对文本思想感情或表现手法的解释、赏析，以及洞察、移情、自省式的个性解读。我们试图以理解力为核心，将“自我提问”的角度分解为六个纬度，用以构建阅读能力培养的着力点，拓宽其思考面。

“自我追问”的六维度追问支架

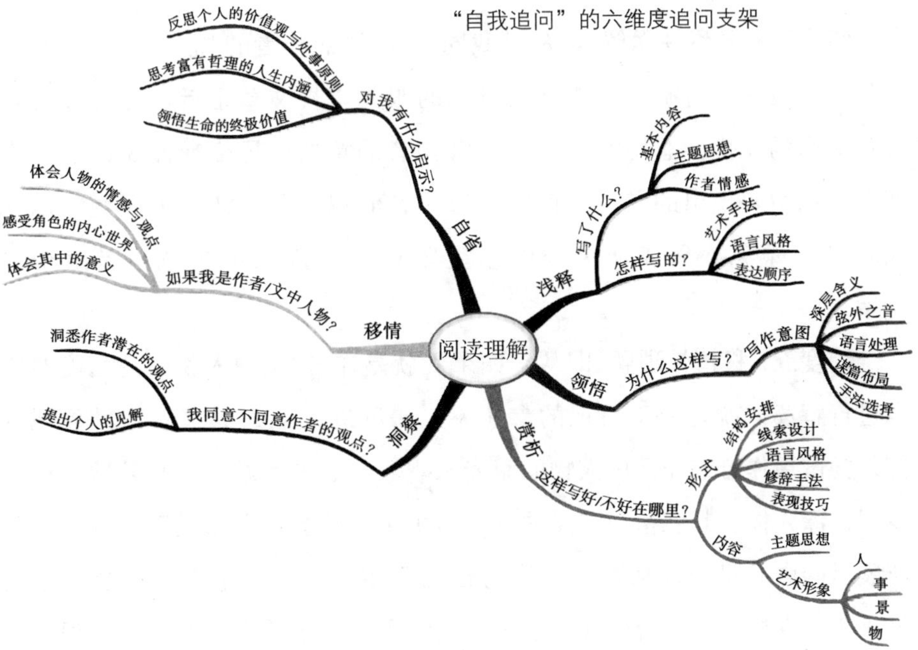

纬度一：浅释性理解。即从文章“写了什么？”和“怎样写的？”两个角度对文章进行解读，包括理解文章的基本内容、表达顺序，作者的行文思路、思想感情，主要的艺术手法、语言风格等。

纬度二：领悟性理解。即从“为什么这样写？”的角度对文章进行解读，通过对写作意图的深层挖掘，结合时代背景与作者的思想倾向，领会文本内容涉及的深层含义、关键词语、句子或段落的弦外之音，理解作者对文本语言处理、谋篇布局和手法选择的独具匠心。

纬度三：赏析性理解。即从“这样写好/不好在哪里？为什么？”的角度对文章进行解读，调动学习者自己的知识积累、阅读积累和生活积累，展开丰富的想象和联想，对文本中的人、事、景、物等艺术形象，对文章的结构安排、线索设计，以及语言、修辞、表现技巧等艺术手法进行欣赏和鉴别。

纬度四：洞察性理解。即从“我同意/不同意作者的观点？为什么？”的角度对文章进行解读，能够用批判的眼光审视文章主旨，通过作者对人物命运的安排、意境的营造等体会作者的意图、风格或偏见，洞悉作者在文章中表现出的潜在价值观，对作者的观点及看法加以质疑，以现代眼光、现实意义或从另外的角度审视文章涉及的主题，提出个人见解。

纬度五：移情性理解。即从“如果我就是作者/文中人物”的角度对文章进行解读，就是放下自己的参照系，深度进入他人的情感和世界观内部，尝试用作者或作品中人物的眼光来观察、思考问题，设身处地为他人着想，深入体会其感情和观点的发生与由来，感受作者通过笔下具体形象所展示的内心世界，从那些或许与自己不相容的人或事中去理解不同处境、不同性格、不同价值观、不同文化背景所决定的不同选择或认识中的深层内涵。

纬度六：自省性理解。即从“对我有什么启示？”的角度对文章进行解读，将文章主题融入自己的生活和内心世界，从“做什么样的人，拥有什么样的人生？”出发反思个人的价值观与处世原则，思考富有哲理的人生内涵，领悟生命的终极价值。

步骤二：填写追问表格，寻找突破口

学生“自我提问”的目的有三个，其一是通过“自问自答”厘清对文本的基本理解，其二是通过“自我追问”形成对文本的重要理解，其三是通过“自我质疑”找到深入理解文本的突破口。因此，我们专门设计了“问题表格”，帮助学生有条理地表达自己的初读成果，找到深入理解的起点。

※“问题表格”填写说明

● “重点问题”是你认为理解这篇课文必须解决的最重要的问题；这个问题，经过思考，你可以自行回答。

● “难点问题”是你深入理解课文后，发现值得深入探究却又有一定难度的问题；这个问题，经过思考，你也可以作出回答。

● “疑惑问题”是你真正感觉不能自己解决的问题，但你又认为这个问题很有价值，有必要提出来让老师和同学们一起讨论分析。

● 此表不要求填满，保证每一列（共 3 列）至少各有一个问题即可。

【案例】华师大版高中语文教材一年级第一学期第二课《获得教养的途径》

	重点问题	难点问题	疑惑问题
浅释性问题	（李晨）本文的题目为《获得教养的途径》，但文章在第 4 节后“教养”只字未提，是否偏题了呢？	（孙嫄、程子漪）作者为什么花了大篇幅来写儿童在阅读过程中对世界的认知变化？	

续表

	重点问题	难点问题	疑惑问题
领悟性问题	（陈茅婷、孙琰婷、徐美玲、王东旭、李晨、陈思齐、敖明妍）文末为何说“世界各民族都怀着同样的梦想忍受着同样的痛苦”？“看见那由千百种矛盾的表情神奇的统一起来的人类的容颜”中“千百种矛盾的表情”与“统一起来的人类的容颜”分别指什么？为什么读者在彻悟的瞬间会看到“超现实的幻想”，这种“超现实”代表着什么意义？	（邓聪）第1段开头说“不追求任何具体目的”，最后却说：“它的目的不在于提高这种或那种能力和本领，而在于帮助我们找到生活的意义”，矛盾吗？ （徐美玲、赵迪、孙琰婷、宿宇欣、陈思佳、石谡）如何理解“我们先得向杰作表明自己的价值，才会发现杰作的真正价值”？独句成段的作用又是什么？	（郭正、顾佳怡、顾明皓）为什么说：“有的人一生只读过十来本书却仍然不失为真正的读书人”？什么是真正的读书人？
赏析性问题	（刘欣荔、邓思祺）文章语言如何体现西方文学的思辨性？	（陈捷、佘卿伊）本文用了谈话方式，有什么好处？	
洞察性问题	（刘嘉伟）你认为作者“获得教养的途径”的方法是读名著的观点对不对？为什么？ （姜斐）作者认为，“单靠报纸和偶然得到的流行文学，是学不会真正意义上的阅读的，而必须读杰作。”你是否赞同这一观点？	（王思音、邓思祺）作者认为，“当今之世，对书籍已经有些轻视了，”现在的人们是否也是这样？ （王东旭）作者提倡读书要“重复阅读”，你同意这个观点吗？	（张茜、顾明皓）为什么要重视经典作品的阅读，即“杰作”？这种看法对吗？其他的就不好吗？为什么单靠报纸和偶然得到的文学是不会真正意义上阅读的？
移情性问题		（赵迪）为什么说思想和作品的美和魅力是基于独特个性？	
自省性问题		（黄之颖、张思聪、佘卿伊、顾诗意、李楠希）除了研读世界文学，还有哪些获得教养的途径？	（陈捷）“不错，读的太多可能有害，书籍可能成为生活中的竞争对手”与如今有些名家提倡的泛读博览，谁的更好？

步骤三：形成问题系统，提升思维力

面对一篇半生不熟的文章，从一个问题都提不出，到有条理地提出丰富而有价值的问题，由无序到有序，渐入佳境，这就是所有进入“追问导航”学习的语文课堂的学生的共同感受。三个经度、六个维度的问题，事实上也蕴含了阅读理解的逻辑层次，只是它更强调从不同的角度去整体把握文本。而在具体阅读的过程中，问题提出的目的是为了加深理解，所以由点而线、由线及面的问题系统的构建是问题化阅读试图引导学生进入的最佳状态。

我们主要通过指导学生进行“问题编列”的方式在逻辑组织上帮助其形成或优化问题系统。在问题系统优化策略中，“问题编列”的形式可以有以下四种：

① 提高型编列：一系列同纬度的问题，认识程度逐步提高，通常的顺序是从知识性问题提高到简单推理的问题，然后再提高到提供理由和假设的问题。

② 拓展型编列：逐步从与文本具体内容最直接相关的浅释性问题过渡到到赏析性问题，最后以开放性问题（洞察、移情、自省等纬度）结束。

③ 收敛型编列：以开放性问题（洞察、移情、自省等纬度）为始，然后将问题逐步缩小聚焦到与文本内容最直接相关的领悟或浅释性问题。

④ 收放型编列：先提出比较具体的问题，然后过渡到开放性问题（洞察、移情、自省等纬度），再回到原先提出的具体问题，进行更深入的探讨。

由问题编列而形成“自动化”的自我追问问题系统，这已经到达了语文学习支持导航系统的最高境界，学生自主生成的问题系统已经代表了一定的思维深度，其理解力水平的提升也已经进入了一种自主生成的理想状态。

※【课例一】《终南山》

学习目标

1. 能运用中国古诗词的相关基础知识赏析《终南山》，品味其壮阔而又清远的意境。

2. 能尝试着用“知人论世”“查阅诗评”“自我追问”“质疑探究”等方式推进对诗歌内涵的理解，初步形成对“古诗”这一特定文体作品进行品读的基本策略。

3. 能体会到《终南山》诗境与诗韵中所带有的盛唐气象与空寂禅意，感受律诗形式之美，丰富对中国传统文化的积淀与理解。

课前导学

小 M：

你好！

当你读完了霍松林先生这篇关于《终南山》的赏析，你是否对王维的《终南山》有了一点了解了呢？其实，我们读诗，既要发挥自己的想象去“读诗句”——沉浸诗意；还要想办法去了解诗人当时所处的时代背景及个人心境，是谓“读诗人”——知人论世；更要去读一些带有学术意味的评论性文章，即站在前人的肩膀上“读诗评”——博观约取，这是我们从通俗阅读到专业阅读的进阶助手，能够使我们的理解力更上一个层次。

当然，“读”是第一步，“读”好了要思考，所谓“学而不思则罔，思而不学则殆”。今天，唐老师送给你一位思考的好帮手——提问题：给同伴提问，给老师提问，给自己提问……

小 M，你相信吗？这些问题能让你觉得读诗读文，越读越有味道，越思考越有收获。

好吧，让我们开始吧！请在下面这页中写下你读王维《终南山》的3个问题和2个答案：

“重点问题”是你认为要想读懂这首诗歌必须解决的最重要的问题；这个问题，经过思考，你应该可以自行回答，请你简单写一下你的答案。

“难点问题”是你深入理解诗意后，发现值得深入探究却又有一定难度的问题；这个问题，经过思考，你应该也可以作出回答，也请你简单写一下答案。

“疑惑问题”是你真正感觉不能自己解决的问题，但你又认为这个问题很有价值，有必要提出来让老师和同学们一起讨论分析。

班级：________　　　　　　　　　　　　　　　　姓名：________

我的问题

①“重点问题”：

我的答案：

②“难点问题”：

我的答案：

③“疑惑问题”：

课堂流程

一、导入

请你大声诵读这三首你在小学与初中学过的王维的山水诗。比较一下，它们有什么相似之处，结合你对王维的了解，谈谈你的感受。（**凸显“诗中有画”，即具体物象的画面感。**）

竹里馆（二上）

独坐幽篁里，弹琴复长啸。深林人不知，明月来相照。

鹿柴（三上）

空山不见人，但闻人语响。返景入深林，复照青苔上。

鸟鸣涧（四上、六下）

人闲桂花落，夜静春山空。月出惊山鸟，时鸣春涧中。

二、驱动问题

学生代表问题：苏轼说，“味摩诘之诗，诗中有画；观摩诘之画，画中有诗”，很多人说，《终南山》作为王维山水诗的代表，是典型的“以画法入诗”的作品，你是否同意，如果同意，能否加以简析？

板书： 终南山（王维）

诗中有画

首：山脚下仰视——高大

颔：半山腰近观——深远

颈：山顶上俯瞰——阔大

尾：隔水问樵夫——幽静

设计用意：初读《终南山》，感受整首诗的大气磅礴，清远而又壮阔的意境，明确每一联的描写角度、内容及主要手法。

基本得出：首联从山脚远眺终南山，以夸张手法言其高远。颔联从半山腰处近观终南山，云霓明灭，烟涛微茫，言其深远。颈联登上山顶，以千山万壑的晦明变化言其阔大。尾联以声衬静，表现终南山的幽静，写得含蓄而有韵致。

※**【资源链接】**

“山有三远：自山下而仰山巅，谓之高远；自山前而窥山后，谓之深远；自近山而望远山，谓之平远。高远之势突兀，深远之意重叠，平远之意冲融而缥缥缈缈。”

——《林泉高致》【宋·郭熙】

三、核心问题

学生代表问题： ● 如果说“以画法入诗”，那么这幅画是否太过写意？竟无一景一物！

● 韩愈的《南山诗》与王维《终南山》有什么不同？

设计用意： 引导学生读出王维《终南山》从大处着笔的气度，读出诗中蕴藉的盛唐气象，读出“画中有诗”的境界。

课堂讨论：（随性讨论，间以背诵，不拘泥于①、②的顺序，点到即可。）

① **从时代背景出发**，同韩愈《南山诗》对比，引出盛唐气象，大气磅礴、恢宏壮阔的意境因时代铸就；师引《终南山的变容》所述，概括提升。

※【资源链接】韩愈《南山诗》（略）（204句，1 020字，以文入诗）

韩愈以连续的直喻为首，通过对各个部分描述的叠加，力图把握终南山的全貌。然而只是基于自己的知觉来捕捉细节，通过部分的积累而将全体描绘殆尽，不是一下子整体把握。

“诗从位于大地中心、垂直和水平方向都无限扩展的终南山的雄伟写起，充分展现了盛唐诗的恢宏气势，但是那种伟大与其说是忠实地写景，不如说是他们在观念层次上领会到的风景，在其背后有着盛唐人共有的安定的世界观。……无论如何，贯穿全诗的是位居世界中心的终南山的宏大的存在感，从这里我们能够读出盛唐诗人对世界的存在所具有的不可动摇的信赖。……盛唐时人们的视野扩展到了不可企及的地方，瞬间就把握了世界的全体。而到了中唐以后，这种认知世界的结构似乎已经解体，中唐文人只能在个人的经验、知觉的基础上去领会对象了。韩愈以连续的直喻为首，通过对各个部分描述的叠加，力图把握终南山的全貌。然而只是基于自己的知觉来捕捉细节，通过部分的积累而将全体描绘殆尽，不是一下子整体把握。”

——《终南山的变容》（【日】川合康三）

② 从“合”“无”“变”“殊”等字中，读出隐于诗中之景，品味“画中有诗”的特点。

带领学生充分想象，“入看无”则景致生：瀑布流泉，苍松怪柏，奇花异石、绝壑小径、修竹幽草、野渡独舟……可写之景无尽。众壑“殊”，更是四季晨昏，景象万千。但王维“以少总多”，以虚化与留白的方式，使“意余于象”，以语言的凝练、语意的丰富尽显诗意。

板书： 终南山（王维）

诗中有画，画中有诗。　　整体感→盛唐气象

首：山脚下仰视——高大　虚化（夸张想象）

颔：半山腰近观——深远

颈：山顶上俯瞰——阔大

尾：隔水问樵夫——幽静　留白（不着一物）

问题推进： 这首诗你感觉自己读懂了吗？觉得哪里似乎还是有问题的？

学生代表问题：

- 都说诗是情景交融，通过意象表达情感，那么这首诗表达的是什么情感？归隐之乐？赞美之情？从哪里看出这样的喜乐？
- 为什么要写白云、青霭、阴晴变化？难道仅是为了体现整体感？
- 为什么在王维的诗作中经常出现云气与光影？

设计用意： 读出王维诗的空寂之美及淡然的禅意。

教师问学生：现在，你感觉自己读懂了吗？觉得哪里还是有问题?1—2位学生提问，课堂讨论。包括追问为什么爱写云？（王维存诗 421 首，87 次出现云）为什么爱写光与影？（回顾小学、初中三首诗中的月光、日光等）

在学生回答中，教师补充板书，PPT总结。

板书：　　　　　终南山（王维）

画法入诗，移步换形	整体感→盛唐气象		
首：山脚下仰视——高大	虚化（夸张想象）		空
颔：半山腰近观——深远	雾化（云气光影）	倏忽万变	寂
颈：山顶上俯瞰——阔大	淡化（青白二色）	清冷疏远	禅
尾：隔水问樵夫——幽静	留白（不着一物）		意

基本得出： 王维诗中的禅意，集中地表现为空与寂的境界。而云气光影具有倏忽万变、明灭无常的物理情状，成为诗人禅意寄托的载体。……佛教认为世事无常，虚幻不实，所谓“万法皆空”，云气光影不仅寄寓诗人那闲适的心情，也渗透着由色而空的禅意。

通过追问，“都说诗是情景交融，通过意象表达情感，那么这首诗表达的是什么情感？归隐之乐？赞美之情？从哪里看出这样的喜乐？”落实诗歌情感的表达。学生回答，PPT总结。

基本得出： 王维的山水诗所表现出来的“空寂”之境，并非是一种完全的死寂和冷寂，而是在禅学思想观照下的“空寂”。“空”者乃是在描绘自然景物中来表现诗人所体悟到的“无常”“无我”之佛家理念；“寂”者，乃是诗人将自己的个人情况融入万物之中，去展示事物那种自为自在的律动及其内在的精神。王维向“空”而生，创造出一个哲学化的“空”观世界，在他的山水诗中就向我们展示了这样一种旷达、超越的心态。因此，他的诗中，有喜乐，却没有狂喜，有忧伤，但没有悲愤，面对美丽的景物，不执着，不迷恋，怡然自得，让人感受了美，体悟了静，获得了内心的平静。

四、引申问题

读到这里，你又有什么问题了？（学生提问，教师引导，不求答案，通过诵读加强体验。）

学生代表问题：
- 王维如何做到空寂而不死寂，诗歌的灵动之美何来？
- 尾联仅仅是以声衬静吗？律诗的起承转合如何体现？
- 本诗押“七虞”韵，有什么讲究？
- ……

设计用意： 引导学生体味律诗形式之美，读出韵律、平仄、节奏中的规则与变化。

1. 尾联之画意——山之厚重不迁，最足以代表静；周流不滞之水，最足以代表动，“一动一静者，天地之间也”。作为文人山水画开山鼻祖的王维自然深知这个道理。所以，他在诗的前三联浓墨描绘山势，造成“静”境之后，又将“水”引进诗中，从而使诗之画面有山、有水、有静、有动，构成一幅既对立又和谐完整、气势雄浑的山水画。由此可见，诗尾联以“水”入诗，合成诗的完整，同时静中有动，成就诗的变化灵动。

2. 尾联之音韵——全诗节奏中尾联的变化：

二一二，二一二。

二二一，二二一。

二二一，二二一。

一一二一，一一一二。

3. 读一读，结合诗意，感受律诗的平仄音韵之美。

终南山（王维）

太乙近天都，连山接海隅。

仄仄仄平平　平平仄仄平

白云回望合，青霭入看无。

(仄)平平仄仄　(平)仄仄平平

分野中峰变，阴晴众壑殊。

㊉仄平平仄　平平仄仄平

欲投人处宿，隔水问樵夫。

Ⓧ平平仄仄　仄仄仄平平

说明：

(1) 这首诗押的是“虞”韵。《佩文诗韵》中属上平声“七虞”部。

(2) 全诗平仄是按原诗中的字词标的。打圈的平仄，都是可平可仄处。

(3)“白”古人读入声，故标为仄；“看”在诗中应读为“看守”之“看”，故标为平声。

五、作业

1. 请完善你的“问题单”中“重点问题”与“难点问题”的答案表述，并完成“疑惑问题”的解答。

2. 试将孟郊的《游终南山》与王维的《终南山》作一比较，角度任选，100 字左右。

※【课例二】《再别康桥》课堂实录

师： 同学们，课前大家对《再别康桥》做了预习，那就让我们一起诵读这首诗，把你对这首诗的理解融进你的朗读中。全体起立。

（师生诵读《再别康桥》）

师： 同学们刚才的诵读，语调都非常沉缓低柔。为什么你会用这样的语调来诵读这首诗？你在诗中读到了什么？

陈佩强： 我读出了依依惜别的离情。

师： 如果不看题目，不看首尾段，你们能读出这种“别情”吗？

薛思佳： 能，我能从意象中看出。

师： 能否举个例子？

薛思佳： 比如说“云”。

师： 云有什么特点？为什么从中能看出别情？

薛思佳： 云的特点是捉摸不定，变幻莫测。

师： 这个特点与别情的关系是？……

樊梦： 老师，古代诗歌中出现的云，大多代表游子，比如“浮云游子意，落日故人情”。

施苏倩： 云代表自由，徐志摩就是自由洒脱的性格，自由自在，随处漂泊。

薛思佳： 云的变幻莫测，是否也可以代表人生无常，抒发一种“人有悲欢离合”的感慨？

师： 同学们都说得非常好。其实我们教材上有一道课后练习，把“西天的云彩”替换成“东方的朝阳”可不可以？看来同学们已经完全领略了“西天的云彩”的内涵。不错，在诗歌中，有时候，几个意象组合在一起代表一个意思，也有时候，一个意象具有丰富的内涵，可以代表多层含义。云这个意象在这首诗中就是这样一个代表。除了云，还有别的意象吗？

陈逸清： 还有“草”，如“在康河的柔波里，我甘心做一条水草”。李煜《清平乐》里：“离恨恰如春草，更行更远还生。”所以，草代表离情别绪。

师： 非常好！那么我们能否再看看，这首诗里的草是什么草？

生： 是“青荇”。

师：“荇”这种水草，我们陌生吗？在哪里读到过？

生： 苏轼的《记承天寺夜游》“水中藻荇交横”。

师： 还有没有同学能回忆起更早的，《诗经》里……

张佳祺： 老师我知道，“参差荇菜，左右流之”，是《关雎》里的！

沈心悦： 原来这一段是这个意思啊！

师： 沈心悦，你悟到什么了？

沈心悦： 老师，我感觉这第3节，说“软泥上的青荇，油油的在水底招摇”，你看，“油油的”“招摇”，是多么自由自在啊！这个青荇，出自《关雎》，大概也有点爱情的意思。所以，这一段是不是融合了离愁，以及对康桥曾经的爱情与自由的回忆与依恋啊？

师： 这样的解读非常大胆，也很有味道！同学们，刚才我们分析了云和草……

生： 老师，还有柳，柳谐音“留”，也代表离情！

师： 好的！还有补充吗？

生： 夕阳！在古诗中，很多时候，夕阳也代表离愁！

师： 非常好！还有补充吗？

生： ……

师： “波光里的艳影”“在康河的柔波里”“那榆阴下的一潭”……

生： 是“水”！

师： 同学们想想，能看到“软泥上的青荇，油油的在水底招摇”，说明这里的水怎么样？

生： 非常清澈！说明诗人心清似水，深情如水，柔情似水……对康桥如赤子般，一往情深！

师： 同学们领悟得十分到位！诗词中出现的景和物，我们称之为“具象”，如果“具象”浸染了特定的感情，便成为诗人用以抒情达意的“意象”了。古代诗歌中，诗人们还常常赋予一些“意象”以相对稳定的感情色彩，使之有了较为固定的意蕴，并广为流传，约定俗成，形成了特定的诗歌语言，这些意象便是我们通常说的“经典意象”或“传统意象”。把握“意象”背后所蕴含的言外之意，是鉴赏诗歌的重要方法。从刚才的讨论中，同学们体现了你们对“意象”的认识与把握，非常好！但对于这些“经典意象”还是需要不断积累。

下面老师还想问问，这首诗你感觉自己读懂了吗？觉得哪里似乎还是有问题的？

陆恺秋： 老师，我有问题。刚才同学们都说，柳是一个经典意象，代表别情。但是在这首诗中，为什么诗人又把柳比作“夕阳中的新娘”呢？是不是有别的含义？

师： 你觉得有什么别的含义吗？

陆恺秋： 我觉得这个新娘是不是指林徽因？

沈心悦： 既是，又不是！其实这2、3、4小节，是指徐志摩对康桥美好生活的回忆。河畔的金柳，也可以代表康桥的美景，或者是在康桥的爱情。

祖烨： 对的。新娘是少女一生中最美的时刻，由此可见，康桥在徐志摩心中的地位。

刘诗芸： 这三节既是实指，也是虚指，代表了徐志摩的康桥理想，就是对“美、爱与自由”的赞美！

师： 非常好，同学们已经开始关注徐志摩的个人信仰了。

PPT：

※【资源链接】康桥之于志摩

《再别康桥》写于1928年11月6日。徐志摩一生曾三次来到康桥。第一次是1921年到1922年，他从美国来到剑桥大学研究院进修，学习期间形成了他的人生观和文艺观，对于爱、美与自由的单纯信仰，产生了他为之倾心的社会理想，兴趣也转向文学，喜爱写诗。换言之，**剑桥所体现的英国式文明，形成了他所向往追求的康桥理想，他把康桥当作他“生命的源泉”“精神的依恋之乡”**。可以说，康桥时期是徐志摩一生的转折点。正是康河的水，开启了诗人的性灵和梦想。因此他后来曾满怀深情地说：**“我**

的眼是康桥教我睁的，我的求知欲是康桥给我拨动的，我的自我意识是康桥给我胚胎的。”第一次回国后写了诗《康桥，再会吧》。第二次是1925年4月重游，归国后写了散文《我所知道的康桥》。第三次便是1928年11月，写下了《再别康桥》。

师： 陆恺秋，你的疑问解开了吗?

陆恺秋： 我明白了老师，这一切都是美好的象征，是徐志摩的回忆，也是向往。

师： 好的，还有同学有疑问吗?

滕琦： 老师，我想问一个问题。为什么这首诗的开头是“我轻轻的招手”，而结尾是“我挥一挥衣袖，不带走一片云彩”。为什么他不带走一片云彩?

师： 那你能先回答我，为什么开头是“轻轻”，结尾是“悄悄”吗?

滕琦： 这个很简单，因为前面一节说道，“沉默是今晚的康桥”，而“悄悄”形容声音，“轻轻”形容动作，所以“悄悄”更合适顺承“沉默”。

师： 那么问题又来了，为什么说“沉默是今晚的康桥”? 诗人为何选择“沉默”作为告别的形式?

（学生小组讨论3分钟，然后集体交流）

生： 因为沉默恰能表达最浓烈的情感：“二十四桥仍在，波心荡，冷月无声”“执手相看泪眼，竟无语凝咽”“昨夜幽梦忽还乡，小轩窗，正梳妆，相对无言，只有泪千行”“无言独上西楼，月如钩。寂寞梧桐深院锁清秋……”“大爱无言”“此时无声胜有声”……

生： 这首诗感情变化最大的地方出现在第5、6节，从“放歌”到“不能放歌”，“放歌”是因为要寻梦，“不能放歌”是因为梦是虚的，星辉、揉碎……星辉虽美，却像是“彩虹似的梦”，可望而不可即……梦太美、易碎，所以诗人想保护她、不想惊动她……于是他选择了“沉默”，这正是诗人的“别情”中除了“依恋”之外包含的第二层含义“珍惜”。

师： 同学们讨论分析得非常深刻！我们能不能再追问一句，“沉默”还中蕴涵着什么？

PPT：

※【资源链接】三个结尾引发的思考

我今去了，记好明春新杨梅
上市时节，盼望我含笑归来，
再见吧，我爱的康桥。

——1922 年 8 月 10 日《康桥，再会吧》（112 行，1 400 多字）

一别二年多了，康桥，谁知我这思乡的隐忧？也不想别的，我只要那晚钟撼动的黄昏，没遮拦的田野，独自斜倚在软草里，看第一个大星在天边出现！

——1926 年 1 月 15 日《我所知道的康桥》（6 000 多字）

悄悄的我走了，
正如我悄悄的来；
我挥一挥衣袖，
不带走一片云彩。

——1928 年 11 月 6 日《再别康桥》（28 行，193 字）

（学生们在教师的启发下进行思考与讨论）

生： 诗人三次离别康桥时的感情是迥然不同的。

第一次是纯粹的依恋，而第三次再别时，心情大不相同，因为回国后帝国主义的侵略和军阀统治下的旧中国，使他痛感**康桥理想主义的破灭**，以由**“单纯的信仰，流入了怀疑的颓废”**。所以在《再别康桥》中，已然不是《康桥，再会吧》的那种纯粹的热切依恋。虽然也歌咏了康河的美，但更多流露出自己孤独寂寞的情绪，诗人营造了一个**宁静、沉郁的别离气**

氛，微妙展露了**“康桥理想”幻灭后的失望、无奈的伤痛，孤寂、落寞的感情**。

师： 同学们，纪伯伦说过，“虽然言语的波浪永远在我们上面喧哗，而我们的深处却永是沉默。当沉默成为一种表达，情感也变得凝重而无助”。

在这首诗中，诗人的感情是丰富的，“沉默”中蕴涵着浓情，他以“沉默”吁叹出心中最深沉的情感——“伤痛”，这样复杂的感情的波澜也会同样激荡在我们的心头。

滕琦，现在你的疑问能够得到解答了吗？

滕琦： 老师，我是这样考虑的，不知道对不对。“轻轻”与“悄悄”在感情上还是有细微区别的：都是珍惜之情，后者在珍惜之中有一种醒悟、一种决然——不可找回的，那就让它留下吧。所以，“不带走一片云彩”：留恋之中，更有一番潇洒。

师： 你的解读非常精彩！让我们一起来回顾这节课的思考。

（教师的带领下，师生共同完成板书，进行课堂小结）

附：板书设计

再别康桥

徐志摩

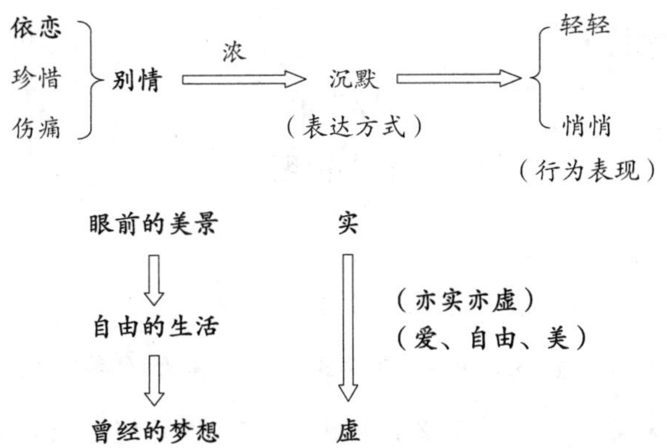

师： 同学们，通过今天这节课，你是不是有点明白了，我们该如何读诗？

PPT：

1. 用诗的“语言”读诗——借象传情

意象、隐喻、象征等手法以及情感表达的内在轨迹、起伏抑扬、逻辑层次等。

2. 必须读出“这一首”——知人论世

作者复杂情感的深刻剖析：时代背景、人生境遇、性格特点、艺术主张等。

3. 时刻不忘“我在读”——不断追问（读出别样的视角）

PPT：

作业：拓展阅读

1.《雪花的快乐》

2.《偶然》

3.《我不知道风在哪一个方向吹》

※【导学案示例】

小说类名著赏析 1

导学单

情节梳理

学习目标描述

小 M，这一学程，我们进入了小说的天地。小说是人人都爱读的，但是，正所谓“外行看热闹，内行看门道”，理解力的高下决定了你从这部小说中看到的风景的差异！那么，理解力何从锻炼呢？就从知识的储备开始吧！

首先，请你深深牢记这张图。

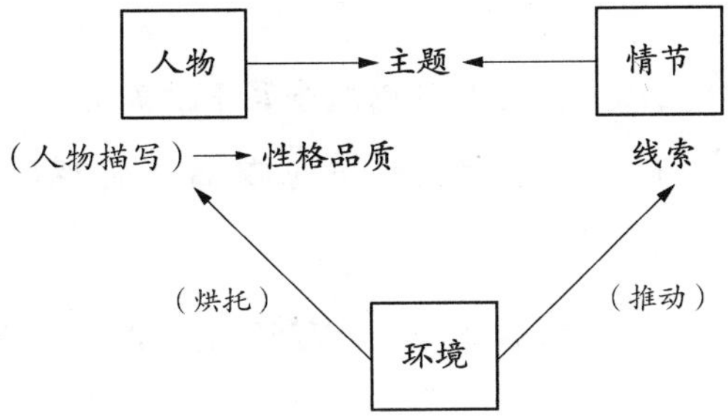

小说“三要素”关系示意图

我希望，通过这一单工约的学习，你能达到以下这些学习目标：

(1) 理解小说“三要素”间的关系，并能在阅读小说时用这张关系图去架构你的解读；

(2) 能理解线索的概念与作用，知道线索的一般分类方式，能通过线索去梳理作品的情节；

(3) 能辨别出作品的主人公（即主线人物），并能体会到次要人物在作品中的作用；

(4) 能在识记的基础上感受环境描写的作用，并能结合文本作一定分析。

此外，通过本单工约的学习，你还应该对短篇小说的写作特点（悬念、伏笔、结尾等）、作品的语言风格，以及中国古典小说的文学文化常识等有一个大致的了解和认识。

学习材料准备

教材内容：《最后的常春藤叶》《一碗阳春面》《林教头风雪山神庙》

资源链接： 01、02、03

自学路径导航

第一单

驱动问题

这篇小说能分成几个段落？可以随手写下段落要点。(**物线**)

第一段：第（1）节至第（11）节琼珊病愈的关键是她自己对生的信念。

第二段：第（12）节至第（36）节琼珊将生的信念寄托于风雨中的常春藤叶上。

第二段：第（37）节至第（53）节最后一片叶子没有落下使琼珊恢复了生的信心。

第二段：第（54）节至第（55）节最后一片叶子是老贝尔曼以生命为代价画的。

核心问题

谁是这篇小说的主人公？你是根据什么判断的？

A. 琼珊　　B. 苏艾　　C. 贝尔曼　　D. 琼珊、苏艾和贝尔曼

答案：（ D ）

参考： 判断主人公的依据不是此人在小说中所占的篇幅多少，而是此人是否是小说主旨的最主要体现者。

这篇小说用一个构思巧妙的故事，满怀深情地描写了几个穷苦朋友之间相濡以沫的友谊，刻画了一个舍己为人、以自己的生命为代价创造出真正杰作的画家形象，歌颂了以老贝尔曼为代表的普通人（小人物）的高尚。

本文虽以琼珊篇幅居多，但琼珊的遭遇揭示的是社会的无理与不公，从全文来看，这显然不是小说所要表达的主题，作者真正要歌颂的是一种人性美，因此，作者所竭力赞美、讴歌的是社会底层的小人物，该小说来

自欧·亨利的小说集《四百万》(即当时美国纽约四百万普通市民),所以琼珊、苏艾和贝尔曼等一群普通人才是这篇小说真正的主人公。小说在先“抑”后“扬”的对比中,揭示了贝尔曼等普通人平凡、普通的外表下所深藏的热爱他人、富于同情心和甘于自我牺牲的美好心灵。

推进问题

问题一: 你觉得小说的结局是否突兀?能从文中找出几处作者设置的“铺垫”或“伏笔”?

参考:

这篇小说的结尾可谓“意料之外,情理之中”,因为文中有多处不落痕迹的“铺垫”和“伏笔”。

铺垫只是为人物性格或情节的发展提供必然性和合理性的一个先行的辅助环节,无须在后文解开。而伏笔是为后文的情节发展(一般是一个非常突然的重大事件的发生)埋下的包袱,在后文一定会“抖开”。

本文的铺垫:如“但是,在这错综复杂、狭窄而苔藓遍地的‘巷子’里,他‘肺炎’的脚步却放慢了”。(第4节)“当最后一片掉下来,我也得去了。”(第22节)“他极端瞧不起别人的温情,却认为自己是保护楼上两个青年艺术家的看家凶狗。”(第30节)……

本文的伏笔:如“他老是说要画一幅杰作,可是始终没有动手”。(第30节)“那片常春藤叶仍在墙上。”(第46节)“你不是觉得纳闷,它为什么在风中不飘动吗?”(第55节)

问题二: 从语言角度而言,“黑色幽默”是欧·亨利作品的最大特点,这种幽默,实际是一种“含泪的笑”,极具讽刺色彩,能让读者在幽默的描写中领悟内在庄严的思想感情,在生动活泼中给人启迪。你能摘录3—5句加以品悟吗?

识记问题

① 你能记住有关作者的重要信息吗？

[欧·亨利]（1862—1910）美国优秀的短篇小说家，与法国的莫泊桑、俄罗斯的契诃夫并称为**“世界三大短篇小说之王”**，其作品被誉为“美国生活的幽默的百科全书”。代表作有《麦琪的礼物》《警察与赞美诗》《没有完的故事》等。他的作品常能在鞭挞资本主义社会的腐朽之余，引出人们“含泪的微笑”，抚慰受创伤的小人物的心灵，因而深受读者的欢迎。他的小说构思巧妙，重视情节悬念的设置，结局出人意料而又合乎情理，耐人寻味，故有**“欧·亨利式的结尾”**之说。小说《最后的常春藤叶》编入新教材第一册。

② 你懂得“铺垫”和“伏笔”的区别了吗？

第二单

驱动问题

谁是这篇小说的主人公？你是根据什么判断的？

A. 母子三人　B. 面店夫妇　C. 其他

答案：（ C ）

参考： 这篇小说运用了双线并行的写作手法，因此，有两个主题。其一，以母子三人四次来面馆吃面为线索，通过母亲与两个男孩形象的塑造，赞美了面对厄运勇敢奋斗的精神与美好亲情的力量；其二，以面店夫妇对逆境中母子一家的关照为线索，通过面店夫妇形象的塑造，赞美了普通平民之间的同情、鼓励与尊重，表达了对美好人性的赞扬。因此，这篇小说的主人公既是母子三人，又是面店夫妇。

核心问题

有人建议把题目改为《阳春面》，你以为如何？为什么？

参考： 改为《阳春面》不好。这篇小说的双线平行交集于“一碗阳春面”，既有母子三人共食“一碗”中体现出的亲情的力量和生活的勇气，又有面店夫妇如何费尽心思在“一碗”的量上做文章，关照与鼓励逆境中的母子的人情美，故“一碗阳春面”为贯穿全文的物线。同时，从“一”到“二”到“三”的过程，正是情节展开的过程，“就是这一碗阳春面的鼓励，使我们三人同心协力，度过了艰难的岁月”。因此，如果省去了数量词，题目就无法表达小说深刻的主题。

引申问题

这篇小说的文笔十分朴素，但在阅读的过程中，你是否被感动得差点落泪呢？那么，是哪些细节打动了你呢？

参考： 以语言描写为主，刻画人物。

第三单

驱动问题

林冲的性格在小说中是随故事情节的展开而变化的。开始时，他逆来顺受，委曲求全；听到仇人寻来时，大惊大怒，萌发反抗意识；事态暂息时，又善意度人，但求平稳；直到草料场被烧，真相大白后，才忍无可忍，彻底反抗。你能在阅读中体会到本文着力刻画的林冲的矛盾心理，以及反映其思想的渐变，最终被“逼”上梁山的精彩语句吗？

参考： 忍辱→怒起→平息→反抗

课文选的这一段，集中刻画了林冲要忍受还是要反抗的矛盾心理，生动反映了林冲由“忍”到奋起反抗的转变过程，也是《水浒》中最精彩的章节。

核心问题

《林教头风雪山神庙》中的“题眼”是什么？为什么？

参考：“题眼”是“风雪”。可以说是“风雪”成就了小说中的一切。一是为人物活动渲染气氛，烘托了林冲杀敌报仇，走上反抗道路的悲壮气氛。二是推动情节发展。（因为风大雪紧，林冲想喝酒驱寒，才会在沽酒途中看到山神庙；因为草屋被风吹雪压而倒塌，林冲才被迫到山神庙安身，从而躲过一劫；为了挡风雪，林冲才用大石块靠住庙门；为了避风雪，陆谦等人才直奔庙里来等等。）描写风雪的笔墨虽不多，却是故事发展的必然因素。同时，风雪也有暗示作用，①用风雪的环境暗示林冲当时的处境十分不好；②通过风雪越下越紧，暗示情节的发展越来越紧张。

引申问题

你是否留意到林冲的周围有陆谦、富安、管营、差拨等一伙人，也有李小二夫妇、老军和酒店主人一类人。这两方面人物是如何对待林冲的？为林冲构成了怎样的人际环境？这环境联系着怎样的社会背景，对林冲性格的刻画起着怎样的作用？

参考： 前一伙人是封建统治者的走狗爪牙，他们阴险毒辣、贪财害人、狼狈为奸；后一类人属社会底层的平民和下级差役，他们对林冲或感恩图报，或热心接待相助。他们构成了截然不同的两种人际环境，让我们认识到封建社会现实生活中的善、美、恶、丑等各个侧面，他们联系着封建社会中统治者、官府和社会下层民众尖锐对立的社会背景，显示出制约林冲性格发展的生活环境，有力证明了被压迫的人民只有反抗才能生存的道理。

识记问题

① 你能记住本文作者**施耐庵以及《水浒传》**的相关信息吗？

[施耐庵]（约 1296—1370）原名耳，后名子安，字耐庵，元末明初小说家，代表作《水浒传》。**《水浒传》** 是我国古代第一部描写农民革命

斗争的长篇白话章回体小说，又名《忠义水浒传》，全书以北宋末年宋江所领导的农民起义为题材，明确地提出了“替天行道”的斗争纲领，塑造了一百零八名梁山好汉的英雄形象，揭示了封建社会“官逼民反”的客观真理，也真实描述了封建社会中农民革命必然遭到失败的历史悲剧。《水浒传》与曹雪芹的《红楼梦》、罗贯中的《三国演义》和吴承恩的《西游记》并称我国“四大古典名著”。新教材第一册节选了《林教头风雪山神庙》一文。

② 你还记得环境描写的作用吗?

▸ 小说类名著赏析 2

导学单

人物理解

学习目标描述

小 M，这一单，我们要来品读人物了。人们常说，三流作品以情节取胜，而一流作品以人物见长，的确是这样。因为优秀作品总是通过艺术形象（人物形象）的塑造来表现作者对社会、人生的思考与关注，从而提升整部作品的立意和品位的；同时，借艺术形象（人物形象）表达出来的作者的态度和倾向还会对读者起到潜移默化的作用，引发读者的思考和共鸣。

叙事性作品中，艺术形象就是人物形象。对人物形象的理解、鉴赏和评价是以读者的具体感受为基础的，而读者的具体感受则直接来源于作者对人物的描写。所以，我们首先要学会从人物的语言、行动、神情、心理活动等角度去分析人物的性格特征。

同时，人物的行为和活动过程构成情节，理解人物形象，也可以从了解、分析作品中的情节入手。有些作品虽然没有完整曲折的情节，但只要有了人物的具体活动，也可以展示人物内心世界，从而塑造出人物形象。

理解人物形象，还可以从分析人物所处的环境入手。所谓环境，是指社会生活环境和自然环境。只有对作品中人物所处的特定环境有比较深入的了解，才能把握住这个环境中形成的具有独特个性的人物形象。

无论是通过情节感受人物形象，还是通过环境描写来理解人物形象，都要借助想象和联想，把有关人物描写的有限的语言文字化为可见可感的生活图景，使自己仿佛身临其境，耳闻目睹其间的人和事。其次要进行分析，要剖析人物之间的种种矛盾，考察人物对待和解决这些矛盾的办法与过程，要把具体的场景放到广阔而深远的社会历史背景上去考察，这样才能感受和把握人物的性格特点，才能深入理解环境描写对于人物形象刻画所起的作用。

小M，我希望，通过这一单工约的学习，你能达到以下这些学习目标：

(1) 能深入理解小说“三要素”间的关系，能通过“三要素”的有机统一去分析作品的主题思想，理解作者的创作意图和思想倾向；

(2) 学会品读作品中有关人物描写的语句，能从人物的语言、行动、神情、心理活动等角度去分析人物的性格特征；

(3) 学会从作品的情节和环境入手理解人物形象，感受作者的匠心；

(4) 初步了解“矛盾冲突”的概念，体会作者通过矛盾冲突的设计凸显人物形象的妙处。

此外，通过本单工约的学习，你还应该对中国四大古典名著，以及中国近现代文学等有一个大致的了解和认识。

学习材料准备

教材内容：《边城（节选）》《香菱学诗》《群英会蒋干中计》

资源链接： 01、02

自学路径导航

第一单

阅读提示

沈从文被誉为现代中国的“风俗画家”，创造了一种采用抒情笔调描写的具有特殊民情的“乡土文学”。他的小说以恬静冲淡的风格，小品散文的笔调，诗词曲令的意境，描绘出湘西边城的美丽风光，反映了“优美、健康、自然，而又不悖于人性的人生形式”，刻画出众多性格鲜明、栩栩如生的人物形象。《边城》是他的代表作，充分体现了他的小说艺术的主要特点。

《边城》描绘了一幅民风淳朴的风情画，作者深情地歌咏了亲情、爱情，以及人与人之间友爱之情的美丽，充分展示了湘西的古老民俗与人物的善良心地。无论是爷爷那种根植于当地悠远历史土壤里的自甘贫困而生性达观、洞悉世情而信守天命的善良，还是翠翠、天保、傩送那种尚未沾染世尘的天真、淳朴，作者都凭着自己敏锐的艺术感受力捕捉并生动地表达了出来，由此也反映出他对美好人性的赞颂和对已被现代文明锈蚀破坏的传统美德的呼唤。

《边城》不追求小说的情节上的悬念设置，而是着重于风物环境、人物性格上的诗意画意的描写，通过翠翠在亲情与爱情之间的矛盾冲突，在宁静、纯净的牧歌情调中抒写了充满古朴意味的人性美。

核心问题

本文的“诗意”体现在哪些方面？

参考：

诗意的边城诗意的人：

- 诗意
  - 边城的诗意
    - 环境之美（正是这样环境孕育了翠翠不沾世尘的清透质朴的灵魂）
    - 风物之美
  - 人的诗意
    - 民风人情之美　（通过对简练又细腻、散淡又自然的语言的品味走入人物的内心世界）
    - 祖孙性情心灵之美

人物形象分析（以性格特点为主）：

爷爷：善良慈祥、以诚待人、古风犹存

翠翠：美丽、纯真、淳朴、聪慧、温柔、善良

引申问题

在阅读过程中，你能体悟到爷爷与翠翠祖孙俩的美好亲情吗？你能感受到那善良、天真、纯朴的人性美吗？你能体会**由孤独伴随着的真善美**吗？你能读出作者所要营造的这种“人生形式”吗？请根据你的判断，给翠翠一个结局。

识记问题

你能记住本文作者沈从文的相关信息吗？

[沈从文]　(1902—1988）湖南凤凰人。现代作家。主要文学贡献：创造了一种采用抒情笔调描写的具有特殊民情的乡土文学，并发展了新文学中抒情小说的文学形式。大部分小说以湘西生活为背景，以其特异的“生命形式”，熔生动丰富的社会风景画和优美清新的风情风景画于一炉，展示其民情的粗犷强悍，民俗的淳厚善良，使作品充溢着浓郁的乡土气息和返璞归真的牧歌情调。这种乡土抒情体的美学风格代表了京派作家的社会理想，也对后来一些作家产生了深刻的影响。代表作有中篇小说《边城》，长篇小说《长河》，散文集《湘行散记》《湘西》等。新教材第一册

节选了《边城》的第一章和第十三章。

第二单

预习问题

请你品一品文中的三首诗，思考一下，诗作的高下以什么为依据？香菱为什么会迷上作诗呢？

参考：

诗言志，故立意为先，抒发真情实感是为高。诗尚曲，不能直白，要用修辞之法含蓄表达，在韵味中体现诗意。最后一首，咏月就是咏自己的身世，有实感，有诗魂。

香菱渴望上层社会的精神生活，在读诗、写诗的过程中找到自己精神的家园，诗是她精神的寄托。

课堂笔记

识记问题

你能记住本文作者曹雪芹的相关信息吗？

［曹雪芹］（约1716—1763）名霑（zhan），字梦阮，号雪芹，又号芹圃、芹溪，满洲正白旗包衣人，清代著名小说家。“批阅十载，增删五次”，创作了我国古典小说中最伟大的现实主义作品《红楼梦》。《红楼梦》又名《石头记》，是我国最伟大的古典长篇章回小说。共120回，前80回是清代曹雪芹作，后40回一般认为是高鹗续写。全书以两个具有叛逆精神的典型贾宝玉、林黛玉的爱情悲剧为主线，通过贾府的兴衰历史的叙述，揭露了封建家族的荒淫、腐败，揭示了封建制度濒于崩溃和必然灭亡的命运。《红楼梦》具有高度的思想性和卓越的艺术成就，是我国古代长篇小说中现实主义的高峰。它问世后就广为流传，已有29种外文译本，深受人们喜爱，还出现了专门研究该书的一门学问——“红学”。新教材第一册

节选了《香菱学诗》一文。

第三单

驱动问题

这篇课文虽然是长篇小说的节选，但在情节上有相对的完整性，你能按故事情节的发展梳理一下小说的结构脉络吗？

序幕： 第（1）节至第（2）节　毁书斩使，初战告捷

开端： 第（3）节至第（4）节　夜窥水寨，欲除蔡张；蒋干来访，周瑜定计

发展： 第（5）节至第（6）节　大会群英，摘剑监酒；显示实力，舞剑狂吟

高潮： 第（7）节至第（8）节　入帐共寝，蒋干盗书

结局： 第（9）节至第（9）节　曹操中计，误杀蔡张

尾声： 第（10）节至第（10）节　反间成功，周瑜大喜

除蔡瑁、张允，是本文矛盾的焦点。矛盾解决，全文结束。

核心问题

周瑜此计何以能成？你能结合文本分析一下吗？

参考：

1. 摸准了对手的性格。

2. 此计设计得好。

3. 周瑜表演得好。

推进问题

课文中六次写周瑜之“笑”，其中“大笑”三次，你能否择一“笑”析之？

识记问题

你能记住本文作者罗贯中的相关信息?

[罗贯中] (约1330—1400)名本,字贯中,号湖海散人,元末明初小说家,相传曾师事施耐庵。代表作《三国演义》。《三国演义》是我国最早的一部章回体长篇历史小说,全称《三国志通俗演义》,它是我国历史小说的开山之作,艺术上的突出成就是战争描写。根据陈寿的《三国志》再创作而成,语言用浅近的文言,简洁明快;结构宏伟,又不失严密与精巧。新教材第一册节选了《群英会蒋干中计》一文。

▸ 戏剧类名著赏析

导学单

学习目标描述

作为文学作品四大样式之一的戏剧,在文学发展历史上,中西戏剧都具有悠久的历史。无论是西方还是中国,戏剧都是起源于民间,是和原始人祭祀神灵、欢庆节日的仪式密切联系在一起的,那么中西戏剧的起源和发展又有什么不同呢?戏剧的特点有哪些?小M,相信你也很有兴趣通过自己的学习,掌握戏剧类名著赏析的简要方法,从而体会戏剧的艺术魅力。

小M,我希望,通过这一单工约的学习,你能达到以下这些学习目标:

(1)了解中西戏剧的起源和发展的不同之处和戏剧特点上的异同;

(2)通过分析人物对矛盾冲突的安排,把握人物特征,领会作品的主旨;

(3)结合对人物形象的评析和对剧本所折射的社会现实的思考,把握戏剧作品的价值取向和写作意图。

此外，你还应当通过本单工约的学习，对有关中西戏剧的常识性知识作一个比较初步的了解（包括戏剧的分类，“三一律”，戏剧冲突等）。

这些学习目标是不是很难达到呢？告诉你，不难！勤奋的你，跟着工约，进入状态吧！

第一单

学习材料准备

教材内容：《窦娥冤》

预习问题

你了解关汉卿吗？你知道《窦娥冤》创作的背景吗？

［关汉卿］（约 1234—1300）号已斋叟，金末元初大都（今北京）人。元代杂剧的代表作家，也是我国戏剧史上最早最伟大的戏剧作家。他与郑光祖、白朴、马致远齐名，被称为“元曲四大家”。

元代人说他：“生而倜搅，博学能文，滑稽多智，蕴藉风流，为一时之冠。”

他曾在散曲《南吕一枝花·不伏老》中说自己精音律，会吟诗，能吹箫弹琴，歌唱舞蹈，也会下棋射猎，多才多艺。

元代的阶级矛盾和民族矛盾十分尖锐，关汉卿不满社会现实，借杂剧来揭露黑暗现实、吏制的腐败，寄托自己的社会理想和对百姓的深切同情。

驱动问题

窦娥为什么要指斥天地鬼神？

参考： 窦娥的反抗精神是核心。

窦娥诉说自己莫名其妙犯法受刑，冤屈之大可“动地惊天”。又因为窦娥的冲突对象隐于幕后，而天地鬼神便成了她的指斥对象。由于内心的悲愤难以控制，便构成了对天地的怨恨与控诉。

天地，在古代人的意识里，是被看作能够主宰世间万物包括人的命运的最神圣的东西，是不容侵犯的。但由于窦娥的冤情深重，而天地面对人间的邪恶残暴竟无动于衷，所以窦娥唱出："……怎不将天地也生埋怨。"的唱词时，便自然得到了人们的共鸣。

核心问题

她的三桩誓愿与第一层对天地的指责是什么关系呢？是否矛盾呢？

参考： 窦娥对天地鬼神的严厉指斥和要感动天地，显然是矛盾的。可见，窦娥诉冤过程中对天的怀疑和依赖是始终交织在一起的。这正反映了作家的历史和阶级的局限，一方面，他通过窦娥指天斥地从根本上批判封建统治阶级，表达自己变革现实的愿望；另一方面，又不能从根本上提出救民于水火的办法，只能靠天地动容来昭雪窦娥的冤案。

识记问题

1. 你能说出元杂剧的代表作家及其代表作品吗？
2. 你能说出元杂剧的基本特点吗？

第二单

学习材料准备

教材内容：《长亭送别》

预习问题

你了解王实甫吗？你知道《西厢记》创作的背景吗？

参考： 王实甫是元代著名杂剧《西厢记》的作者，但是关于他生平情况的历史记载却很少。王实甫是大都（今北京）人，他生活的年代正是元杂剧的鼎盛时期。王实甫早年曾经为官，宦途坎坷，他常在演出杂剧及歌舞的游艺场所出入，是个不为封建礼法所拘、与倡优（当时的演员）有密切交往的文人。晚年弃官归隐，过着吟风弄月，纵游园林的生活。

《西厢记》的故事来源于唐代元稹的小说《莺莺传》。小说叙述唐贞元年间寄居蒲州普救寺的少女崔莺莺和书生张生恋爱、终被遗弃的悲剧故事。经王实甫改编，杂剧故事最终成了有情人终成眷属的大团圆结局。

驱动问题

《西厢记》为什么受到金圣叹、曹雪芹的大力推崇？

参考：意象的精心选用，情景的密切交融，诗词的巧妙化用，情态的传神描摹，典故的适当运用，修辞的广泛使用，使《西厢记》意美、形美、神美，词句警人，余香满口。

核心问题

《长亭送别》崔莺莺的离愁别恨有哪些？她与封建时代一般的富家小姐不同之处在哪里呢？

参考：愁别离、怨功名、念羁旅、忧重娶。

崔莺莺否定了封建社会传统的联姻方式，始终追求真挚的感情，爱情已被置于功名利禄之上。

拓展问题

你觉得王实甫的《西厢记》和关汉卿的《窦娥冤》语言上最大的不同是什么？

参考：《西厢记》的语言特色——（典雅有文采），主要有两个特点：一是运用多种修辞手法展现人物内心的情感，增强感染力；二是融古代诗词与民间口语为一体，使语言既清丽华美，又生动活泼。

《窦娥冤》的语言特色——质朴、本色，多用口语，通俗易懂，少典故，更没有化用诗句；语言质朴，感叹呼告直抒胸臆。

识记问题

① 你能背诵 **［端正好］** 这个曲牌吗？

② 你能复述《西厢记》的故事梗概吗？

第三单

学习材料准备

教材内容：《哈姆雷特》

预习问题

你了解莎士比亚吗？你知道《哈姆雷特》的故事情节吗？

［威廉·莎士比亚］（1564—1616）杰出的戏剧家和诗人，欧洲文艺复兴时期人文主义的集大成者，他一生创作了许多经典的戏剧，我们比较熟悉的有他的悲喜剧《罗密欧与朱丽叶》，除此之外，他笔下的四大悲剧分别是《李尔王》《奥赛罗》《麦克白》《哈姆雷特》。

丹麦王子哈姆雷特在威登堡大学读书期间突然遭遇了一系列不幸和家庭变故：父亲暴亡，叔叔克劳狄斯篡位，母亲改嫁给了叔叔。这一切使他陷入了巨大的痛苦之中。后来父亲的鬼魂告诉他自己是被他的叔父毒死的。哈姆雷特认为他现在为父复仇不只是为了他自己，而是整个社会、国家的问题。他自己要肩负起这个重整乾坤的重任。作者用人文主义的观点，把这个只是单纯为父复仇的故事，改写成一部深刻反映时代面貌、具有强烈反封建意识的悲剧，通过宫廷仇杀的故事，对以克劳狄斯为首的封建专制王朝进行了无情的揭露，对王子哈姆雷特为代表的人文主义者所进行的反封建暴政的斗争，给予了热情的赞赏和深厚的同情。

驱动问题

节选部分安排了哪些悬念呢？

参考： 哈姆雷特从前往英国的途中逃回丹麦，等待他的将是怎样的命运？

哈姆雷特是否答应与雷欧提斯比剑？

哈姆雷特是否已经觉察到雷欧提斯使用的剑有毒？

雷欧提斯是否会按照克劳狄斯事先设计的计划行事？

推进问题

这样悬念迭生的情节安排有什么好处？

参考： 每一个悬念都围绕着克劳狄斯的毒计是否能得逞和哈姆雷特能否避免厄运来展开，这样处理能紧紧扣住读者（观众）的心，使读者（观众）的心始终处于高度紧张状态之中。

核心问题

在你的眼中，哈姆雷特是一个怎样的人？（讨论）

参考： 从开头和结尾可见，哈姆雷特是冷静而理智的。哈姆雷特具有坚定的信念，富有责任心。哈姆雷特是一个敢爱敢恨有勇有谋的热血青年。

从哈姆雷特的语言可见，他的善良，叔父的奸诈。

从情节分析，哈姆雷特是一个有思想的人。

从语言上看，哈姆雷特复仇为的是尊严的重建，复仇是他生存的目的。

从全篇情节看，哈姆雷特是一个悲惨的英雄，是一个罪人。

从“戏中戏”可见，哈姆雷特的聪明机智。

哈姆雷特勇敢地承担了扭转乾坤的任务，他是一个矛盾、孝顺、懦弱、可悲的人。

从他的话可见，哈姆雷特是一个厉害的批评家。

福丁布拉斯与哈姆雷特复仇之比较，两点相同，三点不同，由此可见哈姆雷特行动上的消极。

从他的语言看出，哈姆雷特是一个人文主义者。

总结：哈姆雷特是一个文艺复兴时期有理想、好思索的人文主义者的典型。是最令人觉得扑朔迷离的，或者说是最富于哲学意味的。

识记问题

① 你能说出莎士比亚的四大悲剧吗？

② 你能说出除《哈姆雷特》外另外三部悲剧的主要故事情节吗？

第四单

学习材料准备

教材内容：《雷雨》

预习问题

你了解曹禺吗？你知道《雷雨》的主要情节吗？

［曹禺］（1910—1996）原名万家宝，1910 年生于天津一个没落的官僚家庭，原籍湖北潜江。被称为“中国的莎士比亚”。《雷雨》是他的处女作、代表作，发表于 20 世纪 30 年代。

《雷雨》故事梗概：四凤是周家女佣，周萍、周冲乃同父异母兄弟，且都爱上了四凤。周萍本与繁漪（即周的继母）有染，自与四凤偷偷相恋，便不再理会繁漪，繁漪伤心欲绝。繁漪知周冲喜欢四凤，邀请四凤的母亲鲁妈到访，希望鲁妈立即带四凤离开。鲁妈离开之际，却遇上周老爷，繁漪才知道三十年前，鲁妈在周家打工，与老爷怀了周萍和大海，但终被抛弃，鲁妈带着大海改嫁鲁贵，生了四凤。鲁妈计划带四凤远离周家，四凤却因已怀孕，要求周萍带她走，鲁妈几欲晕倒，事到如今，只有催促两人快走，繁漪阻止周萍离去不成，抖出各人错综复杂的关系，周萍和四凤知铸成大错，周萍吞枪自杀，四凤触电自杀，周冲为救四凤同样触电身亡。

驱动问题

你能说说选文部分的主要人物冲突吗？

参考： 鲁侍萍和周朴园，从私生活的领域揭露了周朴园的资产阶级自私本性。

鲁大海和周朴园，从社会生活的领域揭露了周朴园的资产阶级剥削本性。

核心问题

周朴园前后态度为什么会变化这么大？从这可以看出周朴园是一个怎样的人？

参考：

(1) 因为家庭生活不如意，所以他常常思念鲁侍萍；后来当鲁侍萍出现时，为了保持自己的身份、地位，保持自己的阶级尊严，所以对鲁侍萍冷酷无情。

(2) 从中可以看出周朴园是一个十分自私、虚伪、冷酷的人。这些性格特点，在鲁大海同周朴园的面对面的斗争中进一步地揭露出来。周朴园使用了卑鄙的手段，一方面血腥镇压工人，一方面瓦解工人的团结，并且开除了工人罢工的领头人鲁大海。鲁大海在愤怒斥责周朴园时，揭露他血淋淋的发家史，在哈尔滨包修江桥时，故意让江堤出险，淹死两千三百个小工，每一个小工的性命他扣三百块。还揭露他血腥镇压煤矿工人罢工，"叫警察杀了矿上许多工人"，他双手沾满了工人群众的血，他"从头到脚，每个毛孔都滴着血和肮脏的东西"。（马克思语）所以周朴园是一个坏到了连自己都不认为自己是坏人的人。

识记问题

你能说说《雷雨》的主要人物间的关系吗？

▸ 散文类名著赏析

导学单

学习目标描述

小 M，我希望，通过这一单工约的学习，你能达到以下这些学习目标：

(1) 能学会对散文进行“整体感知”的一些方法和要领。

● **不同的文体有不同的感知要领：**

记叙文： 从文章的时间、地点、人物、事件的起因、经过、结果六要素进行初步把握。

议论文： 感知文章的观点倾向、基本论证结构和主要论证方法。

散文： 梳理各个事件、各个人物的不同情况和入文侧面，或者捕捉住写景抒情的情绪基点与情理生发点。

● **一篇文章有不同的感知侧重点：**

感知文章主旨：结合时代背景和作者简介，感知作者的思想倾向。

感知文章感情：从文章的凸显细节和关键词句中感受作者的情感基调和情绪内涵。

感知文章脉络：从明显的行文特征中感知文章的线索或结构。

感知语言风格：从显著的个性化语言中大致感受语言风格：平实、幽默、含蓄、犀利、绚丽、清新、简洁……

(2) 学会通过自行提问的方式“读题”，以找到合适的角度，快速切入文章主旨。

(3) 能通过文章关键语句或语段间的逻辑条理去感受作者的深层情感或深层用意。

(4) 能理解一篇好的散文一定是文脉通畅，文气贯穿的，所谓“牵一发而动全身”，作者深刻的情思贯彻于字里行间，外在的语言形式与内在的思想感情密不可分。

此外，通过本单工约的学习，你还应该对文章的描写方法、表达方式、修辞方法、写作手法等概念有一个比较规范的了解；对“文化散文”有一个大致的认识。

小M，散文是不容易学好的，君子“慎始”，那就从第一篇开始，努力！

学习材料准备

教材内容：《邂逅霍金》《合欢树》《跨越百年的美丽》

资源链接： 01、02、03、04

自学路径导航

第一单

驱动问题

读题：看到这个题目“邂逅霍金”，你想问些什么问题？

____

※辅助阅读：资源链接 2－1－1－2－1－01

思考： 从霍金的语气中你能感受到他是一个什么样的人？

参考： 诚实、严谨、坚强、幽默、自认平凡。

核心问题

课文的第7与第8自然节是并列关系还是递进关系？能否从文中找到依据？

A. 并列关系　　B. 递进关系

答案：（ B ）

依据：“我更庆幸霍金生活在剑桥”（用文中语言回答）

推进问题

本文视角的独特性在哪里？其中体现了作者怎样的写作意图？

参考： 本文的主旨不在于表现霍金卓越的科学贡献和超常的人格魅力，而在于表达一种对“充分尊重个人自由”的人文环境的思考。作者要告诉人们的是，天才的成长除了科技因素以外，和谐、宽松、平等的人文环境是非常重要的。希望中国也能有这样的人文环境，也能生成培养“其他霍金”的土壤。

第二单

驱动问题

问题一：

读题：看到这个题目“合欢树”，你想问些什么问题？

问题二： 本文作为一篇记叙性散文，主要写了哪几件事情？是按什么顺序写的？

核心问题

有人建议把题目改为《母亲》，你以为如何？为什么？

※辅助阅读：资源链接 2－1－1－2－1－02（帮助你思考）

参考： 不可以，原因有两个。

其一，这是一篇歌颂母爱的文章，但不是一篇单纯些母爱的文章，它不仅仅表达了母亲对孩子的爱，也表现了作者对母亲的感恩之情，以及儿子对母亲的爱与依恋。

其二，“合欢树”在文中的作用并非可有可无，它是本文复杂感情的寄托物，具有特殊的象征意义。

<table>
<tr><td>十岁：口角—温暖—合欢（共同享受生命）</td><td></td><td rowspan="6">有内涵的母爱</td></tr>
<tr><td>二十岁：求医问药（身体的健康）</td><td rowspan="2">力量—合欢（共同反抗命运）</td></tr>
<tr><td>助我写小说（精神的健康）</td></tr>
<tr><td>三十岁：种合欢树—悲伤·享受—合欢</td><td></td></tr>
<tr><td>（共同演绎顽强）</td><td></td></tr>
<tr><td>（插叙）</td><td></td></tr>
</table>

（在品读和理解中要引导学生用双重的视线来看待作者平淡而深沉的叙述：母亲对我的爱是显性的，我对母爱的感受以及我对母亲的爱是隐性的。锻炼学生对语言的敏锐度。）

引申问题

合欢树是本文的“线索”吗？

参考： 合欢树不是文中的线索，因为情节不是围绕它展开的，它只是一个寄托物或是一种象征物（有“合”之意）。其作用是：其一，以母亲对合欢树的关心爱护寓意母亲对我的培养与爱护；其二，以孩子眼中的合欢树寓意母亲对我的庇护，寄托我对母亲的思念与爱。

推进问题

你喜欢本文平淡朴实的语言风格吗？知道作者为什么选择这样一种语气来表达吗？

参考： 文章的语言看似平静，但细细品味又会让人心灵受到震撼，这样的文字极其敏感，极其温柔，极其丰富，极其坚韧，犹如平淡而深沉、平凡而伟大的母爱。

识记问题

① 你能记住本文作者史铁生的相关信息吗？

[史铁生] （1951—2010）北京人。当代作家。代表作有《我的遥远的清平湾》《我与地坛》《命若琴弦》《务虚笔记》《灵魂的事》等。**《合欢树》一文编入新教材第一册。**

② 你能辨别象征手法与比喻修辞的不同吗？你能辨别象征物与“物线”的不同吗？

第三单

驱动问题

读题：看到这个题目“跨越百年的美丽”，你想问些什么问题？

支架问题 请找出本文中由“但”引领的句子（请在课文中画出），并思考一下，这些“但”所阐述的内容可以归为哪几类？

核心问题

居里夫人的“美丽”体现在哪些方面？

参考：

- 美丽
  - 外貌
  - 精神
    - 执着的态度（排除干扰）
    - 刚毅的性格（目标远大）
    - 忘我的精神（投身科学）
    - 淡泊的品格（不重名利）
    - 理性的智慧（驾驭规律）

引申问题

如把本文的题目换成《永远美丽的居里夫人》好不好？为什么？

参考：

① 本文站位于“美的内核”而非“美的人”：居里夫人的美丽更在于她的人格美和精神美，而只有崇高的精神境界和伟大的人格魅力才可实现“跨越”。

② 本文站位于“文化高度”而非“美的个体”：从人类发展与进步的角度看，凡是有利于人类的发展与进步的人和人的行为都是美的，只有这

样的美才能历久不衰、光照千秋，才能在人类的历史上定格成永恒。

推进问题

文中插入大量别人的言语或事例，这是否偏离了主题？

参考：

描写手法的灵活运用（侧面烘托）
旁征博引的巧妙穿插（名言他例的对比与类比效果）

例： ① 多处运用**引用**的修辞手法：如，引用莫泊桑《项链》关于女人容貌的话，引出居里夫人对外在容貌的态度；引用苏轼《赤壁赋》中的话，评价居里夫人事业的价值；引用爱因斯坦的话，表现居里夫人人格、精神的伟大。

② 多处运用**对比**的修辞手法。如“她美丽健康的容颜在悄悄地隐退，她逐渐变得眼花耳鸣，苍白乏力”。

③ 多处运用**类比**的修辞手法：如，“美对人来说是一种附加，就像格律对诗词也是一种附加”，表现在“身世”与“门庭”之外，还有更重要的东西。又如，以林肯赞赏斯佗夫人《汤姆叔叔的小屋》的意义“一个小妇人引发了一场解放黑奴的大革命”，来类比居里夫人发现镭，引发了一场科学革命。又如，穿插了中国人熟知的宋玉、范仲淹苦读的故事来类比居里夫人的“耐得苦读”。

④ 多处运用**侧面烘托**的方法：如为了刻画居里夫人的美丽和心志坚定的特点，“男学生们为了能更多地看她一眼，或有幸凑上去说几句话，常常挤在教室外的走廊里”（要知道是用了什么写作方法，关键是理解它们的表达效果，可以细细品味一二处）。

识记问题

① 你能记住本文作者梁衡的相关信息吗？

[梁衡]（1946—　）新华社高级记者，当代散文家。有散文集《把栏杆拍遍》《名山大川》《人杰鬼雄》等。**《跨越百年的美丽》一文编入新教材第一册。**

② 你知道描写方法包括哪几类吗？

- 描写方法
  - 人物描写
    - 肖像描写
    - 动作描写
    - 语言描写
    - 心理描写
  - 环境描写
    - 自然环境描写
    - 社会环境描写

（**环境描写的作用：** 渲染气氛；烘托人物性格；提供生活背景，表明人与人之间关系；直接推动情节发展。）

③ 你能辨别正面描写和侧面描写吗？

内省问题

居里夫人的美丽给了你怎样的启迪？能对文中某些哲理句作点思考吗？

____

____

▸ 诗歌类名著赏析

导学单

学习目标描述

作为文学作品四大样式之一的诗歌，在文学发展历史上出现最早，在艺术起源时期，诗歌与音乐、舞蹈三者常常融为一体，只是到后来诗歌才逐渐发展成为一种独立的艺术形式。诗歌是如何产生的？又是如何发展的？我们当代人又应该怎样去读诗？小M，相信你也很有兴趣通过自己的学习，掌握诗歌类名著赏析的简要方法，从而感悟诗的思想内涵和审美意蕴，体会诗的艺术魅力。

小M，我希望，通过这一单工约的学习，你能达到以下这些学习目标：

(1) 通过阅读古诗的经典作品，感知古诗的语言特点和文体特征；

(2) 掌握古诗阅读的基本方法，形成读诗的语感，感受诗歌的韵律美；

(3) 能辨识一些较经典的中国传统意象，能在具体的诗歌作品中解释其内涵及表达作用；

(4) 能理解意象并不只是用来表达情感的，诗歌也可借助意象进行暗示、隐喻、象征，从而表达某种观点或态度、揭示某些现象或哲理；

(5) 体会作品的内容与表现形式之间的关系，感知诗歌语言的表现力；

(6) 抓住赏析现代诗的关键是诗歌的关照现实与诗人内心的本质；

(7) 能联系作品的语言环境，调动知识积累和生活经验，赏析诗歌作品。

此外，你还应当通过本单工约的学习，对有关中国古典诗词的常识性知识作一个比较初步的了解（包括中国古典诗词的体裁常识、题材常识、结构常识与常见艺术手法、品读方法常识等）。

这些学习目标是不是很难达到呢？告诉你，不难！勤奋的你，跟着工约，进入状态吧！

第一单

学习材料准备

教材内容：《沁园春·长沙》

我们的学习将从《沁园春·长沙》开始。老师为你准备了一些学习材料和导向问题，请你认真阅读，积极思考，将你思考的结果清楚明白地呈现出来，好吗？

驱动问题

你可以先回忆一下在初中学过的《沁园春·雪》的相关内容。

沁园春·雪

北国风光，千里冰封，万里雪飘。望长城内外，惟余莽莽；大河上下，顿失滔滔。山舞银蛇，原驰蜡象，欲与天公试比高。须晴日，看红妆素裹，分外妖娆。

江山如此多娇，引无数英雄竞折腰。惜秦皇汉武，略输文采；唐宗宋祖，稍逊风骚。一代天骄，成吉思汗，只识弯弓射大雕。俱往矣，数风流人物，还看今朝。

请你大声朗读《沁园春·长沙》和《沁园春·雪》，再复读“怅寥廓，问苍茫大地，谁主沉浮？”与“俱往矣，数风流人物，还看今朝”两句，琢磨琢磨作者于字里行间展露的内心世界，感受一下，这两首词作者所抒发的情感是否有点**差异**？如有感触，可记下来：

参考： 1925 年的《沁园春·长沙》和 1936 年的《沁园春·雪》，比较阅读，我们会发现十余年的枪林弹雨，毛泽东已从一个才华横溢、踌躇满志的青年革命者锤炼成长为雄才大略、独步千古的革命政治家。此时此境的毛泽东肩负挽救中华民族大任。（2－1－1－1－1－02：P4）

思考：《沁园春·长沙》表达了作者怎样的思想感情？

参考：《沁园春·长沙》通过对长沙秋景的描绘和对青年时代革命斗争生活的回忆，抒写出一个革命青年对国家命运的感慨和以天下为己任、蔑视反动统治者、改造旧中国的豪情壮志。

核心问题

《沁园春·长沙》中作者选择了哪些景入词？词中突出了这些景哪些

方面的特点？这些特点有无共性？与作者的情感表达有什么关系？

请你按要求填空：

景：<u>枫林</u>　<u>江水</u>　<u>百舸</u>　<u>飞鹰</u>　<u>游鱼</u>　（请你用双音节词语填写）

特点：<u>红</u>　<u>碧</u>　<u>争</u>　<u>击</u>　<u>翔</u>（从词中选择单音节词语填写）

<u>共性</u>：颜色之浓烈　<u>力度之强劲</u>　（照样子用偏正短语提炼概括）

情：作者之豪情

引申问题

“怅寥廓，问苍茫大地，谁主沉浮？”一句是如何将上片与下片联系起来的？

参考： 直抒胸臆，深沉的思索唤起了诗人对年轻时的革命同志和革命活动的思念和对未来的追问。这一问既表现了诗人的远大志向，又深藏着对革命形势和前途的担忧。

识记问题

① 你能背诵并准确默写《沁园春·长沙》吗？

② 你能比较流利地回答有关词的一些常识性问题吗？

第二单

老师知道，在初中和小学里，你已经学了不少古诗了，先来考考你！

驱动问题

山居秋暝

【唐】王　维

空山新雨后，天气晚来秋。

明月松间照，清泉石上流。

竹喧归浣女，莲动下渔舟。

随意春芳歇，王孙自可留①。

【注释】①《楚辞·招隐士》“王孙兮归来，山中兮不可久留”，这里反用其意，是说春天的芳华虽已消歇，秋景也佳，王孙自可留在山中。诗人以为“山中”比“朝中”好，洁净纯朴，可以远离官场而洁身自好，所以就决然归隐了。此诗是王维晚年在陕西蓝田过着半官半隐生活时的代表作。

提问：不看尾联典故，你也能领会到诗人高洁的人生志趣吗？从哪些入诗之景中读出的？

参考：明月、松、泉、竹、莲、渔舟等。

送友人

【唐】李　白

青山横北郭，白水绕东城。

此地一为别，孤蓬万里征。

浮云游子意，落日故人情。

挥手自兹去，萧萧班马鸣。

提问：这是一首脍炙人口的送别诗，你能感受到依依离情吗？从哪些入诗之景中读出的？

参考：青山、流水、孤蓬、浮云、落日、班马等。

推进问题

通过以上的学习，请你思考两个问题。

问题一：“经典意象”的含义是怎么来的？请你把［**点金石**］中意象列举的语句再读一遍，同时参考**资源链接** 2－1－1－1－1－03《说“木叶”》一文，解答《登高》的提问，就明白了。

登高

【唐】杜　甫

风急天高猿啸哀，渚清沙白鸟飞回。

无边落木萧萧下，不尽长江滚滚来。

万里悲秋常作客，百年多病独登台。

艰难苦恨繁霜鬓，潦倒新停浊酒杯。

提问：“无边落木萧萧下”中“落木”改为“落叶”可否？为什么？

参考：不可。在中国传统意象中，“木”本身就含有“落叶”的因素，象征秋风叶落之季，同时“木”所暗示的枯黄、干燥、萧索的颜色性也是“叶”所不能涵盖的，因而用“落木”二字能使诗的意境显得更为空阔疏清、沉郁悲凉，更能烘托诗人老病孤愁的心境。

问题二：“经典意象”在诗词中可串联形成意境，帮助诗人传情达意，也可灵活运用，形成独特的艺术效果。诗人是如何做到的呢？如果你将**资源链接 2－1－1－1－1－03** 余下的部分读完，解答了《天净沙·秋》的提问，就能感受到了。

天净沙·秋

【元】白　朴

孤村落日残霞，轻烟老树寒鸦。一点飞鸿影下。青山绿水，白草红叶黄花。

提问：此曲有一逆转之笔，由此，先前萧瑟、寂寥的秋景变得明朗、清丽了，能说说因何而逆吗？

参考：因“一点飞鸿”而逆，“飞鸿”暗喻作者本人，象征作者的归隐之心，诗人希望自己像一只展翅高飞的鸿雁，飞离那萧瑟、冷清、没有生气的地方，寻找到自己感到满意，有生机的乐土。因此“影下”之景可以理解为是归隐之地，表现了作者对隐居生活的热爱之情。

识记问题

你能大致解释诗词的“具象”“意象”“意境”三者间的关系吗？你能记住 15 种以上中国传统的“经典意象”及其内蕴吗？

第三单

学习材料准备

教材内容：《再别康桥》

今天的学习让我们从宗白华的两首小诗开始。

驱动问题

从这两首诗中，你能看出诗和什么联系得最紧？

小诗

宗白华

生命的树上，
凋了一树花，
谢落在我的怀里，
我轻轻地压在心上。
她接触了心中的音乐，
化成小诗一朵。

诗

宗白华

啊，诗从何处寻？

在细雨下，点碎落花声！
在微风里，飘来流水音！

在蓝空天末，摇摇欲坠的孤星！

参考： 诗和生命的联系最紧，因为诗是心中的音乐，诗反映的是人对自然、对外界最细腻的感触，反映的是人类内心最真实的情感。

支架问题

请你放声朗读《再别康桥》，想想这首美丽的诗表达了什么样的感情？你是从哪些意象中看出的？这些“意象”在诗歌中又是如何呈现的？

参考： 表达了诗人对难忘岁月的依恋和惜别的深情。

其一，诗中最具代表性的意象是“水”，水清如明镜，包容着水上的一切：“那河畔的金柳”成了“波光里的艳影”，荡漾在诗人心头，也荡漾在读者心头；榆阴下的潭水，“沉淀着彩虹似的梦”，只有心清如水，才写得出如此清澈美妙的句子；水流似春风，没有深情的水的抚摸，“软泥上的青荇”怎会“油油的在水底招摇”？因为这水的多情抚慰，诗人竟然“甘心做一条水草”！诗人对康桥的情确如水一样清澈！作者重返康桥应该说是快乐并痛苦着的。快乐的是可以在康桥寻梦，寻找青春、理想、爱情之梦，“撑一支长篙”，到康河中“寻梦”，寻到了满满的“一船星辉”，“在星辉斑斓里放歌”，这是何等畅快，何等惬意！

其二，“云”，具有轻轻飘动并且速度很慢的特点，既捉摸不定，又实实在在；既远在天边，又近在眼前。这是作者精心挑选的第二个意象。“云彩”充分体现诗人飘逸的离别情绪。“轻轻的我走了，正如我轻轻的来；我轻轻的挥手，作别西天的云彩。”优美的旋律，抒写出诗人如彩云飘飞般的洒脱的风度。

其三，“金柳”这一意象的选择，更体现了作者对康桥的深深依恋之情。柳是中国诗歌中传统的意象，历代诗人之所以钟爱它，一是取谐音“留”，即对别离的人的挽留之意；二是取一枝插入土壤就能生长的旺盛生命力之意。但徐志摩却拓展了它的意象，把它活化成了“新娘”：“那河畔的金柳，是夕阳中的新娘；波光里的艳影，在我的心头荡漾。”把柳比作夕阳中的新娘，形象逼真地写出了夕阳下柳树的美好姿态，也写出了诗人对康桥浓烈而温柔的爱。新娘是少女一生中最美的时刻，由此可见，康桥在徐志摩心中的地位。中国古代有折柳赠别的习俗，例如：“词曲笛中闻折柳，何人不起故园情”“今宵酒醒何处，杨柳岸晓风残月”“昔我往矣，杨柳依依”。在本诗中诗人的这一幻影，既有对美好理想的追忆，也是对如歌青春的唤回；既是甜蜜爱情的再现，也是对过去爱情的怀念。

核心问题

问题一： 诗的2、3、4段，都是在写“别”的具体对象，那么这三段的次序能否调换，为什么？（提示：先要概括出这三段的所指分别是什么？再想它们之间是什么关系？）

参考： 美丽的景色←眼前之景

↓　　实

自由的生活←此间经历　↓　递进关系

↓　　虚

曾经的梦想←心中之思

问题二： 这首诗对于“别”的对象的描写和呈现上是有变化、有层次的，其实，此诗在情感抒发上也是有变化的，你能找到**情感变化最明显的章节吗**？为何会出现这样的转变？

参考： 第5、6节（放歌→不能放歌）

“放歌”是因为要寻梦，“不能放歌”是因为梦是虚的，星辉、揉碎……星辉虽美，却像是“彩虹似的梦”，可望而不可即……梦太美、易碎，珍惜、保护、不想惊动……于是他选择了“沉默”。

推进问题

诗人为何选择“沉默”作为告别的形式？“沉默”中蕴涵了什么？

参考： 沉默恰能表达最浓烈的情感（“二十四桥仍在，波心荡，冷月无声”“执手相看泪眼，竟无语凝咽”“昨夜幽梦忽还乡，小轩窗，正梳妆。相顾无言，惟有泪千行”“无言独上西楼，月如钩。寂寞梧桐深院锁清秋”“大爱无言”“此时无声胜有声”……“虽然言语的波浪永远在我们上面喧哗，而我们的深处却永是沉默。”——纪伯伦）

“当沉默成为了一种表达，情感也变得凝重而无助”，可见，诗人感情是丰富的，“沉默”中蕴涵了浓情，他以“沉默”吁叹出心中最深沉的情感，感情的波澜也会同样激荡在我们的心头。

引申问题

诗中开头的“轻轻”与结尾的“悄悄”有无细微区别？能否互换？为什么？

参考： 沉默作为一个告别的形式，是最富深情的表达方式，而“轻轻”“悄悄”则是在行为上的具体表现，不能互换。

轻轻侧重于行为
悄悄侧重于声音，与沉默顺接

①“轻轻”与“悄悄”在感情上有细微区别：都是珍惜之情，后者在珍惜之中有一种醒悟、一种决然——不可找回的，那就让它留下吧。

②“不带走一片云彩”：留恋之中，更有一番潇洒。

迁移问题

从《沁园春·长沙》一词内在的情绪变化入手，思考“怅寥廓，问苍茫大地，谁主沉浮？”这一句是如何将上、下片词联系起来的？

参考： 直抒胸臆，深沉的思索唤起了诗人对年轻时的革命同志和革命活动的思念和对未来的追问。这一问既表现了诗人的远大志向，又深藏着对革命形势和前途的担忧。

从这首词情绪的变化入手：抑（独）→扬（看）→抑（怅）→扬（忆）

谁主沉浮，一片忧患意识（问）

中流击水，满腔革命豪情（答）

词要表达的具体情感：一个革命青年对国家命运的感慨和以天下为己任、蔑视反动统治者、改造旧中国的豪情壮志。

识记问题

① 能记住一些有关作者生平、诗歌创作主张，以及《再别康桥》写作背景的知识吗？

② 能顺着《再别康桥》的情感脉络，有激情地朗诵这首诗吗？

第四单

学习材料准备

教材内容：《蒹葭》

预习问题

熟读《蒹葭》。对这首古诗，你有想不明白的问题吗？请罗列出来。

课堂笔记（可贴页）

【提问一】为什么三段开头都要写“蒹葭”“白露”？

- 以景起兴，借景抒情。

诗的每一章开头都用“蒹葭”起兴，引出对“伊人”的追寻，用清秋萧瑟的景象来烘托主人公忧伤和惆怅的感情。

【提问二】为什么要写三段？三段内容上有什么关系？

- 重章叠唱，反复咏叹。

在重复中有变化，在变化中有重复。

- （蒹葭）苍苍—萋萋—采采　　　　三个同义的叠词，描绘蒹葭

	的繁茂，秋景愈加萧瑟。
•（白露）霜—晞—已	一天时间由早到晚的变化，表现寻找时间之久。
•（道路）长—跻—右	表现追寻道路的艰险。
•（伊人所在）方—湄—涘、央—坻—沚	伊人身影更模糊，更扑朔迷离。

内容上的层进→深化主题思想
韵律上的回环→强化感情抒发

【提问三】“伊人”所指何人？

• 意境朦胧，含蕴不尽。

《蒹葭》的主旨不妨作宽泛的理解：“伊人”可以是一个具体的人（隐士或情人），也可以是诗人心中某种理想的境界，把**追求寻找“伊人”化为最普遍的人生体验**。

识记问题

① 能背诵和准确默写《蒹葭》吗？

② 能记住有关《诗经》的文学常识吗？

第五单

学习材料准备

教材内容：《饮酒》

今天，我们的重要任务是来认识一下陶渊明。

驱动问题

古往今来，中国的诗人可谓数不胜数，但是能被称为“大诗人”的却为数不多，陶渊明算一个。但是，这样一位伟大的诗人，在唐朝以前却没有得到重视（①死后只得到私谥“靖节”，②刘勰的《文心雕龙》对他只字未提，③钟嵘的《诗品》只将他放入“中品”），这是为什么呢？

参考：（1）门阀社会的世俗偏见；（2）与众不同的人生态度；（3）超越时代的美学趣味。

核心问题

《饮酒》中出现了哪些意象？有何特点？有何意蕴？诗人运用它们表达了什么样的感情？

参考： 菊、东篱、南山、飞鸟等。这些意象都蕴含了超脱尘俗、洁身自好、向往自由、热爱隐居的意蕴，意境清远，写出了诗人归隐田园后生活悠闲自得的心境、怡然自得的情趣。

说明： 这首诗融叙事、写景、说理、抒情于一体。开头两句是叙事，叙述诗人身居“人境”而独享安闲的生活。第三、四句以设问的方式加以揭示——心静，境自静。前四句在事、理中融情，透露出诗人恬淡的心境。第五至八句主要是写景，描写农村自然风光；景中寓情，表现自己悠然自得的心情。“采菊”表现出超脱尘俗、洁身自好的情趣；“悠然”写出悠闲自得、陶醉于自然的心境；那些在晚照中翩然归来的鸟和那个悠然见山的人，心神契合，仿佛都在这幽静的山林中找到了自己的归宿。最后两句直接抒情，“忘言”之中流露出诗人对隐居生活的由衷喜爱；情中有理，感受中蕴含人生的哲理。

推进问题

“悠然见南山”中的“见”字换成“望”字好不好？为什么？

参考：“见”字表明不经意，更能体现“悠然”之意，这是“望”字或“看”字取代不得的。

拓展问题

淮上喜会梁州故人

【唐】韦应物

江汉曾为客，相逢每醉还。
浮云一别后，流水十年间。
欢笑情如旧，萧疏鬓已斑。
何因不归去，淮上有秋山。

提问：“浮云一别后，流水十年间”这一联很为后人称道。请分析一下，此联是怎样表达作者的思想感情的？

参考：以“浮云”表示漂泊不定，变幻无常；以“流水”表示岁月如流，年华易逝。后人称这一句“疏可走马”，表现的时间最长，表现的空间最宽，表现的人事最杂，仅仅10字，却把10年中的所有都表现出来了，体现了“喜会”中悲喜交集的感受。

识记问题

①《桃花源记》还能背得出吗？《饮酒》能准确默写吗？

② 能记住有关陶渊明和田园诗的文学常识吗？

第六单

学习材料准备

教材内容：《咏史》

驱动问题

从以下这首小诗中，你能看出诗歌的两个本质特点吗？

你们问什么是诗
我把桃花说成夕阳
如果你们再问
到底诗是何物
我突然感到一阵寒颤
居然有人
把我呕吐出的血
说成了桃花

——洛夫（台湾地区）

参考： 其一，诗歌不仅要用意象来表达感情，也需要借助意象来暗示、隐喻、象征某种更高层次的哲学理解，但意象不是诗歌的终极目标；其二，诗是生命化成的，是具有独创性的伟大创造，我们应该把它看成是带有普泛意义，能够引起大家共鸣的艺术表达。

※【左思】字太冲，西晋诗人。代表作《三都赋》（“洛阳纸贵”之典）。《咏史》组诗共 8 首，诗人借“咏史”来表现寒士的不平及对士族的蔑视与抗争。课文选的是《咏史》第二首，这首诗表达了对门阀制度的不满之情。

核心问题

请你认真阅读课文《咏史》及注释，在资源链接：**2－1－1－1－1－01（P6—P9）** 的帮助下判断出这首诗用了哪些表现手法？

参考： “比喻”“对比”“典故”。

推进问题

请划分这首诗的层次，认真思考各层次之间的关系，分析诗中所运用的表现手法，尝试以图表框架的形式来表现你的见解。

参考：

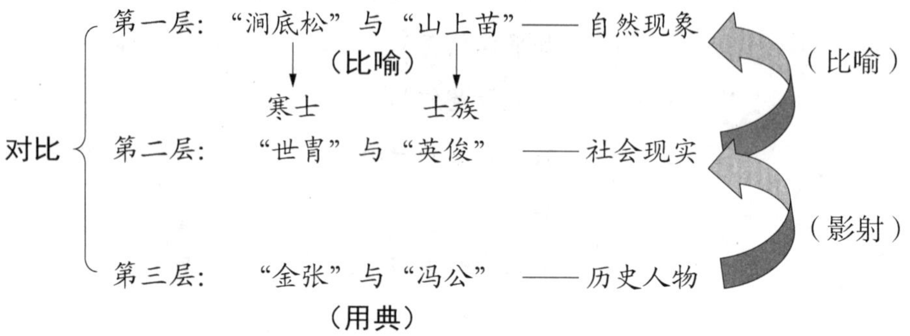

识记问题

① 能准确默写《咏史》吗？能记住其中的几则典故吗？

② 能记住有关咏史诗的文学常识吗？

③ 能了解诗歌"表现手法"的基本概念，理解比喻、对比、典故等手法的表达作用吗？

二、经典实践：高中作文主动思维导航系统

作文主动思维导航系统，是指充分发挥"问题"的定向、指序、选式、反馈与助动功能，通过学习者"自我提问"等方式，以系统性问题的生成、解决和逐步优化来建构内部言语，并保持向书面语言持续转换的写作活动。它要求写作者以写作经验的积累为基础，从命题意图出发，将问题系统的产生与构建作为开端，用有层次、结构化、可扩展、可持续的问题连续体贯穿写作过程，实现作文内容与作文技巧的连续建构、融合、更新与重组。强调从学习者的作文问题出发，聚焦学习者的写作过程，以控

制、创造、影响学习者写作的内部因素和外部因素为手段，以**“内容取向的问题系统”建构**与**“问题系统的优化程序”建构**为主要内容，深入到学习者的写作过程中去进行作文内容挖掘、表述策略引导、求证修改辅导，开展“系列性 · 过程化”的指导活动。

（一）作文主动思维导航系统的特征描述

1. 由“形式取向”向“内容取向”转变，改变作文“模式化”表达的现状

中国自古有“文以载道”之说，作文优劣取决于立意，因此，对于学生作文的指导也应当是“内容取向”而非“形式取向”的。然而目前充斥作文课堂的都是些从“形式”出发的“速成式”作文指导，更有甚者还发明了“写作公式”，这使学生的写作状态从“鸦雀无声”直奔“异口同声”，产生了很多“模式化”的套作作文，压制了学生写作能力的发展。而“作文主动思维导航系统”则从作文“内容”的构筑出发，以“内容取向的思维过程”和“立体图式的优化程序”建构为手段，让学生在作文学习中，真正懂得思考，善于表达。

2. 由“专题讲授”向“立体建构”转变，打破“作文知识点”的静态教学

作文有一套相对完整的知识系统，比如从知识技能角度而言的字、词、句、篇、文体的知识；从心理能力角度而言的有关观察、分析、比较、概括、想象、联想的知识；从写作能力角度而言的有关审题、立意、选材、组材、谋篇、布局、语言的知识等。但是，作文又是一个极具创造性的劳动，要把作文写好，除了要熟练地掌握一定的写作知识和写作技能外，**更重要的是发展内部语言系统建构与组织的能力，发展由内部语言向**

书面语言灵活转换的能力，需要在灵活运用知识的基础上完成语言的组织、更新和创造，因此，必须**把静态的“章法知识”的讲解，转变为应对写作过程的动态的“写作知识”的运用与“作文问题”的解决上，通过课型突破、策略交织等方式尝试写作教学与学习指导的立体建构**。

3. 由“写前指导”向“写中指导”转变，建立作文的“过程化”指导流程

在教学实践中我们发现，学生写作文，并不是把头脑中储存的语言材料简单地搬到书面上来，而是依靠比较完善的内部语言，经过一系列复杂的思维过程，方能形成所需要的书面文字。我们认为，学生的作文问题最集中的关节点在于写作者内部言语转换的推进过程，由此，作文学习指导最集中的关节处应当在于基于写作过程分析的写作知识体认与习得的过程中。“作文主动思维导航系统”及其学习指导，要求**教师将重点放在“写中指导”阶段，将教师的“教”的设计，落实在学生“学”的活动上**，让学生在作文的过程中融会贯通，自我提高。

4. 由“内隐思维”向“外显问题”推进，加强“写作障碍点”的针对指导

实践证明，好的作文是完美的思维活动的产物，即便是情感的升华与充分表达也离不开理性思维的帮助，所以，思维积极性的调动，分析、综合、想象、类比、抽象、概括等思维过程的优化，是写好作文的关键所在。因此，**使每位学生形成一套适合自己的灵活实用的思维方式，或者说思维程序，在个性化的思维活动的推进下完成整篇文章的构思与表达是作文学习指导的重中之重**。然而，人的思维又是内隐而抽象的，这就对“指导”产生了困难。因此，在作文学习指导中，我们更需要帮助学生以写作元素的过程化分解、序列化构建、立体化生成来建构内部言语，并保持向书面语言持续转换；同时，借助过程化思维的演绎暴露他们在写作过程中

的障碍点，来进行有针对性的辅导。

5. 由“作文指导”向“学习指导”推进，改变作文指导“一刀切”的状态

“作文指导”和作文“学习指导”是两个不同的概念，作文指导一般都还是站在“教”的角度，站位于作文方法指导的层面上对学生提供“怎样写”的讲授与训练。而作文“学习指导”更多关注学习者的真实问题，从这些富有个性的真实问题出发，聚焦学习者的写作状态，深入到学习者的写作过程中去开展指导。它并不仅仅是对作文方法进行指导，也包括针对学习者写作过程中的心理机制、主体经验等开展过程化的指导。因此，作文“学习指导”的研究对改变传统的“一刀切”式的统一指导，改变仅关注作文本身的指导，都有着比较大的意义。

（二）作文主动思维导航系统的构建与实施框架

听说读写是人们进行思想交流的四个基本过程。从现象上看，都是凭借语言的一种交流，**而实际上语言承载着思维的信息，**是语言和思维在共同起作用。写作是语言和思维共同作用下的外在表现形式。语言要实现任何一种功能，都必须依靠一定的**语言文字知识技能，**依托一定的**思维活动形式，**还必须具有一定的**思想内容**。只有将这些有机地结合起来，才能形成写作思维培养的“最佳结构”。因此我们认为，要解决作文的难题，首先必须解决**言语的知识架构、思维的流动优化和思想的提升创新**的问题。因此，**“作文主动思维导航系统”的意义建构便决定了此项作文教学改革实验的高度和力度！**

1. 作文主动思维导航系统的意义建构

① 为获得信息和提升理解而优化写作

作为说话者和写作者，学生将使用口头和书面语言，以自己的表述经

验为基础，优化语言的流畅性、简洁性、生动性和逻辑性去获得、阐述、应用和转达信息。

② 为阅读反应和自由表达而优化写作

作为说话者和写作者，学生将使用口头和书面语言，以自己的兴趣爱好为基础，对文学和非文学类作品做出审美赏鉴，并能尝试自我表达和艺术创作。

③ 为批判性分析和个性化评价而优化写作

作为说话者和写作者，学生将使用口头和书面语言，以自己的价值取向为基础，从不同的视角提出对文学和非文学类作品的评价分析，以及表达他们基于经验、观念、信息和事件的判断。

④ 为沟通交流和社会交际而优化写作

作为说话者和写作者，学生将使用口头和书面语言，与广泛领域里的社会人群进行有效的社会交流，用以表达自我，得到他人的悦纳、欣赏和理解。

2. 作文主动思维导航系统的实施框架

步骤一："学程"设定

大量研究表明，学生要"写出文章"至少需要用**四种知识**：①语言知识（文章中包含语法规则和词汇术语）；②领域知识（在文章内容中表达出的复忆性知识）；③实用知识（如文章的语言形式）；④程序性知识（为使用前三种并有策略的知识）。而这四种知识在写作过程中又非割裂开来呈现的，而是以这些知识的融合为基础，进行立意构思和材料组织。因此，"作文主动思维导航系统"实施框架建构的第一个重要环节就是强调教师要思考"学程"，即参照课程标准对课程内容进行结构化梳理，**形成"写作知识静态模块图"**，厘清作文基本要求；然后根据学生心理发展、认知规律和思维结构的特点，围绕写作基本问题的解决进行**学段分解和学程设定**；最后**确定**"学程"中各单的**学习目标，配置学习内容**。

以高中语文写作学程设置为例：

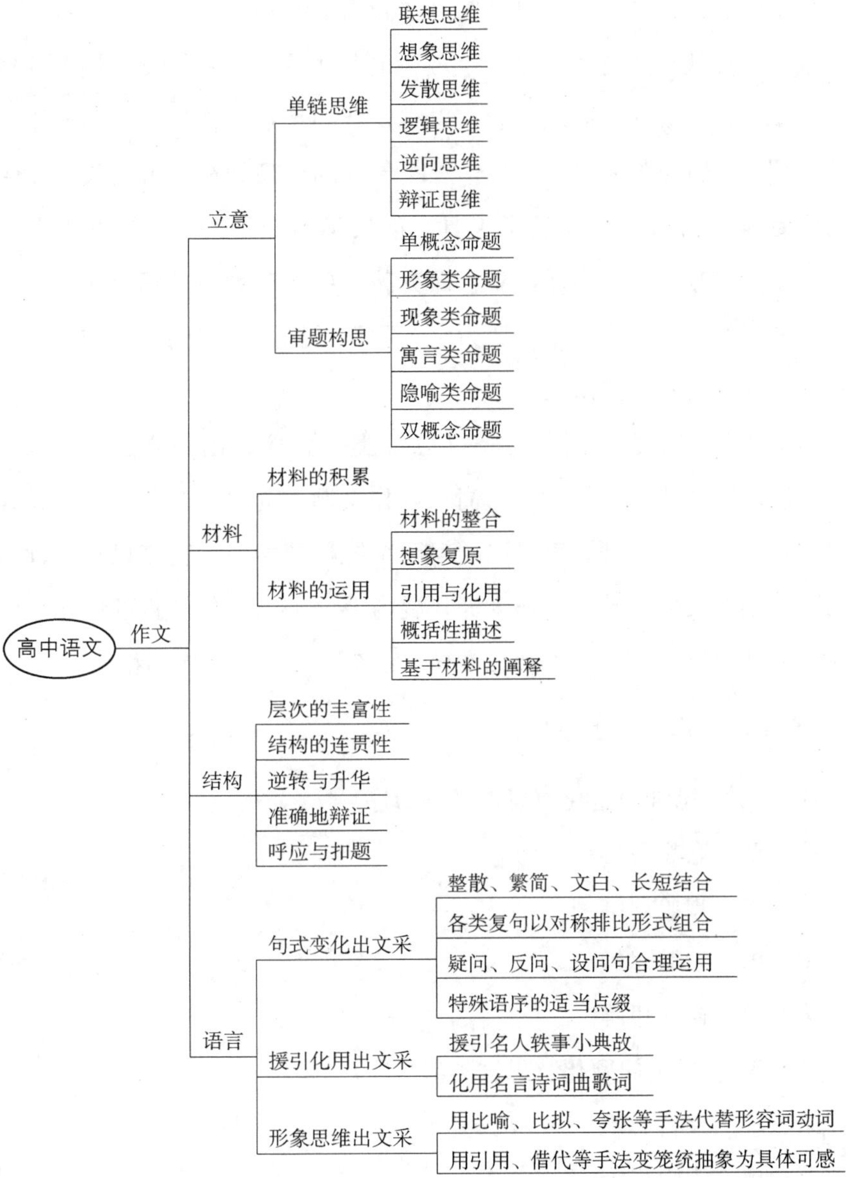

这是一张“高中语文写作知识静态模块图”，但是，这张图只是“学程”设定的起点，如果教师只是按照这张图上的知识点分类来进行专题讲座式教学，那就是违背了“学程”分析的初衷。“学程”设定最大的突破是以学生的认知规律、心理发展、思维发展的特点为依据，在凸显学科特性、体现学段特点的基础上进行学程、单元的**合理划分**，继而**设定学习目标，配置学习内容，设计教学工具，创设学习支持性环境**，并对各“学程”的进度与难度作出**有效控制**。即突破“单线序列”的惯常做法，把静态的“章法知识”的讲解，转变为应对写作过程的动态的“写作知识”的运用与“作文问题”的解决上。

以高中作文学程为例，**高一以思维类型为序，**围绕立意与布局开展问题系统基础样式构建的学习；**高二以作文题类为序，**围绕材料、结构、句群、措辞等展开内部语言提取的问题系统构建学习；**高三以作文评价要素为序，**围绕文体、技巧和速度等开展内部语言书面化转换的问题系统构建学习。从而体现**“作文主动思维导航系统”的立体化序列特征**。

高中语文作文学程序列

高一上：　思维问题化（思维类型为序）

第一单　联想思维

第二单　想象思维

第三单　发散思维

第四单　逆向思维

高一下：　思维问题化（思维类型为序）

第五单　聚合思维

第六单　逻辑思维

第七单　辩证思维

第八单　创新思维

高二上：问题系统构筑（作文题类为序）

第一单　如果题目是一个抽象的概念

第二单　如果题目是一样具体的东西

第三单　如果题目是一个需要判断的社会现象

第四单　如果题目带有隐喻象征色彩

高二下：材料与结构（作文题类为序）

第五单　如果题目是一组具有辩证色彩的概念

第六单　构建有层次的文章内在逻辑

第七单　创设有品位的文章深度视角

第八单　用关联词推进文章思考深度

高三上：句群与语言（评价要素为序）

第一单　逻辑推演

第二单　回溯归纳

第三单　句群精炼

第四单　文采点亮

高三下：技巧与速度（评价要素为序）

第一单　文体借用

第二单　读者意识

第三单　速记

第四单　风格

步骤二："辅案"运用

"作文主动思维导航系统"实施框架的第二个要素是"辅案"的设计和运用，教师要考虑在"学程"设定的基础上设计出每一学习单元的学习"辅案"，这是本课题研究的核心技术之一。

我们认为，学习内容的设计不同于学习内容的配置。学习内容的配置只解决了“学什么”的问题，而学习内容的设计则融入了“怎么学”的引导，从学生学科思维培养的角度而言，从学生终生学习能力培养的角度而言，从学生的可持续发展的角度而言，“怎么学”往往比“学什么”更为重要。因此，**基于“学程”分析，围绕写作过程设计与写作思维培养展开的“辅案”**，是对学生进行有效作文教学的重要的**“教学工具”，也是“作文主动思维导航系统”“过程化”特征的集中体现**。通过引导学生“自我提问”的方式，以系统性问题的生成、解决和逐步优化来建构内部言语，并保持向书面语言的持续转换，要求学生以写作经验的积累为基础，从命题意图出发，将问题系统的产生与构建作为开端，用有层次、结构化、可扩展、可持续的问题连续体贯穿写作过程，实现作文内容与作文技巧的连续建构、融合、更新与重组。

“作文主动思维导航系统”的**“辅案”由“自学导航”和“资源链接”两部分构成**。

①“自学导航”的设计和运用

“自学导航”是引导学生进行内部语言发展，并由内部语言发展为外部语言，直至表达技巧习得的主要工具。“自学导航”以静态写作知识分布与学程划分为基础，确定“导航主题”，并通过“驱动问题”“基本概念”“思维问题化”“思维体操”等不同板块设置，帮助学生习得内部语言问题系统的构建，以提高思想认知水平，提升思维的层次和品质。

※“自学导航”基本样式：

（导航号）

学段学科

第　学程

导航主题

情境语

驱动问题

基本概念

思维过程

思维体操

※“自学导航”示例：

（导航号：3－1－1－2）

高中语文作文

第一学程：单链思维训练

第二单　想象思维

我们无法亲吻辽远的天空，却能亲吻到天空的眼泪——雨。

驱动问题

请你用心阅读《奔月》一文（**资源链接：3－1－1－2**）。能否把你领悟到的内容说出来：什么是想象？在写作中，它有什么用？

基本概念

想象是人们在头脑中运用已经获得的表象，经过加工、改造，创造出一个并未直接感知的新事物形象的心理过程。为了学习与借鉴的方便，我们把想象分为象征想象、象形想象、再造想象和创造想象四类。

① **象征想象**，是指以某种特定的具体形象为媒介**暗示**特定的事物或情理的一种想象方式。这种想象要从具体形象的某种具体特征出发，想象出与之相应的精神、品质或含义。

※**小贴士**：象征是用具体事物表示某种**抽象概念或思想**的写作方式。利用象征想象结构的文章，一要抓好本体与象征体之间的同质点，二要注意本体与象征体之间的联系，要符合传统的心理习惯，要给人美的享受。象征想象对于寓意于景、托物言志的散文和记叙文的构思有着极为重要的价值，**尤其在挖掘重大的社会命题，揭示重要的历史意义方面**，象征想象的运用有其得天独厚的优势。如高尔基的《海燕》，巴金的《灯》等。

▲**资源链接**：3－1－1－2《雷雨前》（茅盾）

② **象形想象**，是指把自然现象、抽象概念或思想情感，通过想象以一种相应的具体可感的形象表现出来的想象方式。这种想象往往通过**“物化”或“拟人化”** 的写作手法来表现。

※**小贴士**：客观存在的自然现象、抽象的概念、思想或情感，难以给读者留下深刻印象。要想激起读者内心的波澜，**使抽象的思想、感情、感觉形象化**，就要借助于想象，给一切涂上生命的色彩。而象形想象的基础在于作者对生活认真、仔细地观察和积累。

▲**资源链接**：3－1－1－2《怀想天空》

③ **再造想象**，是指根据语言的描述或图样的示意，在头脑中形成与之相符或相仿的新形象的想象方式。

※**小贴士**：所谓“再造”，一方面是指形象不是自己首创的，而是在别人描绘的形象的基础上得到提示而再造的；另一方面，再造想象虽然以再造原形“复现”为目的，但是，这种“复现”并非简单的、原版的照相式的显影，而是通过自己的大脑，调动起已有的知识体验，去进行体会和揣

摩，并**根据自己的情感爱憎、美学理念来加以改造和补充**。

④ **创造想象**，是指一种不依据现成的描述，而是在对记忆表象经过加工的基础上独立创造出新形象的想象方式。

※小贴士：“想象力是一个创造性的认识功能；它的本领，能从真正的自然界所呈供的素材里创造出**另一个想象的自然界**。”（康德语）想象力要以敏锐的观察力和坚强的记忆力为基础，而原有表象的改组与表象建立又需要较强的分析力、综合力、判断力、推测力以及注意力、选择力等。我们可以这样训练自己：①**善延伸**：对一件事只要知其始，便能想其终；②**会迁移**：能由此及彼，触类旁通，这种联动性甚至可以带有大幅度的跨越和扩散性；③**能虚构**：不拘泥于已知事物，能巧于构思，提出新设想；④**易触发**，迅速与潜意识的储存沟通，产生灵感，点燃想象的火花。

▲资源链接：3－1－1－2《穿越百年的芬芳记忆》

思维过程

想象的思维过程，可分三步发问：

① **原型启发，情景创设**：我想表达的思想或情感是哪个（人、事、景、物）触发的？触发点是什么（即原型的特征与创造物的相似处）？我想把它放在哪种氛围中表达？

② **典型抽取，放大描写**：在这个想象的世界中，我想重点创造哪几个典型（人、事、景、物）？他（它）们分别代表什么思想或情感？我将刻意放大他（它）们哪一点进行描写？

③ **借象传意，妙语点睛**：读者能看出我在这些创造物中寄寓的深意吗？能不能在描写中夹一点议论，稍微透露一下我的意图？能再添上几处带有哲理色彩的意蕴深厚的语言吗？

思维体操

也许你曾到过海边，也许你在荧屏、银幕上见过大海……

请以“面对大海”为题，写一篇文章，800字左右，文体不限（不要写成诗歌）。

通过如上示例我们可以发现，**“自学导航”的核心部分是“思维过程”**板块，教师主要以“思维过程”的系统问题设计来启动学生写作思维程序，学生循着教师精心构筑的“系统问题”，在潜移默化中习得了专家思维的基本路径，以“自我提问”的方式，逐步优化了内部言语的建构和发展。

②“资源链接”的设计和运用

问题是思维的外显，因此，“系统问题”其实是写作内部言语构思的外显状态。与“自学导航”配套的“资源链接”，一方面为“导航”提供了有效的学习资源，另一方面，由于结合了具体的作文题目，更聚焦于学生的“写中指导”。

※“资源链接”基本样式：

（编号）

学段学科

第　学程

单元名称

阅读链接

原文＋点评

思维过程立体化

立体图式＋过程示例

优文库

优文＋推荐理由

※“资源链接”示例：

编号：3-1-1-2

阅读链接

《奔月》

鲁　迅

（略）

《雷雨前》

茅　盾

（略）

《怀想天空》

（略）

《穿越百年的芬芳记忆》

“你是谁，读者，百年之后读着我的诗？”一个头缠白布，身着素衣的老者向我走来，默默微笑看，“我无法从春天的财富里为你送来一朵鲜花，无法从远方的云彩里为你送来一缕金霞，打开门向四周看看，从繁华盛开的园里采撷百年前消失的鲜花的芬芳记忆，让欢愉的声音穿越百年时光……”

泰戈尔就这样一步一步向我走近，在我的耳边低语，告诉我奉献的美丽，它如一抹春日的阳光，亲吻着每一个生灵。

在熹微的晨光里，叶儿轻轻晃动，飘摇在秋风里。“落叶在泥土里迷失自己的时候，才融入到森林的生命里去了。”你说着，用手托住一片黄叶。叶儿一生的意义便在于此，在深秋晚风中，用一种辉煌的告别方式，来终结自己的生命，为大地奉献自己微薄力量。零落成泥，不奢求什么回报，它只是记住了大地对它的哺育，也渴望用自己的生命予以报答，也许正因为如此，叶子才得到了永生，飘散在诗人缠绵的笔墨里，一幅幅书卷里……

秋日的凄凉过去，是春日的繁花似锦。那枝头含苞的花蕾，抑或层层叶片之间的花蕊，一团团一簇簇，竞相争艳着。“泥土饱受污辱，却以花朵作为回报。”你让我掬一抔土，我闻了泥土里散发的阵阵幽香。

土壤虽忍受着人们的摒弃，却毫无怨言，经历雨滴的拍打，冷风的肆虐，终于在和煦的春风里，吐纳一地的芬芳，在人们的心头，弹奏着潺潺的乐章。也许，世间某些外表丑陋不堪的事物，它们也一直在默默奉献着，一直在为世间的美好而努力着。

“生命是上帝赋予的，我们唯有献出它时，才真正拥有它。”你依旧微笑着，向我讲述着永恒的真谛。是不是世间万物亦如此，我们来到这个世界上，却一无所有，只有在学会付出之后，才能够得到回报；予人方便之后才能够予己方便。只有我们以一颗真诚的心，为他人奉献的时候，才会收获，会收获喜悦与幸福，也会收获他人的付出。此时，我们才能拥有一份厚重的生命，才真正拥有了它，不是吗？

流连在繁花盛开的院落里，我采撷了一朵在奉献的雨露滋润下盛开的花朵，娇艳异常，我轻轻一嗅，闻到了鲜花的芬芳记忆，在一位老者的笑容里，穿越百年时光……

（点评） 作者巧妙地采用了人物对话的形式，大胆想象，用自己跟泰戈尔的对话展开叙写，将历史与现实融合，让想象与现实相交，在与历史人物的对话中，巧妙地将伟大诗人泰戈尔的诗句有机地组织到自己的文章中，结合自己的感悟和体会，较为深刻地表现了文章的主题。这种思维方式既新颖又独特，既驰骋于想象的空间，又扎根于现实，诠释了生命的真谛。

思维过程立体化

审题时的问题： 题目类型：如果作文题是一幅具体的自然景物，怎么办？

问题路径：景观聚焦点 → 人的活动 → 事（哲）理

问题：这幅自然景物中是否存在值得关注的细节？
从这个景物出发，你联想或想象到了什么有关的自然现象？
这幅景观、自然现象或细节与社会生活中的哪一个场景相似？
其中蕴藏着哪个值得深思的问题？

⇓

构思时的问题： 问题路径：一级问题 → 二级问题

大海 ⇒ 细节图景？ → 浪花 / 沧海一粟 / 海底宝藏

大海 ⇒ 自然现象？ → 海市蜃楼 / 沧海桑田 / 大浪淘沙 / 海纳百川

大海 ⇒ 生活场景？ → 海峡两岸 / 漂洋过海

⇓

立意时的问题： 问题路径：物象或场景的特征？ → 该特征所蕴含的事理？ → 事理中的人生哲理？ → 对我们的启示？

示例：

浪　花（细节）→ **后浪推前浪**（特征）→ **继承和发扬**（事理中的哲理）→ **人才的培养**（启示）

沧海一粟（细节）→ **大海的广博**（特征）→ **伟大与渺小**（事理中的哲理）→ **渺小中如何彰显伟大**（启示）

海底宝藏（细节）→ **神秘、诱惑**（特征）→ **探索海底世界，合理开发利用**（事理）→ **环保**（启示）

沧海桑田（现象）→巨变（特征）→祖国的发展、民族的进步（事理）→当代青年的使命（启示）

海市蜃楼（现象）→虚无缥缈、不切实际（特征）→理想与梦想（事理中的哲理）→面对现实（启示）

海纳百川（现象）→开阔、宽容（特征）→精选与博取（事理中的哲理）→容人之短，用人之长的人才观（启示）

大浪淘沙（现象）→优胜劣汰（特征）→竞争意识（事理中的哲理）→是金子总会发光，要增强软实力（启示）

海峡两岸（场景）→分裂的现状，统一的心愿（特征）→祖国统一大业→青年的使命（启示）

漂洋过海（场景）→老一辈探求真理，挽救中华；“海归”学成回国，建设四化（特征）→赤子情怀（事理）→如何爱国（启示）

优文库

面对大海

石　谡

“比海洋更宽阔的是天空，比天空更宽阔的是人的胸怀。”每当我面对蔚蓝色的大海，我总会想到这句话。它告诉了我，人要有海纳百川一般的胸怀。

我曾见过海，也见识过海的胸怀。无论是一叶孤帆，还是一条大船，没有它所不能容纳的。而无论是掠过的鸟儿的排泄物，还是人类的废弃物，它总笑而受之，毫无怒状。它用和煦的微风抚平鸟儿们受惊的心灵，用细微的浪花向人们展现它的宽容。它毫无怨言，哪怕是受到再多人类的破坏，它仍能温和地运送他们，伴随人们进入一个个甜美的梦境。

那我们呢？我们又从中学到了什么呢？海洋的包容使它获得了许多——作家赞美它，诗人吟咏它。那我们，如果也变得胸襟开阔，我们一样也可以获得许多——家人的爱戴，朋友的尊敬。一个人，只有拥有大度的胸怀，只有做到“宰相肚里能撑船”，他的生活才会充实、幸福，他的身心才会健康。而那些整天为一些鸡毛蒜皮之事而喋喋不休的人，他的身边一定缺少朋友甚至是家人的陪伴，他的生活定是空虚寂寞的。

蔺相如连让廉颇，造就赵国几十年的和平；齐桓公宽释管仲，成就了齐国的一代霸业。历史上的人都懂这个道理，所以他们才能获得成功。而反观那2008年杀死几名警察的×××，只因自行车被收的小事，竟想不通以致冲入警局犯下滔天大罪，是心胸狭隘使他走上了不归路。

俗语说：“忍一时风平浪静，退一步海阔天空。”但并不是说，所有的事都该忍。当人们肆意破坏大海生态时，它便会以狂风恶浪的形式告诫人们，警醒人们！同样，如果别人放肆地骚扰，那就不该忍受。人要有胸怀，但并不是无时无刻，任何事都得忍，否则，这只能叫懦弱。一个人要有开阔的胸襟，但有时也得有适当的愤怒，而这种愤怒必须是点醒别人，警醒别人。

海无包容必将衰，人无胸襟必将哀。面对大海，我领悟到了胸襟的真谛，也清楚了自己应做一个胸襟开阔的人。

推荐理由：

① 从议论文的角度来看，本文观点鲜明，结构严谨，条理清楚，叙议得当，内容充实。

② 从思维逻辑看，本文采用辩证思维的方式，使文章带上了理性色彩，逻辑严密。

③ 从借象传意的角度看，本文对物象特点的把握与描绘不温不火，适时而现，恰到好处；且言语质朴，措辞得当。

由如上示例我们可以看到，“资源链接”不仅仅是拓展性阅读的资源库，更是对学生进行“写中指导”的重要工具，由“阅读链接”“思维过程立体化”和“优文库”三个部分构成。“阅读链接”皆名家名作，加上“点评”后，更聚焦于本主题单元的学习内容，让学生既有面的阅读拓展，又有点的思考提升。**“思维过程立体化”是“资源链接”的核心部分，与“自学导航”中的“思维过程”相匹配，其核心技术是“立体图式”的设计，**通过系统问题的图式化建构，把“自学导航”中比较抽象的问题系统具体地演化开来，实现了内部语言建构的结构化和显性化。“优文库”则是同学们的优秀习作，既提供了样例学习的材料，又成就了激励平台的创设。同时，在“辅案”设计中，我们也竭力营造一种轻松亲切的氛围，采用第二人称叙述口吻，带领学生在轻松愉悦的心情下，进入主动学习的状态。

步骤三：“课型”突破

面对语文作文课目前常见的三种基本课型，即“当堂作文课”“作文讲评课”“专题作文知识讲练课”，我们发现，这些课的实质，皆强化了教师的权威，而弱化了学生的主体性。作文课的目的，是为了指导学生的写作思路，这就需要以学生的活动为中心来设计教学形式。由此，我们开发了“说写”“读写”“评议”三种作文新课型。

① 读写课——读佳篇，佳文赏析开视野

类比是人类学习的一种方式，也是获得新知识和解决新问题的最重要机制之一。这就成了读写课简单而科学的心理学依据。学生除了从佳作中学习语言和表达方式外，更主要的是学习作者观察事物、分析问题的方法和规律，然后通过模仿性的习作，把知识转化为能力。

读写课建立在**细读文本**上。例如在写“冬”这篇作文前，我们先同学生一起鉴赏了郁达夫的《江南的冬景》、梁实秋的《北平的冬天》、贾平凹的《冬景》、普里斯特莱的《初雪》、沃罗宁的《冬》等中外名作。具体做到**“三读”**：

一读其文，学习其遣词造句，揣摩其言语品位。

二读其格，学习其格局匠心，如结构、布局和写作思路等。

三读其法，学习其写作方法、修辞手段和观察方法、立意方法等。

读写课的细读，不仅开了学生的眼界，加深了其阅读积累，增加了学生长时记忆的储备量，更重要的是引导学生学到了如何灵活运用各种写作知识，这才是读写课的关键意图。

② 说写课——说思路，小组活动开心扉

针对学生作文思路狭窄，文章深度不够的问题，说写课采用交互式主动说的方式，进行了有效的多角度思维拓展，能帮助学生敞开心扉，在多次质疑和辨析过程中，深化对问题的认识与评判，同时也能让学生做到“自我启发”，将思考的内容层层推进，达到一定的深度。说写课的一般操作如下：

- **课前准备：**教师给出作文题目，学生初步构思，并自行搜集写作素材。
- **课堂流程：**

i. 学生发言，展现自己对作文题目的初步思考，教师注意及时点明值得进一步探讨的思维角度。

ii. 师生抓住值得深入思考的思维角度对作文题目进行三言两语的初步剖析，启发思路。

iii. 学生分组讨论，结合所准备的写作素材，构想写作提纲。

iv. 小组代表陈述相关提纲（包括所持论点、所用论据及论证方式等）。

v. 师生确定有代表性的几个提纲，选择其一，课堂共同质疑、辩驳，以加强观点的说服力，增进作文思想的深刻性和材料的丰富性。

vi. 学生对自己的提纲进行修改，教师作适时指导。

※【“说写课”案例】

作文题目：

据上海媒体报道，上海女生用奶瓶做茶杯已是一种普遍现象。《北京晨报》也报道了北京高校里类似的现象，校园里时常可以看到这类热衷于“哺乳行为”的女大学生，她们左手拿着五颜六色的奶瓶，右手抱着《英语六级必过》，让外人大跌眼镜。

要求：读了以上材料，一定会引发你的联想、思考和感悟，请围绕上述现象，联系生活实际，自选角度，自定题目，拿出一篇千字作文的写作思路并尝试列出写作提纲。

提纲（一）（逻辑思维）

题目：不唱“摇啊，摇”

观点：不能拒绝长大，祖国建设需要我们“成材”，更需要我们“成人”。

文章构架：

1. 现象分析：材料中的这种青年人的“男孩子”“女孩子”心态表面上看是“童心未泯”的表现，实际上是拒绝长大的心理在作祟，为了逃避社会压力，推卸社会责任。

2. 例证：台湾地区、日本的“单身寄生贵族”，已到成婚年龄却赖在父母身边，为了逃避婚姻家庭生活的责任。

3. 推断分析：此心态不仅不利于青年人的健康成长，而且对社会的发展也是不利的。

4. 立论：青年人应正视成长，适时担负起自己的责任。

提纲（二）（逆向思维）

题目：呼唤童真（我要奶瓶）

观点："大小孩"挺可爱，"小大孩"才可怕，我们需要童真。

文章构架：

1. 对材料稍加评论：此现象无可厚非，而且恰恰是人们呼唤童真的表现。

2. 联系生活实际例证：文坛"小鬼当家"现象，如方舟《正在发育》"男友标准"、8岁娃娃称"老吴"、6—29网恋不知情、"蜡笔小新"受欢迎、日本女童化妆、学生干部领工资等"小大孩"现象。

3. 分析："童年期"过早消失，缺乏童趣的危害。

4. 用"欢乐蹦蹦跳"时间延长来证明人们呼唤童真、童趣，老子所云："含德之厚，比于赤子（小孩子）"也是提倡人人都有一颗童心，观点得证。

提纲（三）（辩证思维）

题目：自然长大

观点：人应自然长大，任何违背自然规律的行为都不会有好结果，但即使是在成人的世界里，也应保持一颗赤子之心。

文章构架：

1. 对材料作适当分析，联系Alen永远25岁的例子，认为这种现象都属不正常，人不能违背自然规律。

2. 联系生活中的一些现象，如小儿早熟、青年幼稚等有代表性的例子，具体分析"拔苗助长"和"拒绝长大"的不良后果，提出人应自然长大的观点。

3. 进一步论证"长大成人"和"失去童心"并不矛盾，"童心"并非"不负责任"的代名词，在成人的世界里，在勇挑社会、家庭重担的同时，仍当不失一颗纯真、善良的赤子之心。

提纲（四）（发散思维）

题目：让我们自在地长大（如此“温室效应”）

观点：青年人“长不大”是由国家有待改进的教育体制和家庭教育造成的。

文章构架：

1. 结合材料指出，此现象确实要引起我们的注意，除了要对这些青年人作适当的教育和引导外，造成这一现象的原因更值得我们探究。

2. 从“孩子画不出梦境”这一报道和巴金老人的一席话引出中小学生（甚至刚懂事的孩子）课业负担太重，使得童趣早逝，而进入大学，一身轻松，于是行为上重返童年。

3. 从寄宿制学校里学生的娇惯病，引出是社会和家长把我们当小孩子，他们的溺爱使我们没有锻炼的机会，因此长不大。

4. 由《狮子的雄壮》一文引出，要让孩子长大就要放手让他们实践锻炼，在经历挫折中成长，实践比书本知识有用，而磨炼更有利于成长。

提纲（五）（发散思维）

题目：“大丸子”层出不穷

观点：大学生叼奶瓶是随时代发展而产生的“心理需求年轻化倾向”的表现之一，而人们的这种心理年轻化是社会进步的必然趋势。

文章构架：

1. 女大学生流行使用奶瓶，没什么值得大惊小怪的。这种“年轻化”现象存在于这个社会的各个年龄段人群中。例证：上海白领丽人爱看《樱桃小丸子》；日本男青年“返童”现象；三四十岁自称“男孩”“女孩”；七八十岁穿红戴绿……如此种种，心理学家的术语是“心理需求年轻化倾向”。

2. 进一步论证这种倾向是社会进步的必然趋势。

现代医学证明，人起码可以活到120岁，所以2 000年前的那套“三十而立，四十不惑……”的理论早该被推翻，100岁再“知天命”也不算晚。

五六十岁老太太扎小辫，穿肚兜跳舞屡见不鲜，人们的物质生活水平提高了，精神需求也相应提高，年龄不是界限，调整好心态就能“永葆青春”。

3. 上海正步入“老龄化城市”，也许这种“心理需求年轻化”的盛行是让她不失勃勃生机的有效途径之一，我们不要把它看作“洪水猛兽”。

说写课主要是通过头脑风暴的办法，在单链思维构架的基础上，进行集体构思，在讨论中互相启迪完善，将“辅案”学习的结果作进一步推进。

③ 评议课——辨习作，当堂争议开思路

评议课是以学生自主命题、评分、讲评为特征的课型，这种课型对引发学生兴趣，引导学生主动学习，提高学生的分析能力、鉴别能力、质疑能力和口头表达能力等方面有着非常明显的作用。

评议课的课型设置意图是：让学生在命题过程中体会命题者的思路和意图，启发更深入的审题技巧；让学生从作文实例中发现问题，并能有条理地加以表达，自觉地将理论知识运用到作文实践中去。

评议课的基本流程是：

i. 学生自主命题，通过投票表决，确定当选作文题，师生共同进行题目的修改和完善，全班以此为题作文。

ii. 教师初步筛选，挑出具有代表性的学生作文 4—5 篇，隐去作者姓名，打印后师生人手一份。

iii. 课堂分小组讨论，对选文进行评议，评分。

iv. 小组代表上台交流评分理由，并提出修改意见。

v. 命题学生上台陈述命题意图，表达对同学评议意见的意见。

vi. 选文作者陈述听评后的意见，课堂讨论。

vii. 教师总结，归纳，提升。

viii. 学生自行修改自己的作文。

评议课利用集体思考的方式，使思想相互激荡，针对学生作文中存在的问题，由学生自己作深入剖析。通过一段时间的实践，我们发现，评议课是最能实现由**“内隐思维”向“外显问题”推进，对“写作障碍点”进行针对指导**的课型。主要表现为三个**“透视”**上：

- **“透视题旨”** 通过学生自主命题，使学生知晓作文题产生的过程，明白了每个题目都有出题背景和命题意图，使学生以“知情者”的身份进行作文，在理解和认同命题意图的情况下，深刻认识到审题的重要性，习得审题技能。

- **“透视构思”** 是通过“逆推”和“碰撞”的形式剖析问题作文的行文漏洞，还原优秀作文的构思过程，使学生能找到仿效和学习的样例和台阶。

- **“透视批阅”** 将教师的打分权交到学生手上，使学生在自行评议评分的过程中深入了解作文评价，指导修改，也给学生创造了表达初衷和申辩的机会。

（三）作文主动思维导航系统的学习指导

从心理学角度而言，写作既然是学生思想与观点表达与交流的活动，那么它就不仅仅是简单的先天语言机制的问题，而是已具备的知识和技能的集中体现，而知识和技能是可以教授，可以学会的。因此，写作能力可以通过写作过程的训练和策略方法的指导来提高。于是，对学生开展学习指导，只要指导得法，就会产生效果，这是有其心理学依据的。

“作文主动思维导航系统”学习指导的实质是**聚焦于学生的作文问题，深入到学生的写作过程，**进行作文内容挖掘、表述策略引导、求证修改辅导的“系列性 · 过程化”指导活动。其**终极目标**是使学生逐渐形成一套带有个性特色的自动化的思维程序，以提高写作水平。同时，我们还试图将具体细致的描写，严谨有序的逻辑，朴实简练的文风，辩证通达的思路，高尚脱俗的境界，积极阳光的格调当成一种品格、一种习惯来培养，以塑造学生健全的人格与高洁的品性。

1. 写作过程的内在机制探究

写作是一个问题解决的过程，其内在心理机制包括三个主要组成部分：写作环境、写作者的长时记忆和工作记忆，每一个主要组成部分又包括一些子成分。写作过程主要发生在工作记忆中。工作记忆中的写作过程可分为相互作用的三个阶段：计划、转译和检查，这些又都与写作环境，特别是写作者的长时记忆有着密切的联系。其中，转译即落笔写作，转译的不流畅，会占用工作记忆中大量的认知资源，引起认知超载；通过反复练习，转译会逐步自动化，工作记忆负担也会大大减轻。而转译需要提前大量的长时记忆中的内容，同时，必须在良好的写作环境的支持下完成，因此，要对学生进行有效的写作过程的指导，就必须搞清楚写作过程的心理机制，从而对关键性因子进行有效干预。

写作过程的内在机制模型

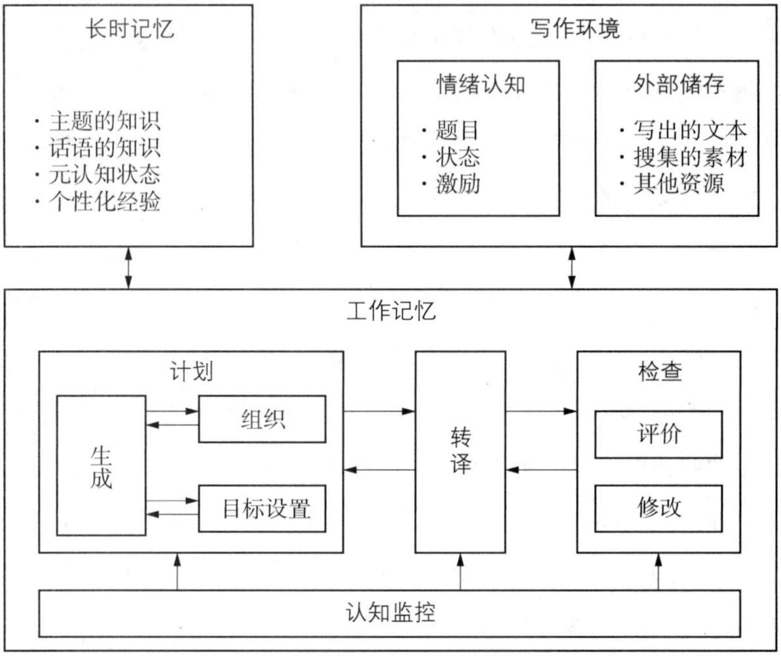

2. 影响写作过程的因素及相应的指导策略

通过研究，我们发现，学生写作过程的障碍点主要集中于主题知识的缺乏，话语知识的生疏，元认知的缺失以及个性因素的备受忽视等等。对此，我们展开了深入调研，并构建了相应的指导策略。

①主题知识的影响及指导策略

主题知识是指围绕某一类事物的主要内容及相关知识，也指就某一现象或事件提出的见解、立场和观点。主题知识会影响到写作内容的产出质量和产出过程，是写作过程中构思的来源。主题知识丰富的学生在长时记忆中提取信息的时间相对较短，能促进写作过程的自动化。在主题知识上，个体差异一般与年龄增长无关，即主题知识并不会随年龄的增大而自然增长，因此，主题知识是需要通过积累不断去丰富和拓展的。针对这一影响因素，我们设计了如下指导策略：

② 写作任务立体化策略

所谓立体化写作任务，即正式与非正式相结合，课内与课外相结合，定期与随性相结合，规定与自由相结合的写作任务设立方式。

其中，教师主要强调三种**写作任务**，即“考试作文”“按要求作文”和“非正式作文”。“考试作文”，主要指的是针对高考作文的写作，在有限的时间、空间和拥有有限材料的情况下，要求学生按照规定的主题或内容写作。“非正式作文”，指的是日常写作练习，比如日志、书信、随笔、自荐材料等。“按要求作文”则是教师按照一定的训练目标，给学生布置的有明确要求的写作任务。

以高中阶段为例。高中阶段的写作教学，在初中写作要求的基础上更加强调个人观点的表达，强调批判性思维的训练。针对这样的要求，我们设计了四类“按要求作文”，强调学生在充分阅读相关评论文字的基础上发表个人的观点，并作清晰陈述，以此提升对事物的理解认知水平，积累主题知识。四种类型如下：

- **时文共析**——指阅读一些比较深刻的，或具有独特视角的时事新闻评论文章，针对这些评论，学生撰小文发表自己的观点。

- **美文同赏**——指阅读一篇中外美文，选取一点作带有批判意识的文学批评或挖掘作品意义的文学阐释。

- **经典榷议**——指阅读一本中外名著类经典作品（教师推荐书目作为参考），并搜索相关评论，写一点针对这些评论的商榷性文字。

- **好剧众观**——指欣赏一部电影或戏剧，并搜集相关的影评、剧评，在此基础上撰文写一点自己的见解。

③ 读写结合策略

此项策略主要通过**“读写课”**（参见上文）和**“哲学思辨课程”**展开。

“哲学思辨课程”是30个15分钟的微型课程系列，主要撷取了30位古今中外知名的哲学家和哲学流派，以故事、名言、观点为主，给学生作一点介绍；并整理出了20种比较常见的哲学关系，以此帮助学生积累主题知识。

④ 提炼积累策略

我们认为，纯粹的事实性材料对学生主题知识的积累帮助不大，而“提炼积累策略”就是帮助学生对事实性材料进行加工，提升长时记忆中主题知识积累的品质。主要是以叙议结合的方式将事实性材料加工成“一句话例子”，进而发展成集“叙、引、议、叹”为一体的句群。

※【提炼指导示例】

讲故事 海瑞买棺进谏（略）

概括成一句话 海瑞买棺进谏，《直言天下第一事疏》写尽了为民请命不畏死的刚直性情。

扩展成句群

海瑞买棺进谏，《直言天下第一事疏》写尽了为民请命不畏死的刚直性情。“人固有一死，或重于泰山，或轻于鸿毛。”能为真理和正义不惜牺牲，为民众之幸福勇于献身，便重于泰山；而那些惟利是图、见利忘义之辈死了，则轻如鸿毛。奉献生命，才能获得生命，为真理为民众献身，虽死犹生！

教师引领学生分析句群的结构

一句话例子（扩大细节）＋**名言引用**＋**议论评说**（注意运用对比、比喻等手法）＋**点明或重申论点**（扣题）

↑（叙）　↑（引）　↑（议）　↑（叹）

⑤ 话语知识的影响及指导策略

话语知识主要包括词语、句子结构和文章体裁结构等内容。良好的话语知识可以使写作的转译加工过程自动化，它是快速进行言语信息加工的重要因素。话语知识主要以图式和规则的形式存储于长时记忆中。样例学习是话语知识积累的有效方式。

⑥ 图式建构策略

心理学家的研究表明，图式是一种认知结构，使人们能够将问题进行迅速归类，这种快速、正确归类是一种自动化的认知加工过程，它不需要有意识控制和资源消耗，可弥补工作记忆容量的不足。存储于长时记忆中的图式，一旦被恰当地激活，就能引导学生以特定的方式搜索问题空间，寻找问题的有关特征，展开积极思考，并最终产出思想火花，完成构思任务。因此，"图式建构策略"就是在教师引导下，帮助学生形成典型的作文图式，以减轻工作记忆的认知负荷。

※【社会现象类作文图式】

社会现象｛有明确价值取向；有争议的｝→判断？｛肯定；否定；辩证｝→浅层分析｛特点；影响；类型；……｝→

深层思考 { 社会 / 人生 }

⑦ 样例细解策略

样例学习是指从具有详细解答步骤的事例中归纳出隐含的抽象知识来解决问题，这是人自适应学习的主要方式之一。学生在解决问题时，更多的是求助于样例而不是规则，因为，样例可以简化认知技能的获取，提高学习效率。

※【解剖一篇规范的议论文】

作文题：

一位诗人说："梦里走了许多路，醒来还是在床上。"告诉人们要立足于现实，不要在幻想中生活。一位科学家则说："有幻想才能打破传统的束缚，才能发展科学，才能让我们更快地腾飞。"

这两则材料，引起你怎样的思考？自选角度，自拟题目，写一篇不少于800字的文章。

既要"幻想"，又要"现实"

诗人说："梦里走了许多路，醒来还是在床上。"来告诫人们不要沉迷于幻想，科学家则认为没有幻想就无法发展，感性与理性的对峙，究竟应立足现实还是保留幻想？抑或两者兼有？

（开笔承题。从材料出发，评价材料，提出问题，做到落笔进入题快！）

事实上，"幻想"在我们的生活中扮演着一个很微妙的角色，成分太多就成了一种病：好高骛远、不切实际；成分太少抑或没有，生活就变得苍白枯燥。适当的拥有，才能如科学家所说，打破传统、促进发展，才能更快腾飞。这也是“现实”的态度、“现实”的眼光。**（加上这句使现实与幻想都照顾到，不至于偏向一方。）**

（以上是解题。对“幻想”与“现实”，给予适当的解释，为下文展开打基础。）

生活就应该留有一点点的幻想。**（先议论一方面。）**

幻想的梦，曾带动人类文明的进步。**（总起一句解释为什么“应该留有一点幻想”。有了总起下文才便于展开。）** 人们正是有了幻想，才会萌发出许多创意，才会使思维的过程渐渐完善，才会得以进步发展。西方哲人曾说过：“幻想就是以立足于现实之外的形式来改变现实的。”**（引证）** 事实也确实如此，倘若爱迪生不在黑暗中萌生出“光明”的念头，我们如今还要靠火来映照人类的文明。爱迪生的创造的“明灯”不仅点亮的人类的生活，也打破了现实传统的束缚。昨天有人幻想着光明，今天便有了电灯，今天有人幻想着无线输电，或许将来达人的梦想就真的实现了。**（例证）** 幻想不仅仅是梦，它是梦实现的第一步。

（论证段一，对生活应该留有“幻想”进行论证。举例有特色，主例“爱迪生”详写，副例“无线输电”略写，例子不是以记叙的笔法写，而是以评议的笔法写，这样能使例子简洁，分析议论也在其中了。）

但是，幻想或许就是一个梦，这个梦只有立足于现实才能不那么遥远。**（再议论另一方面，用“但是”转接，深入一层。）**

如今社会上各式各样的选秀节目层出不穷，年轻的女孩们做着“一步登天”的明星梦，却不知刘若英当了多年的助理才得以成长，五月天的成功是建立在“咸鱼般的倔强”之上，滚石三十年的梦是一代代人一步一步脚踏实地地走过来的。可见，梦是不能离开现实的，两者是相辅相成的关系，它们互相补充，互为基础。因此，如果你只是做梦幻想，那么距离现实就会很远；如果你醒来时在现实中行动，那么幻想与现实的距离就会很近。

（论证段二，从“幻想”推进到“现实”。论证现实的重要性，着重从两者的关系上分析，用的简洁举例法，以排比将例子展开。用“可见”总结例子的共同倾向；用“如果”进行假设论证，丰富议论内容和层次。）

（以上是证题部分，分两个部分展开，证题一与证题二构成层进关系。）

对于我们学生而言，现实就是眼前一张张卷子和一道道难题，没有对未来自由开放的大学生活的幻想与憧憬，哪有艰苦学习中的前进动力？如果我们用暗淡而沉重的目光来审视现实，那看到的只会是失望与难堪，这不是我们该有的生活态度。同样，如果仅有美丽的幻想，不在现实中付出艰苦的努力，幻想永远是一场醒不来的梦。所以，作为学生，既要跳出现实的框框，让生活多一点幻想的空间；又要直面现实，为幻想的实现而奋斗，这才是我们应有的生活态度。

（以上延题。延伸到自己的现实，体现写作的针对性及现实意义。这一段不用写得太多，以免喧宾夺主。）

让我们记住，诗人如果醒来行走，便能看到现实的天地；科学家以幻想加上实践才能开拓一片新天地。

（点题。回应材料，文章首尾呼应，再次点明观点，使文气内聚，结构圆合。）

3. 元认知的影响及指导策略

元认知是一个人对知道与如何知道的了解，它包括两个构成要素：一是对自己认知过程所了解的知识；另一个是对认知活动的监控与调整。元认知主导着人们诸如期望成功等动机因素，基于此，我们设计了自定义策略和自管理策略，以此来干预学生对写作的元认知状态。

① 自定义策略

自定义即学生自己对作文学习的意义和学习目标的设定，由此能更好地帮助学生了解和理解作文学习的目标和意义，明确学习任务的价值，维持较高的学习动机。目前，高中学生自定义的作文意义主要聚焦于以下七点：

- 写作可以使学生成为一名快乐的讲述者。
- 写作能够使学生成为一个有创造性的思想者。
- 写作能够使学生更好地理解文章的形式和作用。
- 写作能够使学生发展更高层次的思维技巧。
- 写作能够帮助学生进行有效的交流。
- 写作能够帮助学生掌握语言规范标准。
- 写作能够为学生走进真实世界的生活做准备。

② 自管理策略

自管理策略充分发挥了学生对作文学习的监控与调整功能，主要通过“文件夹管理”和“评价约定”来达成。

- **“文件夹管理”**

建立文件夹之初，要求学生想好自己的写作能力提升路线图。它能够向自己和别人展示出一个学习者，现在所处的位置和程度。写出这三年里要求自己达到的目标，把它们列在文件夹的最前面。其余包括：

- 自己所写的作品，包括目录、图表、其他计划、初稿等。
- 大作文的最终修改稿。
- 其他已完成的“按要求作文”和“非正式作文”。
- 自我评价和反思： 自己已取得的进步，以及尚需努力的地方。

• **“评价约定”**

通过师生沟通讨论协商，制订出某一个阶段某一个人群的作文评价约定。

※【高二下中上水平学生的“评价约定”示例】

1. 主题集中而明确，表现出清晰的连贯性，思想发展过程表述顺畅。

2. 有效而富有洞察力地发展自己的观点，表现出一定的批判性思考，清晰地使用恰当的事例、推理以及其他证据证明自己的立场。

3. 表现出对语言技巧的熟练使用，词汇丰富、准确，在语法和语言技巧上很少有错误。

4. 在文段结构上，作出有意义的变换。

4. 个性因素的影响及指导策略

思想个性是创造的重要内涵。我们常常抱怨学生的作文是“千人一面”，其实问题的症结在于学生的个性思想被“班级授课制”压制住了，根本无法表现出来。而“个别化辅导策略”就是为解决学生个性因素对作文能力提升的影响而构建的。

个别化辅导，通俗的叫法是“面批”，它强调师生间一对一的沟通交流，教师在充分知晓学生的写作初衷、选材依据和构思过程的基础上，通过与学生的深入交流，帮助学生理清思路，集中于写作知识、写作策略与写作过程的指导与训练，并强调要求学生对自己的作品进行修改、润饰与评价。通过修改作文，学生将会在结构组织、内容选择、段落发展、细节层次、风格、语气和措辞等方面有明显的进步。而经常性的个别化辅导，就是经常的构思训练，学生会逐渐养成分析综合、抽象概括、逻辑推理等思维习惯，思维会日趋有条理、严谨，书面语言水平也会不断提高。

个别化辅导工具：

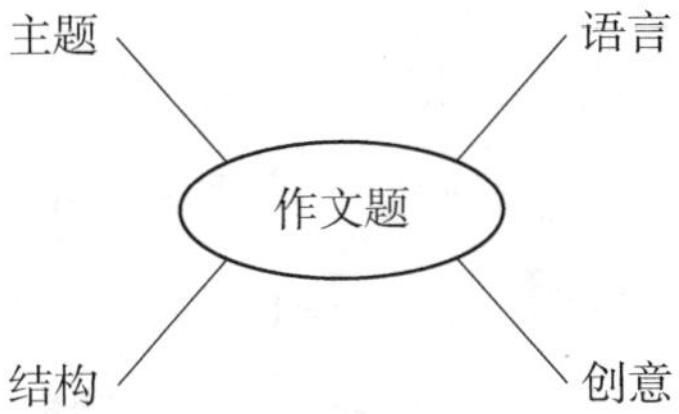

“个别化辅导”一般从四个方面帮助学生对作文进行**润饰加工**：

第一，通过对学生习作的点评，使学生习得写作的一般技巧。比如，如何开头，如何结尾，如何用事实或例子来证明观点等，由此展开修改。

第二，通过修改技巧的训练，提高学生对作文结构与语言特征的自觉意识，学生评价自己的文章，反思写作，为下一步提高写作能力，调整写作策略做好充分准备。修改技巧包括这些方面的内容：用事实和例子支持陈述的观点；添加细节，注意有效的过渡；使用过渡词语和句子，阐明意义；使用积极的声音，避免循环论证；作出结论，等等。

第三，通过字句与句群的分析，帮助学生构筑语言艺术规范。

第四，借助思维过程化系统，对文章的立意提出改进建议。

5. 作文主动思维导航系统写作指导的实施步骤

①“开怀”阶段：从作文基础入手，内倾于写作心理定势突破

“开怀”是“作文主动思维导航系统”的一个酝酿阶段。我们认为，作文的学习指导必须基于学生的写作经验，学生的写作经验分技能经验和心理经验两大类，而学生的作文障碍很大程度上来自他们的心理经验。有学者称，“优化写作心理是作文教学的根本出路”，因此，要提高学生的作文能力，首先必须突破学生的情感定势，以唤起学生的写作欲望，给学生营造“想写、敢写、乐写”的氛围。

途径一，内倾于学生写作动机的培养，增强自觉性。 可以从以下几个方面入手：①沟通作文学习的目的，引发学生的写作动机（情感铺垫）；②创设良好的习作心境和条件，满足写作需要（氛围促发）；③利用效果反馈，巩固学生的写作动机，形成比较稳定的心理动机（成效刺激）。可以在班中建立一个个由3—5人组成“互助作文小组”，开展“笔会”“小说接龙”“简报制作”等组内或组际特色活动，也可以开展集体性的课堂优秀时文赏析和社会热点话题争议等活动，以培养学生写作的自觉性。

途径二，内倾于学生写作意志的锻炼，提高自制力。 写作是一项既复杂又艰苦的活动，因此，意志是一个需要重点激发、维持和调解的因素。①通过经常性的练笔活动（如班级博客的创建，笔会机制的形成等），帮助学生逐渐养成勤于动笔的好习惯，培养学生持之以恒的精神；②通过榜样的宣传（作家勤于写作的小故事、教师自己的成长经历、身边同学的学习事迹等），形成榜样的力量，帮助学生锤炼写作意志。

途径三，内倾于学生写作兴趣的激发，培养主动性。 ①在作文题目设计时能真正考虑到学生主体性的发挥，采用让学生参与命题或参与选择的方法；②“透明题旨”，即对学生清楚地交代出题背景和出题意图，使学生以“知情者”的身份进行作文，在理解和认同出题意图的情况下淡化因题目“不对味”而产生的厌烦或麻木心理；③尽力发现和放大学生作文中的“闪光点”，使学生不断获得成功感；④大力开发形式多样的活动，如“××同学作品研讨会”“隐身创作”大赛（匿名写作）、五月美文大赛、十月时评辩论赛等，使学生在新鲜感与陌生感中品尝写作的乐趣。

②“重建”阶段：从思维优化入手，构建内容取向的立体过程

在“重建”阶段，主要是通过作文“辅案”的运用，课型的突破等方式，力求帮助学生借助立体化系统性问题的生成、解决和逐步优化等“过程化”思维来建构内部言语，并逐步提高向书面语言持续转换的效率。

③“释行”阶段：从评价改革入手，形成思维过程的优化程序

“重建”先行，**“释行”**随后，但在其后很长的一段时期，两者同行。因为内部语言的问题系统可以通过学习和模仿建立起来，但是极具写作主体个性的问题系统优化程序一定需要一个长时的锤炼过程，这是需要通过教师的设计形成一个良好的运行环境的。我们主要通过评价的激励作用实现这个运行环境。

• **课堂延展，开辟交流评议空间**　即运用现代信息技术开拓“课堂”学习的时空平台，通过网评、回帖、论坛等形式开辟更丰富的资源与交流空间，开创更为灵活多样的教学组织方式的有效实施环境。

• **标准认同，增强评价指引功能**　即在每次作文前，先将作文目标罗列清楚，以文案形式呈现，让学生充分了解、认同，并签订《作文评价协议》。

• **阶段评议，健全反馈调节机制**　在写作的过程中让学生学会自评和同桌的互评，边写作边阅读上文，发现问题及时调整。同时，教师也可以通过巡视、抽样等方式，在课堂写作的过程中，及时发现学生普遍存在的问题和闪光点，及时反馈（注意隐去作者名字），让学生养成不断回顾前文，调整文句的习惯。

• **分制多元，促进自我效能提高**　采用“多元分制”的方式，如：①主题分＋基本分；②师评分＋生评分；③环节分＋等第；④基本分×努力系数。让每一位学生都能清楚自己的优势与弱势。

• **师生对话，提升评估指导质量**　即在教师的评估后增设一个后续的“对话”环节，通过师生个别交流，或同类问题小组交流的形式，各抒己见，分析原因找对策，从而提升作文评价指导的质量。

④“默会”阶段：从主体效能入手，追求书面语言转译自动化

“默会”是一个水到渠成的阶段，该阶段要做的是帮助学生减轻认知负

荷，提高认知加工效率。我们主要通过培养学生自我调控的能力，强化自我教育意识，从提高学生的自我效能感入手，增加学生长时记忆中主题知识的储备量，提高学生工作记忆的计划（即构思）阶段生成和提取观念的速度，使学生作文的转译过程逐步变得自动化或接近自动化，最终达到最终提高文本质量的目的。

（四）作文主动思维导航系统辅案精选

（导航号：3－1－2－1）

逻辑思维

幽默只是开心一笑吗？

你认为它是……？实质上它是……？从某种意义来说它也是……？

基本概念

逻辑思维是指对某一类事物的感性认识进行理性加工，从而得到对其本质或规律的一般性认识，形成抽象的概念或判断的思维过程，是思维的高级阶段。其基本方法包括：分析、比较、综合、归纳、演绎、概括等。

概念——就是反映事物的本质的特有的属性的思维形式。

被定义概念＝种差＋属概念（这里的“种差”就是指一个种概念和同一个属概念下面的其他种概念见的本质差别）。

判断——是指对事物表示肯定或否定的思维形式。

案例学习

豁　达

豁达绝非圆滑世故，也不是放纵闲适，无奈自慰。豁达是一种修行、一种节制、一种智者的心态平衡，更是人生的最高境界、最大追求。与豁达相对的是贪执，是沉溺，是患得患失，是嫉妒与仇恨。

欧阳修面对东坡文稿，放下文坛盟主之尊，拍案叹曰：“快哉，快哉！老夫当避路，放他出一头地也。”这是大度提携后人的豁达。直面人生的喜怒哀乐，能做到“宠辱不惊，看庭前花开花落；去留无意，望天上云卷云舒”。这是超然物外的豁达。生不逢时，命运多舛，却又能“行至水穷处，坐看云起时”，这是深谙事物消长变化规律的豁达。

人生失去了豁达，也就失去了人生的品味、人生的哲思、人生的情爱。庄子丧妻，未曾抢天呼地，而是鼓盆而歌之，他是懂得真爱的人；老子骑青牛西去，留下五千精妙文字，字字凝聚哲思，他不亏为千古智者；曹孟德既能功建霸业，又能东临碣石，歌之咏之，他这才是品味生活的情趣。可见，强者、智者、多情者才是真正的豁达者。

豁者，放也；达者，通也。放开一点人生的私利，达晓生活的乐趣，有所为而有所不为，眼前的一切都将变得风清月朗。

诚　信

中国是世界上最早讲诚信，最早重视诚信教育的国度。“五常”中的“信”，是中国人最高人伦准则之一。

诚信是一种文化，是文明和秩序的表现；诚信是一种伦理，是诚实、守信和道德的体现；诚信是一种人格，是自尊、自爱、自律和自信的“集成”；诚信是一种哲学，它代表正义和公平，是社会发展的基石；诚信还是一种习惯，它是一个国家的国民素养和民族精神的写照。

但是，诚信是脆弱的，它容易被破坏，被摧毁，被亵渎。在当今浮躁喧嚣的社会氛围中，诚信的贬值，令有识之士痛心疾首；然而，我们不能仅停留于对“诚信”的呼唤，因为“诚信”更需要呵护、捍卫，更需要每一位正直公民的实践。

宽　容

错误不同于罪恶，宽容也不是纵容，所以宽容的错误只限于技术性、非原则的范围内，宽容错误绝不意味着不分是非的乡愿。另外，错误虽然可以成为正确的先导，但并非必然的而是有条件的。

历　史

历史不只是一面镜子。因为历史的回响，还在我们的心中引起一阵阵的疼痛。历史是血脉，牵连在现实的血肉之中。正是在这个意义上，历史是永远不能忘记的，也是无法忘记的。我们有理由要求，科学还我们一个真实的历史。

“以铜为镜，可以正衣冠；以史为镜，可以知兴替。”诉说苦难的历史，目的在于终结苦难。苦难的历史不仅能提醒我们曾经受伤，同时会阻止我们受更大的伤害。对于历史灾难善于健忘的民族，是没有出息的，强迫人们健忘的行为则是犯罪。

思维问题化

从作文的角度而言，逻辑思维，即探究本质、揭示因果的一条深入分析的思路，要想使文章写出深度，这是一道绕不过的坎。其基本问题模式是**“是什么？”“为什么？”**

用逻辑思维进行构思，可依据命题类型的不同作不同发问：

① **如果命题是一个概念**——揭示概念的本质特征和基本属性，作出基本判断。

问题化：它是一种什么？这是一种什么样的它？我们该如何看待？

② **如果命题是一个现象**——透过现象，判断推理，探究本质。

问题化：表面上看是什么？其实质是什么？它是什么的一种体现？

例1：小草的这种表现，表面上看只是一种不计回报的默默付出，其实是“无私”的人生价值观的体现，这作为一种人的精神，是难能可贵的。

例2： 等，是中国人“不为最先”、消极保守心理定势的体现，是无为而治的文化使然。

③ **如果命题是一个定论**——充分肯定，突破视角，表达己见。

问题化：它不仅仅是什么？在什么范围或视角上而言，它也是什么？

例： 科学技术是第一生产力，这是政治经济学的观点。科学技术不仅仅是生产力，如果从哲学或美学的观点看，科学的意义，也在于它总是能推动社会性的发展，使其越来越成为理想的社会；它总是创造着机会，使人成为越来越全面的人。

思维体操

训练五：

请在“忏悔”和“幽默”中任选一题，写一篇文章，800字左右，文体不限（不要写成诗歌）。

（导航号：3－2－1－1）

第五单　逆向思维

如果你看到面前的阴影，别怕，那是因为你的背后有阳光！

驱动问题

问题1： 一道数学题：每天长一倍，87天长满，问长到一半多少天？

问题2： 建筑学上的一个故事：有一公司新建一座高耸入云的大楼，电梯速度太慢了，方法一：换一部电梯；方法二：原电梯提速，但这对新大楼来说都行不通。此时，有一人说，他认为用不着以上两种方法就能解决问题，你知道他用了什么方法吗？

基本概念

逆向思维主要是采用正反置换的方法进行反向思考，从而得到与众不同的新观点。逆向思维逆转的范围很广，常见的有：正反逆转、上下逆转、左右逆转、前后逆转、里外逆转、胜负逆转、大小逆转等。

清代文学家刘熙载在他的《艺概·诗概》中指出："要擅长佳文，正面不写写反面，本面不写写对面。"打破思维定式，从相反的方向去思索、分析，以求得新的判断与认识，这便是逆向思维，也称"反弹琵琶法"。

例： 绿色
- 正向：树叶→新鲜→生命力
- 反向：？

✲注意：

①"求异"不等于"求谬"，我们在拟题及行文时要注意，思想意义应是积极向上的，应当符合社会主流价值观，遵守社会共同的道德准则，要符合情理，**思之有度**，客观辩证，有驳有立，自圆其说。

② 尤其在由成语本有意义逆出新观点时，要有合理性，要能被社会接受，同时必须在文中明确表现出你理解社会或材料对这个问题的通常看法，并明确地在文章中**交代清楚**之后，才能展开逆向思维的阐述。

思维问题化

① **先正向，再逆向**——"在常人的认识中，这个命题是什么意思？……但是，我认为并不一定是这样。"

② 反常理，谋合道——

自问一："能否添个条件，使之合理？"

案例学习 资源链接3-2-1-1《有志者，事竟成》

自问二："能否正话反说，使之合理？"

案例学习 资源链接3-2-1-1《愚公移山》

老马识途→小马也能识途：后生更可畏。

选择→放弃：会放弃的人才是真正懂得选择的人。

镜子→像→不像：

自问三：“能否重新评价，使之合理？”

案例学习 资源链接3-2-1-1《杞人忧天》

昙花一现→昙花虽然短暂，但它毕竟向世人展示了美丽，为世界增添了光彩。

东施效颦→?

③ **正反说，求周全**——“总之，在通常情况下怎样？但是，我们也必须承认什么?”

文章结尾处应再提一次正向思维的观点，作一正反比较，强调逆向思维的观点中能够成立的合理部分，使逆向思维不至过于偏激。

案例学习 资源链接3-2-1-1《不诚不信不为过》

思维体操

训练六： 请运用逆向思维的方法，以“没有规矩不成方圆”为话题，写一篇不少于800字的文章。

资源链接　　**编号：3-2-1-1**

第一则：有志者，事竟成

“有志者，事竟成”是千百年来人们普遍信仰的一条准则，众多的名人大家成功的事例都可以说明这一点。但是，心存志向，最终归于失败的也大有人在。如希特勒发动世界大战，志在奴役全世界人民；袁世凯开历史倒车复辟帝制，但结果都事与愿违。更有人经常立志，信誓旦旦，但缺乏矢志不移的努力，最终也是一事无成。据此，我们得知：有志者，只有在一定条件下才能够成功，那便是所立之志应符合自然、时代和社会发展规律，要有“力”与“物”的支撑，即自身条件和外在条件相佐，才能成功。

第二则：愚公移山

【原意】比喻做事有毅力，不怕苦难；对愚公有赞美之意。

【逆向思维】在时代发展的背景下，北山愚公的确愚。

【分析与论证】第一愚在其不知变通之理。山不好移，但人好移，若苦于在山中居住何不搬离呢？若是搬离山区，那种经济账很明显呀。第二愚在他死脑筋。出山不易，何不让人进山呢？让名人写一幅“国家重点天然博物园区”匾牌，再稍作宣传，则会游客商户云集，何必再要出去。第三愚在其破坏环境，却不以为然。破坏自然环境，于子孙后代无益，于社会无益，移山纯属一意孤行。

第三则：杞人忧天

【原意】比喻不必要的忧虑；多是批评人考虑得太多了。

【逆向思维】多考虑些是对的、是好的。

【分析与论证】①多思可使人领悟人生，洞悉社会，摆脱肤浅，走向睿智；多思才能有所发现，有所创造。②“杞人忧天”包含着忧患意识。忧患意识是一种直面人生、正视现实的精英心态；忧患意识激励人们发奋图强、抗争命运；有道是，“人无远虑，必有近忧”，没有忧患意识，进者祸患己身，远者殃及子孙。

范文

不诚不信不为过

在通常情况下，我们都把“诚信”作为一个正人君子不可缺少的美德。我们都讲究待人诚实守信，喜欢老老实实做事的人；可是在特殊情况下，不诚不信也不为过。

《孙子兵法》中写道：“兵者，诡道也”“兵不厌诈”“能而示之不能，用而示之不用”等。在硝烟弥散的战场上，要想打败对手，就得抛开“诚信”，巧妙运用计谋，以诈取胜。我国古代有这样一个典型的战例。春秋时，燕国派大将乐毅攻打齐国，占领了七十多座城，只有即墨还未攻下，田单是即墨的将军，他决心誓死保卫城池，而攻城的乐毅是他最大的威胁。于是他利用乐毅与燕王之间的矛盾，巧用反间计，散布乐毅要造反的谣言，使昏庸的燕王撤掉了乐毅。而后，田单又假意降燕，却暗地准备，乘夜大摆“火牛阵”，使围城燕军猝不及防，大败而逃。正是田单在国家危难之际，使诈谋迷惑了敌人，才打败侵略者，保全了国家，假如他在这种生死关头仍抱着“诚信”美德的背囊不扔，和敌人硬碰硬，恐怕齐国的历史之舟就要在此倾覆了。

这样的例子屡见不鲜，战国时的纵横家苏秦张仪，名垂史册的唐宗宋祖，哪一个不是使“诈”的专家？而对他们所创下的伟业来说，这点不诚不信的手段又算得了什么？这点不诚不信的手段甚至正是成功的关键，也是令我们后人手捧青史、唏嘘赞叹的所在。时至当代，古人使诈的方法依然大行其道，当然我这里说的仍是在一些特殊场合。

都说商场如战场，真是一点也不假。在行情瞬息万变的商场上，诈而不欺之道也是可取的。当然，我所说的“**诈而不欺**”是在不违法、不违纪的情况下运用计谋，赢得先机，使企业之舟在竞争激烈的商海上乘风破浪。英特尔公司的前总裁葛洛夫曾说：“在我的哲学词典里，手段和目的是可以互换的词汇。”如果在商场上恰当运用诸如“避实就虚”“暗度陈仓”“扮猪吃虎”等计策，那么你的对手就摸不清你的虚实强弱，从而达到“治人而不治于人”的效果，使你的企业在竞争中获胜。

“诈而不欺”固然好，但我们只有在特定的场合才可运用。在绝大多数的社会交往，待人接物时仍要本着“诚信”的原则。

总之，我们欢迎诚实守信的人，但社会是复杂的，在特殊情况下，“不诚不信”也不为过！

（导航号：3-2-1-2）

第六单　辩证思维

你，一会看我，一会看云。我觉得，你看我时很远，你看云时很近。

驱动任务

让我们一起动用“逆向思维”解读“镜子的辩证法”：

- 你对它微笑，它也会对你微笑；你对她发怒，它也会对你发怒。

（你想要别人怎样对待你，就先要这样对待别人，己所不欲，勿施于人。）

- 镜子能展现美丽的容颜，却不能让美丽永驻。（美在心灵）
- 破镜固然能重圆，但拼接的裂缝却难以弥合。（人的感情需要小心呵护）
- 以自己为镜是孤芳自赏，以别人为镜是取长补短。

（走出固守的自我，发现他人的长处）

- 镜子是无私的，它不因你的地位高而吹捧你，不因你的地位低而贬斥你；但又是自私的，只反映别人的缺点却不能反映自己的缺点。

（能公正地对待别人，但不能客观地审视自己）

基本概念

辩证思维，要求人们从事物本身的矛盾、发展、运动、变化中去把握研究事物的**本质**。反映在议论文写作上，要求作者能用**发展的、联系的、一分为二的**观点观察、分析事物，并用这样的观点摆事实，讲道理，使文章的内容不是静止的、孤立的、片面的。

辩证思维通常分为**“对立、统一、变化”** 三条路径，具体包括个性和共性（也就是个别和一般、特殊与普通）、绝对与相对、内容与形式、原因与结果、必然与偶然、可能与现实、全局和局部、具体与抽象、有限与无限、量变与质变、正面与反面等辩证法。

✡辨析：逆向思维 VS 辩证思维

① 逆向思维：反面立意，反常合道。　**A→A’**

例：镜子：像→不像：镜子的缺点在于它虽然惟妙惟肖，但是左右颠倒。

② 辩证思维：正反相对，探究本质。　**A·A’→B**

例：镜子：能照射人的外表·不能透射人的内心→我们要学会透过美丽的幻象捕捉内在的真实。

思维问题化

① **变单为双**——“这个概念的反义词是什么?”/“这个观点的否定式如何呈现?”(例见【驱动任务】)

② **判断关系**——“看似对立是否真的完全对立?属于以下四种关系中的哪一种?”

A. **对立**关系：必须分清主次，表明立场，一分为二，作出选择和判断。(如：“义与利”)

B. 对立中有**统一**：必须透过现象看本质，找到其内在统一性。(如：“生死”“美丑”)

C. 对立中可**转化**：必须全面考虑问题，看到由量变到质变的相对性。(如：“成败”)

D. **发展**中有联系：必须视具体情况而言，有些认识在发展中会发生变化。(如：“苦乐”)

③ **挖掘本质**——“从关系辨析中梳理出的决定性因素是什么?对为人处世或社会发展或人类进步有什么启示?”

★示例：《生与死》作文提纲

题目：生命的厚度

中心论点：生命的真正价值在于精神的不朽。　←内在统一

开头：“未经思索的人生不值得一过”，这是古希腊哲学家苏格拉底在法庭上为自己申辩时说的，这句话道出了哲学的根本使命，也提出了我们对于生死的思考。

第一段：分论点：壮烈的死，胜过苟且的生。←一分为二

阐述：戊戌变法失败，谭嗣同没有随众逃亡，而想以生命唤起世人的觉醒，临刑前，他慷慨陈词：“各国变法，无不从流血而成，有之，请自嗣同始”“我自横刀向天笑，去留肝胆两昆仑”，在历史长河中，多少谭嗣同这样的壮士豪杰为了自己所追求的真理和事业，抛头颅、洒热血。他们虽然死了，但他们的精神却如群星灿烂，在历史的天穹上闪烁着不灭的光辉。所以，正如韩愈所说的：“曲生（苟且地活着）何乐，直死（正直地死去）何悲?”壮烈的死，永远胜过苟且的生！

第二段：分论点：奉献生命，才能获得生命。←相互转化

阐述：海瑞买棺进谏，《直言天下第一事疏》写尽了为民请命不畏死的刚直性情。“人固有一死，或重于泰山，或轻于鸿毛”，能为真理和正义不惜牺牲，为民众之幸福勇于献身，便重于泰山；而那些惟利是图、见利忘义之辈死了，则轻如鸿毛。奉献生命，才能获得生命，为真理、为民众献身，虽死犹生。

结尾：当法庭以抛弃哲学为条件赦免苏格拉底的罪过时，他拒绝了，是的，**生命的真正价值在于精神的不朽**，谭嗣同是如此，海瑞是如此，死于火刑柱的布鲁诺和差点死于火刑的哥白尼也是如此，那么我们的思考呢?“君子不为苟存（苟且偷生），不为苟亡（轻易死亡）”，在生命的几何中，有时我们应该选择生命的厚度。

案例学习 资源链接3-2-1-2《一切都会过去VS一切都不会过去》

思维体操

训练七：

“你，一会看我，一会看云。我觉得，你看我时很远，你看云时很近。”

——顾城《远与近》

这首小诗带给了你怎样的思考？请以“远与近”为话题，写一篇文章，800 字左右，自选角度，自拟题目，诗歌除外。

三、经典实践：语文综合实践活动导航系统

语文综合学习本质上是一种侧重语文实践的研究性学习活动。它通常需要一个酝酿问题、提出问题、规划问题、解决问题、表达交流的完整过程。**“主题—专题—问题”**教学模式，找到了语文综合实践活动的一种切实可行的**操作模式**。

➢ **主题理解：**这个阶段主要引导学生理解教材中综合学习的主题。

➢ **专题形成：**师生协商确定需要研究的具体专题。

➢ **问题规划：**小组形成后，需要一起策划专题研究的具体问题。进行规划。

➢ **规划实施：**根据研讨的方案，以及教师推荐的学习资源，可在课后进行研究与学习。

➢ **汇报交流：**小组完成自己的研究后，应该安排集中的课时进行课堂交流汇报活动，对问题的思考与结论进行研讨；互相点评的时候也可以继续提出问题，激发进一步的思考。

➢ **引申写作：**到汇报交流，一个语文的综合学习活动也可以算是告

一段落。但如果要更好地提高学生的写作能力，也可以再安排一个延伸学习，就是引申写作。

【案例】

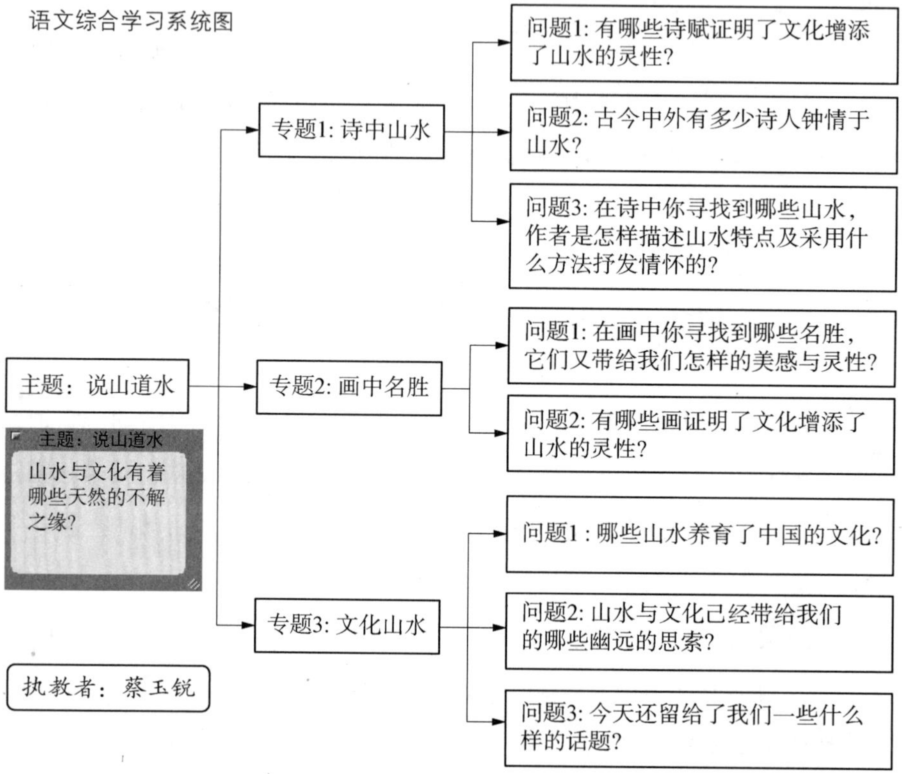

卷尾语　未来研究展望

中学生语文个人学习环境模型有利于学生主动思维能力的提升，能有效激发学生语文学习的潜力，有助于促进学生的个性化、可持续发展。本课题的研究成果为语文新课改理念的落地提供了有效的行动范式。三年来，虽然我与我的团队十分勤勉，但是这个项目还仅仅只开了个头，只是在学生的学习障碍点诊断，以及学习资源、路径导航等方面做了一点探索。以“主动思维”为核心的“个人学习环境”的创设，其最终目的是达到为每一个学生创设一个“自主适应”的“立体的读与写”的深度学习空间，让每一位学生都能获得最适切的学习支持，在这些环节中，还有太多的难点需要我们以团队的力量去攻关。我们将继续努力，在语文学科学习障碍点诊断的精准性以及个人学习环境模型实施运作的效果评估等方面做深入探索，为新时期的语文教学改革贡献自己的力量。

参考文献

1. 张鸿苓．语文教育学[M]．北京：北京师范大学出版社，1993.
2. 韩雪屏．语文教育的心理学原理[M]．上海：上海教育出版社，2001.
3. 周小蓬，陈建伟．语文学习心理论[M]．北京：语文出版社，2013.
4. 李伯黍，燕国材．教育心理学[M]．上海：华东师范大学出版社，1993.
5. 钟启泉．差生心理与教育[M]．上海：上海教育出版社，2003.
6. 庞维国．自主学习：学与教的原理与策略[M]．上海：华东师范大学出版社，2003.
7. 施良方．学习论[M]．北京：人民教育出版社，2001.
8. 林崇德．中学生心理学[M]．北京：中国轻工业出版社，2013.
9. 陈琦，刘儒德．当代教育心理学[M]．北京：北京师范大学出版社，2007.
10. 刘翔平．让学习障碍儿童突破学习困难[M]．北京：中国妇女出版社，2005.
11. 成灵玉．普通高中语文学困生现状分析及转化策略研究[D]．西安：陕西师范大学，2013.
12. 默瑟（Mercer/C. D.），默瑟（Mercer/A. R.）．学习问题学生的教学[M]．胡晓毅，谭明华译．上海：中国轻工业出版社，2005.
13. 周永垒，张奇．关于学习障碍定义的发展概述[J]．教育科学，1998,(2)．
14. 乔纳森，D. H. 学习环境的理论基础[M]．上海：华东师范大学出版社，2002.
15. 关中客．个人学习环境（PLE）漫话[J]．远程教育杂志，2008（1）：80.
16. 尹睿，李丹飒．国外个人学习环境研究的进展与趋势[J]．中国远程教育，2012（7）：20.
17. 李敏娇，汪颖．我国个人学习环境（PLE）的研究现状与发展趋势[J]．广州广播电视大学学报，2013（4）：7.
18. 张子锋．Web时代个人学习环境（PLE）探究[D]．昆明：云南大学网络与信息中心，2011.
19. 胡海明．个人学习环境的活动建模[D]．上海：华东师范大学教育信息技术学系，2011.
20. 郁晓华．个人学习环境设计视角下自主学习的建模与实现[D]．上海：华东师范大学教育信息技术学系，2013.